ALGOLITHM

앨리스(Alice)로 배우는

예비교사 알고리즘

이태욱 · 송정범 · 김종한 지음

ALGOLITHM

KYOWOOSA
敎友社

머리말

PREFACE

알고리즘과 프로그래밍 교육은 컴퓨터 과학의 기본개념들과 컴퓨터의 원리를 이해하고, 더 나아가 현대의 정보화 사회에서 요구하는 다양한 상황에서의 문제해결력을 기르는데 있어 핵심적인 영역으로 자리잡고 있다.

이러한 흐름에 맞추어 2005년 12월에 한차례 개정된 초·중등학교 정보통신기술교육 운영지침은 컴퓨터과학 요소를 더욱 강화하였다. 이중 '정보처리의 이해' 영역은 논리적 사고력과 알고리즘적 사고력을 증진시킴으로써 미래 지식 정보 사회의 변화에 능동적으로 대처할 수 있는 문제해결력 신장을 목적으로 하고 있다. 이를 위해 교육내용으로는 알고리즘적 요소와 프로그래밍을 주요 단계별 핵심과제로 선정하였다.

학교 현장에서도 알고리즘과 프로그래밍 교육의 중요성은 인식되어지고 있지만 이를 효과적으로 교수·학습할 수 있는 교재는 많이 부족한 실정이다.

따라서 본 교재인 '앨리스(Alice)로 배우는 예비교사 알고리즘'에서는 컴퓨터교육을 담당하고 있는 교사는 물론 예비교사들에게 기본적인 알고리즘의 개념과 실제 교수·학습 활동의 예를 제공하고자 한다.

또한, 알고리즘 개념을 스토리텔링기반 교육용 프로그래밍 언어인 '앨리스(Alice)'를 활용하여 흥미롭게 프로그래밍해볼 수 있도록 구성하였다.

교재의 구성은 크게 I. 알고리즘(이론편)과 II. 알고리즘(실전편)으로 나누어서 이론과 실제를 좀 더 집중적이고 연계적으로 학습할 수 있도록 하였다. I. 알고리즘(이론편)에서는 먼저 1장에서 알고리즘의 개요, 특성, 분석기준, 전산학과의 관계, 연구분야에 관한 내용으로 이루어져 있고, 2장에서는 필수적인 알고리즘의 개념 설명과 수업에서 활용할 수 있는 예제로 구성되었으며 활용의 용이함을 제공하기 위해 교수·학습 지도안과 학습지를 포함하였다. 3장에서는 교육용 프로그래밍 언어 앨리스의 특징과 기본 기능을 익힐 수 있는 매뉴얼을 수록하였다. II. 알고리즘(실전편)에서는 순서도 개념을 중심으로 적절한 이야기 예시를 제시하고 각 제어구문마다 ① 생각열기 → ② 순서도로 작성하기 → ③ Alice로 표현하기 → ④ 적용 및 평가의 과정을 거치면서 알고리즘의 이해 및 프로그래밍 학습을 자연스럽게 할 수 있도록 구성하였다.

아무쪼록 본 교재가 예비교사와 현장 교사들이 알고리즘과 프로그래밍 교육을 함에 있어 작은 보탬이 되길 바란다.

끝으로 이 책을 만드는 과정에서 여러 가지로 바쁜 일과 속에서도 이 책이 나올 수 있도록 많은 격려와 훌륭한 길잡이가 되어주신 교우사 오판근 사장님 이하 출판사 관계자분들께도 진심으로 고마운 마음을 전합니다.

2008. 9

저자 일동

차 례

CONTENTS

I 알고리즘(이론편)

제 1 장

알고리즘이란?

1.1 알고리즘의 개요

컴퓨터를 사용하여 문제를 풀려면 최종적으로는 그 문제를 해결하는 프로그램을 작성해야 한다. 이를 위해서는 아래와 같이 두 가지 접근 방법을 생각해 볼 수 있다.

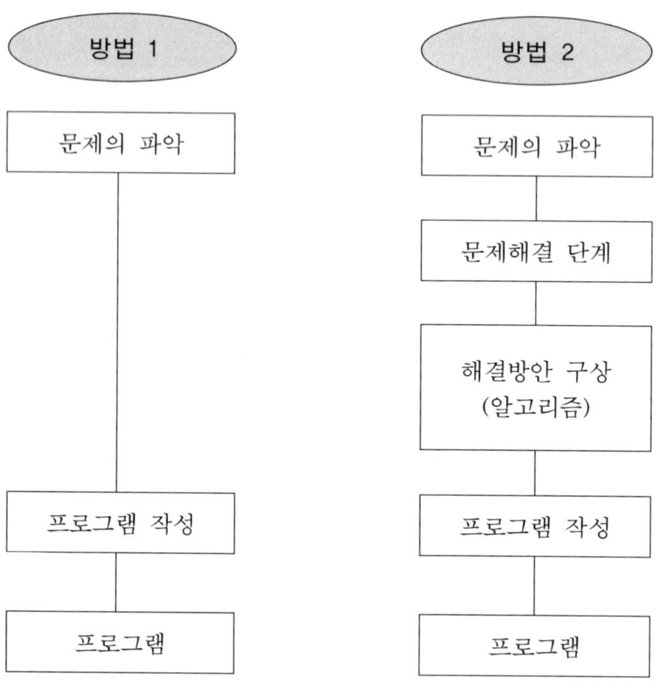

(a) 어려운 접근법　　(b) 쉬운 접근법

그림 1-1 프로그램 작성을 위한 접근 방법

앞의 그림에서 방법 1은 문제를 파악한 후 바로 프로그램을 작성하는 방법으로 아주 간단한 문제를 제외하고는 정확하고 효율적인 프로그램을 작성하는 것이 쉽지 않다. 따라서 문제를 해결하기 위해서는 먼저 문제의 해결방안을 이리 저리 구상해보고 어떠한 방안이 좋은지를 결정한 후 프로그램을 작성하는 것이 좋다. 우리는 이러한 해결방안을 알고리즘(algorithm)이라 부른다.

알고리즘이란 비정형적으로는 "문제를 해결하거나 함수를 계산하기 위해 좇아야 할 모호함이 없는 간단한 명령들로 구성된 일련의 순서적 단계"로 정의할 수 있다.

간단히 말해 알고리즘(Algorithm)은 특정한 작업을 수행하는 명령이나 연산자의 집합을 의미하고 이러한 작업을 할 때 필요한 경우 외부에서 입력을 받고 작업을 수행한 후에 그 결과물을 출력하게 된다.

1.2 알고리즘의 특성

일상생활에서 우리가 직관적으로 판단해서 처리하는 많은 일들을 모두 알고리즘이라고 하기에는 무리가 있다. 알고리즘은 논리적이고 합리적인 근거를 바탕으로 하고 있어야 한다. 일반적으로 알고리즘은 다음과 같은 조건을 만족시켜야 한다.

① 입력(input)	: 외부에서 제공되는 자료가 있을 수 있다.
② 출력(output)	: 적어도 한 가지의 결과 자료가 나온다.
③ 명확성(definiteness)	: 각 명령이나 연산자들은 모호하지 않고 명확해야 한다.
④ 유한성(finiteness)	: 해당 알고리즘의 명령대로 수행하면 한정된 단계를 처리하고 반드시 종료되어야 한다.
⑤ 효율성(effectiveness)	: 원칙적으로 모든 명령들은 종이에 연필을 이용해서 기록하고 실행 과정을 예상할 수 있을 정도로 기본적이어야 한다. 즉, 각 연산이 명확하기만 해서는 안 되고 반드시 실행 가능한 것이어야 한다.

이렇듯 하나의 알고리즘이 생성되기 위해서는 첫째 알고리즘을 설계해야 하며, 둘째 설계된 알고리즘을 적절히 표현하고, 셋째 알고리즘의 정확성을 검증한 후, 마지막

으로 알고리즘의 효율을 분석해야 한다.

1.3 알고리즘의 분석 기준

어떠한 작업을 수행하는 데에는 여러 가지 방법이 있는데 같은 일임에도 그 작업을 수행하는 사람에 따라서 그 문제에 접근하는 방법이 모두 다르고 처리하는 방법도 다르기 때문이다.

어떠한 문제를 해결하기 위한 알고리즘에도 매우 많은 방법이 존재한다. 우리가 알고리즘을 연구하는 이유는 주어진 상황에서 보다 효율적이고 합리적인 최적의 방법을 찾기 위함이다. 이러한 이유로 여러 가지 알고리즘 중에 어떠한 것이 더 나은지 증명할 수 있어야 하고, 이러한 과정을 '알고리즘의 분석'이라고 한다. 알고리즘의 분석은 일반적으로 다음과 같은 기준에 따라 이루어진다.

① 시간 복잡도 : 알고리즘을 수행하는데 필요한 시간의 양을 나타낸다.
② 공간 복잡도 : 알고리즘을 수행하는데 필요한 기억 장소의 양을 나타낸다(컴퓨팅 환경에서는 메모리 사용량을 의미한다.)
③ 정확성(correctness) : 알고리즘에 결함이 없이 예상한대로 잘 동작하는가의 여부와 입력에 대한 정확한 결과를 출력해 내는가를 나타낸다.
④ 최적성(optimality) : 알고리즘이 해결하고자 하는 문제를 최소의 비용으로 해결하고 있는지를 나타낸다.
⑤ 단순성(simplicity) : 알고리즘의 전체적인 구조나 흐름이 읽고 이해하기 쉽고, 수정이 용이한지를 나타낸다.

1.4 알고리즘과 전산학의 관계

컴퓨터가 데이터 변환이라는 목적을 위하여 사용되는 수단이라면 이 목적을 달성하기 위한 실질적인 수단이 알고리즘이다. 따라서 컴퓨터에 관한 학문을 한다는 것은 알고리즘에 관련된 연구를 하는 학문이라고 해도 과언이 아닐만큼 알고리즘의 중요성이 강조된다. 이러한 측면에서 전산학은 다음과 같은 네 가지의 서로 다른 영역에 관한 연구를 포함하고 있다.

① 알고리즘을 실행하는 기계인 컴퓨터 시스템의 기계 구성과 조직 형태를 여러 가지 측면에서 연구한다.

② 알고리즘을 기술하기 위한 각종 언어에 대하여, 그 언어의 설계와 번역에 관련된 구문(syntax)과 의미(semantics) 및 번역 방법에 대하여 연구한다.

③ 계산 장치에 의하여 특정 작업의 실행 여부 또는 어떤 기능의 수행을 위한 알고리즘에 필요한 명령어의 최소한의 개수 그리고 이들에 관련된 여러 가지 특성을 연구하기 위하여 추상적인 컴퓨터 모델을 개발하기 위한 알고리즘의 기초에 대하여 연구한다.

④ 알고리즘이 수행될 때, 그 동작 형태나 필요로 하는 연산 시간과 기억 용량 및 최악의 경우와 평균적인 수행시간이나 실행 빈도와 같은 문제 등을 다루는 알고리즘의 분석에 대하여 연구한다.

1.5 알고리즘의 연구 분야

알고리즘은 전산학이나 수학 또는 각 분야의 석학들에 의해서 계속해서 연구되고 있다. 주어진 문제를 해결하기 위한 최적의 방안을 끊임없이 찾고 연구하는 것이다. 이러한 알고리즘의 연구는 크게 알고리즘의 고안과 검증 분야로 분류할 수 있다.

알고리즘을 개발하는 것은 완벽한 자동화가 거의 불가능하다고 볼 수 있다. 따라서 알고리즘이란 학문은 이미 증명된 유용한 알고리즘들을 습득함으로써 보다 유용한 알고리즘을 개발하는데 그 의미가 있다. 문제를 작은 단위로 나눠서 해결하기(Divide and Conquer), 그리디 방법(Greedy Method), 동적 프로그래밍(dynamic programming) 등이 바로 이미 알려진 유용한 알고리즘 기법들이라고 할 수 있다. 따라서 이러한 알고리즘 기법들을 이해하고 습득함으로써 새롭고 유용한 알고리즘들을 보다 쉽게 개발할 수 있게 된다.

알고리즘이 고안되고 난 후에는 고안한 알고리즘이 합당한 입력값에 대하여 올바른 결과를 계산해 내는지를 밝히는 절차가 필요하게 되는데, 이러한 절차를 '알고리즘 검증(algorithm validation)'이라고 한다. 이러한 알고리즘 검증은 고안된 알고리즘이 프로그래밍 언어와는 독립적으로 올바르게 작동할 수 있음을 보여주는데 그 목적이 있다. 어떤 문제를 해결하는데 있어 특정 알고리즘이 표준안으로 채택되기 위해서는 반드시 검증 과정을 거치게 된다.

수업에서의 알고리즘 활용

동기유발

흔히 알고 있는 레크레이션 게임 중 반씩 접혀 가는 신문지에 모든 사람들이 올라서는 것이 있다. 그렇다면 반씩 접혀가는 신문 위에 모든 사람이 올라가려면 어떤 작전을 세워야 할까? 작전은 여러 가지가 나올 수 있을 것이고 팀 마다 행동하는 방식이 다르겠지만 결과는 신문지 위에 모든 구성원이 올라가느냐 올라가지 못하느냐를 나타낼 것이다. 이 게임만으로도 알고리즘의 개념을 설명할 수 있다. 구체적 활동 내용은 다음과 같다.

① 한 팀을 다섯 명으로 구성하며, 벼룩시장 신문을 한 장씩 준비한다.
② 처음 단계는 모든 사람이 바닥에 편 한 장의 벼룩시장 신문에 올라선다.
③ 단계가 진행될수록 벼룩시장 신문을 앞 단계 크기의 반으로 접고 모든 팀 구성원이 신문에 올라선다.
④ 신문의 크기가 반으로 줄수록 팀 구성원들은 모두 신문에 올라가기 위해 작전을 세워야 할 것이다.

첫 번째 활동

고대 중국의 퍼즐 게임인 탱그램은 지그소우(jigsaw-끼워 맞추어 본래의 그림을 만드는 어린이 장난감, 놀이, picture puzzle) 퍼즐의 한 종류이다. 탱그램의 역사는 아주 오래되어, 중국에서는 5천년 전부터 즐겨왔다고 한다. 우리나라에서는 칠교놀이라 하여 전통 놀이 형태로 전해 오고 있다. 탱그램의 목적은 45도나 90도 각도로 자른 각 변이 직선인 7개의 조각을 가지고 하나의 모형을 만드는 것이다.

한정된 같은 수의 조각을 가지고 어떤 새로운 독창적인 모형을 고안할 수 있는 것인가가 탱그램의 포인트이며 이것은 알고리즘 개념 이해에 도움이 될 수 있다. 아동들은 제한된 수의 조각을 가지고 제시된 문제를 해결하는 과정에서 여러 가지 방법을 찾고 결과를 나타낼 수 있다. 그리고 서로의 결과를 통해 가장 적합한 결과를 찾는 것이 바로 알고리즘의 원리이다.

[탱그램 구성조각]

큰 직각이등변삼각형 2개
중간 직각이등변삼각형 1개
작은 직각이등변삼각형 2개
정사각형 1개
평행사변형 1개

그림 1 | 탱그램 모양

① [활동양식지1A]를 오려 탱그램 조각을 먼저 만든다.
② 문제를 제시한다[활동양식지1B].
③ 문제에 맞게 모둠에서 생각한 형태를 만들어 본다. 예를 들어 '엉덩방아를 찧는 사람의 모습을 만들어보자'라고 한다면 [그림 2]와 같은 결과물이 나올 수 있을 것이다. [그림 2]와 같은 결과물은 하나의 예시일 뿐 아동들은 보다 다양한 형태를 만들어 낼 수 있을 것이다.

그림 2 | 예시

두 번째 활동

문제를 정확히 이해하기 위해 가로, 세로의 칸이 각각 4개인 체스판 위에서 4개의 고슴도치를 가지고 연습해보자. 이 문제를 해결하기 위한 조건은 2가지이다.

첫째, 고슴도치를 놓은 곳의 같은 행과 열에는 다른 고슴도치를 놓을 수 없다.
둘째, 놓여진 고슴도치 주변으로는 다른 고슴도치를 놓을 수 없다.

사세한 내용은 다음에 차례대로 설명해 놓았다.

(1,1)	(1,2)	(1,3)	(1,4)
(2,1)	(2,2)	(2,3)	(2,4)
(3,1)	(3,2)	(3,3)	(3,4)
(4,1)	(4,2)	(4,3)	(4,4)

그림 3

[그림 3]과 같이 행과 열에 따라 번호를 부여했다.

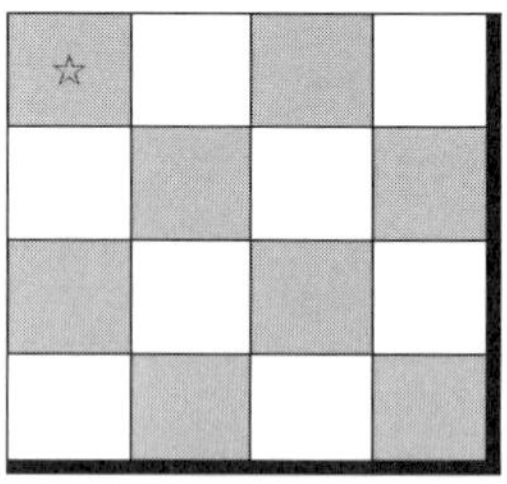

그림 4

우선 첫 번째 고습도치를 [그림 4]와 같이 (1,1)의 자리에 놓는 것으로 문제를 풀어보자.

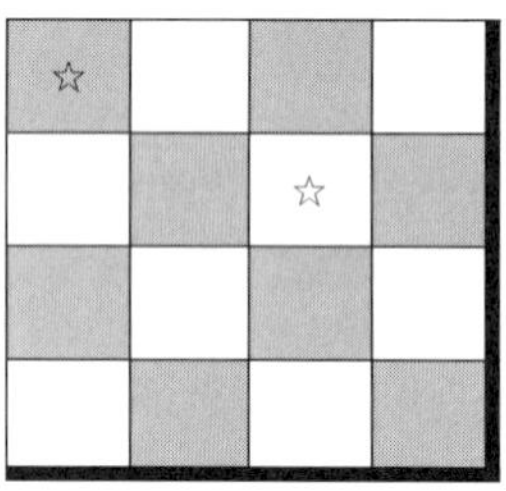

그림 5

두 번째 고습도치는 첫 번째 행에는 놓을 수 없으므로 두 번째 행에서 자리를 찾아야 한다. 그런데 (2,1)과 (2,2)는 앞에서 놓은 고습도치의 길목에 해당하므로 선택은 (2,3)과 (2,4) 둘 뿐이다. 따라서 일단 두 번째 고습도치를 (2,3)에 놓아보자.

이제 세 번째의 고습도치를 놓을 차례다. 세 번째의 행에서 한 칸씩 확인을 해보기 바란다. 고습도치를 놓을 수 있는 자리가 있는가? (3,1)은 첫 번째 고습도치와 같은 열에 있으므로 놓을 수 없다. (3,2)는 두 번째 고습도치 주변에 있기 때문에 안 된다. 역시 (3,3)도 안 되며 (3,4)도 두 번째 고습도치 때문에 되지 않는다. 그렇다면 어떻게 문제를 해결해야 할까? 예를 들어 잠이 덜 깬 상태에서 와이셔츠의 단추를 채우다 보면 가끔 끝이 맞지 않을 때가 있다. 이럴 때에도 우리는 단추를 하나씩 풀면서 '뒤로 돌아가서' 문제를 해결한다. 이렇게 '뒤로 돌아가서' 아직 시도해 보지 않은 새로운 길을 탐색해 보는 방법이 퇴각 검색 기법이다.

그러므로 처음으로 돌아가는 것이 아니라 두 번째 고습도치부터 다시 놓으면 된다. 두 번째 고습도치를 (2,3)에 놓았는데 더 이상 진행시킬 수 없었으므로 (2,4)에 놓고 다시 해본다. 그렇게 되면(해보면 알겠지만) 마지막 네 번째 고슴도치를 놓을 수가 없다. 그렇다면 두 번째 놓은 고슴도치가 역시나 잘못 되었다는 것인데, 그러나 이제는 두 번째 고슴도치도 더 이상 놓을 수 없다. 그렇다면 이제는 제일 처음으로 돌아간다. 제일 처음의 고슴도치를 (1,1)에 놓았을 때 끝까지 고슴도치를 놓을 수 없었으니 (1,2)에 놓고 다시 반복해 본다. 그렇게 되면 모두 놓을 수 있는 방법을 찾을 수 있다. 그 해답은 [그림 6]과 같다.

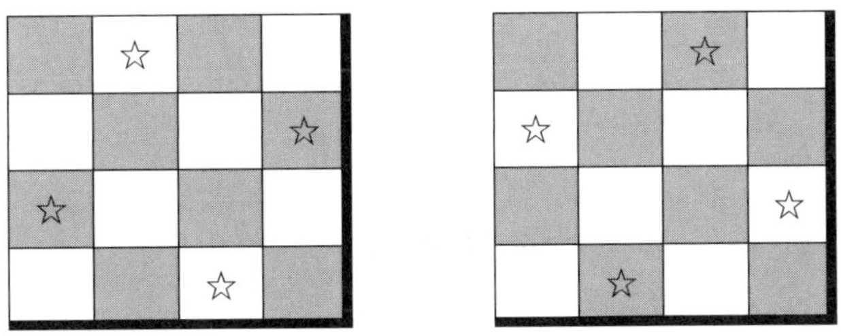

그림 6

유의점

다양한 해결 방법 중 자신이 생각하는 최선의 방법이 무엇인지 찾아내는 것이 중요한 목표이다. 그러므로 억지로 답을 유도하거나 정답을 제시하면 안 된다.

평가

이 단원에서는 알고리즘의 원리에 대해 이해하고 있는가 하는 지식 평가와 알고리즘에 대한 예를 실생활에서 찾을 수 있는가 하는 응용 평가로 구성하여 평가한다.

	평 가 항 목	상	중	하
지식	1. 알고리즘의 원리에 대해 이해하고 있는가?			
응용	2. 알고리즘에 대한 예를 실생활에서 찾을 수 있는가?			

토의·토론 주제

토의 주제
1. 알고리즘이 왜 필요한 것인지 이야기해 보자.
2. 자료구조와 알고리즘의 관계를 말해보자.

지도의 실제

1차시

단계	교수 학습내용	자료 및 유의점
도입	▶ 동기유발 ① 5명을 한 팀으로 구성하며, 벼룩시장 신문을 한 장씩 준비한다. ② 처음 단계는 모든 사람이 바닥에 편 한 장의 벼룩시장 신문에 올라선다. ③ 단계가 진행될수록 벼룩시장 신문을 앞 단계 크기의 반으로 접고 모든 팀 구성원이 신문에 올라선다. ④ 신문의 크기가 반으로 줄수록 팀 구성원들은 모두 신문에 올라가기 위해 작전을 세워야 할 것이다. 학습목표: 알고리즘의 원리를 이해할 수 있다.	여러 가지 방법 중 가장 적절한 방법을 선택하게 한다.
전개	▶ 활동 1 ① [활동양식지1A]를 오려 탱그램 조각을 만든다. ② 문제를 제시한다[활동양식지1B]. ▶ 활동 2 - 고슴도치 자리 놓기 : 4×4 체스판을 준비한다[활동양식지2A]. : 조건에 맞추어 고슴도치를 배치해본다. - 놓여진 고슴도치의 같은 열과, 같은 행에는 놓지 못한다. - 놓여진 고슴도치의 둘러싼 주변에는 놓지 못한다.	가위 탱그램 조각

전개	▶ 심화활동 : 5×5 체스판을 준비한다[활동양식지2B]. : 조건에 맞추어 고슴도치를 배치해본다.	체스판
정리	- 이번 시간에는 알고리즘 원리에 대해 배웠습니다. - 더 알고 싶은 것은 무엇인가요?	

제 2 장

알고리즘의 이론

2.1 자료구조의 표현 방법

컴퓨터의 중앙 처리 장치 내에서 자료 처리를 하려면 자료는 미리 컴퓨터의 기억 장치에 저장되어 있어야 하며, 중앙 처리 장치는 주기적으로 기억 장치에서 필요한 자료를 읽어내어 처리하든지 또는 처리된 결과를 기억 장치에 기억시킨다. 이때, 중앙 처리장치와 기억 장치와의 자료 교환은 한 단어(word) 단위로 이루어지는 것이 보통이며, 충분한 정밀도를 유지할 만한 유한 비트들로 구성되어 있다.

이와 같이 중앙 처리장치와 기억 장치 사이의 자료 교환은 단어 단위로 이루어지기 때문에 기억 장치 역시 단어들로 구성되어 있으며, 단어가 기억될 수 있는 모든 위치는 고유의 주소(address)를 갖고 있어서, 중앙 처리장치와 기억 장치 사이의 자료 교환은 그 주소에 의해 교환될 자료의 위치를 결정한다.

자료구조의 표현 방법에는 크게 선형적 자료구조와 제한된 선형적 자료구조, 비선형적 자료구조로 나누어 볼 수 있으며 지금부터 자료구조의 각각의 표현 방법에 대해서 살펴보기로 한다.

2.1.1 선형적 자료구조(Linear data structure)

선형적 자료구조는 관련된 자료들이 1:1 관계를 유지하는 가장 단순하고 보편적인 자료구조를 의미한다. 예를 들어, 학생들의 성적 처리에서 석차를 구해야 하는 경우에는 n명의 학생 점수는 특정 학생들, 또는 부분 학생들 간의 특별한 관계에 의하여 구해지는 것이 아니고 모든 전체 학생간의 상호 관련이 동등한 관계 속에서만 구해질 수 있다. 이와 같은 자료 간의 관계를 1:1이라고 하며, 선형적 자료구조(linear data structure)라고 한다.

2.1.1.1 배열(array)

미리 배당받은 연속적인 기억 장소에 저장한 후 조작하는 자료구조로서 순서화된 리스트(ordered list), 연접 리스트(dense list) 또는 순차 리스트(sequential list)라고 한다. 대부분의 프로그래밍 언어가 배열로 자료구조를 표현하고 있다. 배열은 인덱스와 값(value)의 쌍(pair)들로 구성된 집합이며, 정해진 인덱스 각각에 대하여 대응되는 하나의 값을 갖는다. 배열의 기능은 정보를 검색(retrieve)하며, 저장(store)한다. 배열 A(3,4)의 각 원소가 기억 공간에 표시한 주소의 개념을 보자.

주소	1	2	3	4	5	6	7	8	9	10	11	12
배열	A(1,1)	A(1,2)	A(1,3)	A(1,4)	A(2,1)	A(2,2)	A(2,3)	A(2,4)	A(3,1)	A(3,2)	A(3,3)	A(3,4)

정호	은후	영남	세인	…					진영	종한

그림 2-1 배열 표현에 의한 선형 리스트의 예

▶ 배열의 장점

일반적으로 데이터란 복수개의 자료가 모여진 집합을 의미하므로 배열은 이러한 여러 개의 데이터를 저장하고 처리하기 위한 가장 기본적인 자료구조로 사용된다. 흔히 배열은 뒤에서 레슨 7에서 다루게 될 리스트 구조와 비교해서 다음과 같은 장점과 단점을 가지게 된다.

① 배열 내의 특정 데이터에 빠르게 접근할 수 있다.
배열은 메모리 상에서 시작부터 종료 위치까지 연속된 공간에 할당되고 배열의 모든 요소는 동일한 자료형으로 구성되어 있으므로 시작위치로부터의 거리(offset) 계산으로 직접 해당 위치로 접근할 수 있다.

> **I번째 배열요소의 위치**
> = 배열의 시작 주소 + 시작 위치로부터의 거리(offset)
> = 배열의 시작 주소 + (배열 요소의 크기 × I)

예를 들어 nArray의 시작 주소가 1000번지라면 int 자료형을 저장하는데 필요한 공간은 4byte이므로 nArray[3]은 1012번지(1000 + 4 × 3)가 된다.

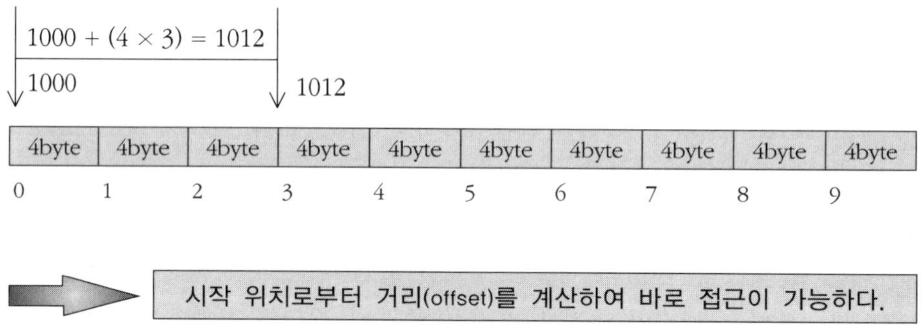

상대적으로 데이터가 연속적인 공간에 저장되지 않는 자료구조의 경우에는 처음부터 순차적으로 데이터를 탐색하는 과정이 필요한 경우가 있으므로, 이 경우에는 배열보다 특정 요소를 찾는데 시간이 많이 소요된다.

② 정적인 데이터 처리에서 기억장소를 효율적으로 활용할 수 있다.
배열을 구성하는 데이터의 값 이외에 다른 정보를 저장할 필요가 없기 때문에 데이터의 삭제나 삽입 등의 동적인 행위가 발생하지 않는 경우에는 기억장소의 활용도가 매우 높아 효율적이다.

▶ 배열의 단점

상대적으로 다른 자료구조의 경우 실제 데이터의 값 이외에 자료의 연관관계를 유지하기 위한 정보가 부가적으로 필요한 경우가 많아 기억장소의 공간을 배열에 비해서 많이 사용한다.

① 배열 내의 특정 위치에 데이터를 삽입하거나 삭제할 경우 많은 작업을 필요로 한다.
배열은 물리적으로 일렬로 이어진 형태로 자료를 저장하기 때문에 앞의 예제에서 알 수 있었듯이 배열 내의 특정 위치에 값을 삽입하거나 삭제하려면 그 이후에 있는 배열 요소를 모두 이동시켜야 한다. 따라서 이러한 종류의 작업을 할 경우에 처리 속도에 영향을 주게 된다.

② 배열의 크기를 최대로 선언해야 한다.

배열은 정적인 자료구조이다. 따라서 초기 선언 시에 일렬로 이어진 저장 공간을 확보해야 하므로 최초에 필요한 저장 공간의 크기를 명시적으로 지정해야 한다. 하지만 수의 데이터를 다루는데 있어서 실제로 얼마만큼의 데이터가 입력되고 사용될 지 예측하기는 어렵다. 따라서 배열을 이용해서 데이터를 처리하기 위해서는 예상되는 최대의 크기로 선언해서 사용해야 한다. 왜냐하면 일단 할당된 배열의 크기를 넘어서면 그 이후에 입력되는 데이터를 저장할 수 없기 때문이다.

배열의 크기를 최대 크기로 선언해야 한다는 것은 실제로 많은 저장 공간이 앞으로 입력될 수 있을 데이터를 위해서 예약해두어야 함을 의미한다. 이렇게 할당된 저장 공간은 다른 용도로는 사용되지 못하므로 실제로 메모리 측면에서 비효율적이며 낭비이다. 따라서 배열은 최대 크기가 가변적이지 않고 예측 가능한 자료를 다룰 때 사용하는 것이 효율적이다.

③ 메모리 사용이 비효율적이다.

배열은 정적인 자료구조이다. 즉 배열의 선언 시점에 배열의 크기가 정해지는데 이를 위해선 배열에 얼만 큼의 데이터가 저장될 것인지 미리 알고 있어야 한다. 그리고 일단 선언된 이후에는 배열의 크기를 다시 늘리거나 줄이거나 하는 작업이 허용되지 않으므로 최초 선언된 배열의 크기를 넘어서면 더 이상의 데이터를 저장할 수 없게 된다. 따라서 배열을 선언할 때에는 저장될 것으로 예상되는 최대 개수를 예상해서 할당하게 된다.

④ 배열 내의 데이터 이동 및 재구성이 어렵다.

최대 크기로 배열을 선언해야 한다는 것은 메모리 측면에서 매우 비효율적이다. 예를 들어 100개의 데이터가 저장될 것으로 예상하고 배열을 선언했는데 실제 10개의 데이터만 사용되고 있다면 나머지 90개의 저장 공간은 낭비되고 있는 것이다.

또한 배열은 메모리 상에서 순차적으로 존재하게 된다. 일렬로 이어진 형태의 각 요소들이 배열의 시작부터 끝까지 이어지는데 만약 배열의 중간에 위치한 요소를 삭제한다면 그 이후에 있는 배열 요소를 모두 하나씩 위치를 옮겨와야 하는 문제가 발생한다. 또는 배열의 특정 위치에 데이터를 삽입해야 한다면 원래 있던 데이터의 위치를 모두 뒤로 옮겨야하는 문제도 발생한다. 즉, 배열내의 데이터를 이동하고 재구성하는데 많은 작업을 필요로 하게 된다.

2.1.1.2 연결 리스트(linked list)

자료의 순차적 표현 방법인 순서 리스트 표현에서의 문제들은 해당 원소의 연결 부분으로 연결된(linked) 표현을 통해 해결할 수 있다.

임의의 위치에 자료를 삽입하거나 삭제할 때 삽입과 삭제가 용이하고 기억 공간을 낭비하지 않으며, 삽입·삭제에 소요되는 시간을 절약하기 위한 기억장소 내의 어느 곳에나 위치할 수 있다.

일반적으로 리스트의 한 원소는 여러 개의 자료 항목을 나타내는 자료(data) 부분과 다음 원소를 가리키는 포인터(pointer)라고 불리는 링크(link) 부분으로 구성되는데 이를 노드(node)라고 한다.

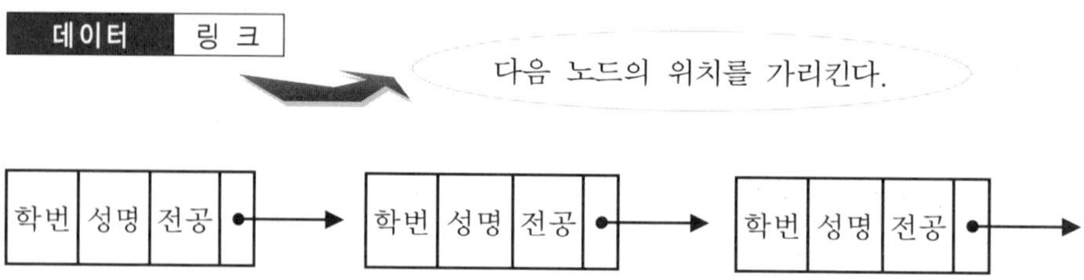

그림 2-2 노드의 구성

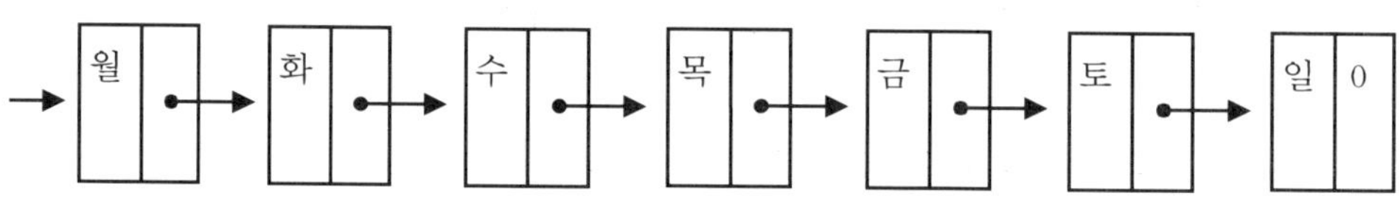

그림 2-3 연결된 리스트의 표현

▶ 연결 리스트와 배열의 비교

배열과 비교하여 연결 리스트의 장점을 정리해보면 다음과 같다.

① 메모리를 효율적으로 사용한다.
실행 시에 필요한 만큼 메모리를 할당하여 사용하고 제거할 수 있으므로 배열처럼 유휴공간이 발생하지 않아 효율적이다.

② 데이터 재구성이 용이하다.

내부 데이터를 정렬하는 경우에도 배열처럼 실제 데이터를 이동하는 절차없이 링크의 변경만으로 데이터를 재구성할 수 있다.

③ 대용량 데이터를 처리하는데 적합하다.

실제 메모리에서 사용 가능한 범위만큼의 데이터를 저장할 수 있으므로 대용량 데이터를 다루는데 적합하다.

배열과 비교하여 연결 리스트의 단점을 정리하면 다음과 같다.

① 데이터 탐색 속도가 느리다.

배열의 경우 메모리상에 연속적으로 존재하므로 오프셋을 이용한 포인터 연산으로 특정 요소에 직접 접근이 가능하지만 연결 리스트의 경우 머리노드에서부터 링크가 가리키는 위치의 노드를 순차적으로 탐색해야 하므로 상대적으로 느리다.

② 구현 및 사용 방법이 까다롭다.

동적 메모리의 할당 및 해제를 사용한 노드의 추가/삭제 및 데이터 탐색의 구현과 데이터를 구성하는 방법이 배열보다는 까다롭다.

수업에서의 알고리즘 활용

세부 활동 내용

도서관에서 책을 찾는 것처럼 여러 가지 자료 중에서 특정한 자료를 찾는 것을 검색이라고 한다. 다시 말해 검색이란 특정한 구조로 구성되어 있는 자료의 집합에서 원하는 자료를 찾아내는 것이다.

동기유발

① 11명이 한 팀이다. 11명 중 한 명의 술래를 정한다.
② 술래의 눈을 가리고 나머지 10명 중 한 사람을 X-맨으로 정한다.
③ 술래는 다음과 같은 조건 하에 X-맨이 누구인지 찾아낸다.

찾을 조건

1단계 : 아무 조건 없이 찾아본다.
2단계 : X-맨의 키는 '◉ cm' ~ '◉ cm' 사이이다.
3단계 : X-맨의 성은 '◉' 이다.

단계별 조건을 제시할 때마다 X-맨을 찾기가 쉬울 것이다. 이 활동으로 본시활동의 동기부여가 될 것이다.

첫 번째 활동

▶ 선형 검색

활동의 구체적인 내용은 다음과 같다.

① 아동 두 명을 한 쌍으로 구성한다. 한 사람은 [활동양식지1A], 다른 한 사람은 [활동양식지1B]를 가진다. 단, 상대방에게 자기의 활동양식지를 보여주면 안 된다.
② 각자 자신이 가지고 있는 활동양식지의 비행기 중 하나를 정하고 그 비행기의 번호를 상대방에게 말한다.
③ 상대방으로부터 들은 번호를 가진 비행기가 어느 나라 것인지 짐작한다. 짐작한 비행기의 나라를 말한다.
④ 말한 비행기의 나라와 비행기의 번호가 일치하면 점수표에 동그라미와 그 비행기 칸에 번호를 적고 일치하지 않으면 점수는 없이 정확한 비행기 나라를 상대방으로부터 다시 듣고 해당 번호를 적는다.

이 활동은 전혀 정렬이 되어 있지 않기 때문에 논리적인 추측은 없이 단순히 처음부터 차례대로 번호를 말하던지 아니면 단순한 짐작밖에 할 수 없다.

두 번째 활동

▶ 이진 검색

첫 번째 활동과의 차이점은 주어진 비행기의 번호들이 오름차순으로 정렬되어 있다는 것이다. 활동의 구체적인 내용은 다음과 같다.

① 아동 두 명을 한 쌍으로 구성한다. 한 사람은 [활동양식지2A], 다른 한 사람은 [활동양식지2B]를 가진다. 단, 상대방에게 자기의 활동양식지를 보여주면 안 된다.
② 각자 자신이 가지고 있는 양식지의 비행기 중 하나를 정하고 그 비행기의 번호를 상대방에게 말한다.
③ 상대방으로부터 들은 번호를 가진 비행기가 어느 나라 것인지 짐작한다. 짐작한 비행기의 나라를 말한다.
④ 말한 비행기의 나라와 비행기의 번호가 일치하면 점수표에 동그라미와 그 비행기 칸에 번호를 적고 일치하지 않으면 점수는 없이 정확한 비행기 나라를 상대방으로부터 다시 듣고 해당 번호를 적는다.

이 활동은 오름차순으로 정렬이 되어 있기 때문에 논리적인 추측이 가능하고 검색은 규칙적이며 맞힐 수 있는 확률은 더 높을 것이다.

세 번째 활동

▶ 해싱!

이번 활동은 다음과 같은 규칙이 있다. 비행기의 번호를 모두 더한 후 나온 수의 끝자리와 영역의 번호와 같다는 것이다. 예를 들면 다음과 같다.

영역	나 라	비행기 번호
4	벨기에	 9014
	캐나다	 2444
	인 도	 1111

그림 1

[그림 1]처럼 비행기 번호의 4자리의 숫자를 모두 더한 수의 끝자리는 4가 된다. 그러므로 4번 영역에 있는 것이다. 이와 같은 규칙은 앞의 두 활동과는 다르게 더욱더 논리적인 추측을 할 수 있다. 활동의 구체적인 내용은 다음과 같다.

① 아동 두 명을 한 쌍으로 구성한다. 한 사람은 [활동양식지3A], 다른 한 사람은 [활동양식지3B]를 가진다. 단, 상대방에게 자기의 활동양식지를 보여주면 안 된다.
② 각자 자신이 가지고 있는 활동양식지의 비행기 중 하나를 정하고 그 비행기의 번호를 상대방에게 말한다.
③ 상대방으로부터 들은 번호를 가진 비행기가 어느 나라 것인지 짐작한다. 짐작한 비행기의 나라를 말한다.
④ 말한 비행기의 나라와 비행기의 번호가 일치하면 점수표에 동그라미와 그 비행기 칸에 번호를 적고 일치하지 않으면 점수는 없이 정확한 비행기 나라를 상대방으로부터 다시 듣고 해당 번호를 적는다.

이렇게 활동을 함으로써 알고리즘 검색에 대한 기초적인 개념을 이해할 수 있다. 그리고 앞에서 했던 활동과의 차이점에 대해 이야기하자. 더욱 더 많은 개념을 이해할 수 있을 것이다.

2.1.2 제한된 선형적 자료구조

배열, 또는 연결 리스트 표현을 사용하여 관련된 자료들을 처리할 때 자주 발생하는 중요한 자료처리 조작들은 삽입, 삭제, 임의의 자료 항목 접근이 된다. 배열과 연결 리스트 표현 방법에서 삽입과 삭제 조작이 빠르게 수행되도록 제한된 특별한 자료구조를 스택(stack)과 큐(queue)라고 한다.

2.1.2.1 스택(stack)

스택이란 쌓아올린 더미를 의미하는 것으로서, 자료구조에서는 기억 장치에 자료를 일시적으로 겹쳐 쌓아 두었다가 필요시에 꺼내서 사용할 수 있게 주기억장치나 레지스터의 일부를 할당하여 사용하는 임시적 기억 장치를 말한다. 즉, 리스트의 한쪽 끝에서만 새로운 항목(item)을 삽입(insertion)하거나, 또는 리스트에 저장되어 있던 자료 항목을 삭제(delete)시킬 수 있는 선형 자료구조를 말한다.

이때 스택의 최상단의 자료 위치를 가리키는 변수를 top이라 하며, top 한 곳에서만 자료의 삽입과 삭제가 일어나는 순서 리스트이다. 스택은 LIFO(Last In First Out) 구조이다. 우리가 식당에서 접시를 닦아서 포개놓은 것을 연상할 수 있으며, 컴퓨터 언어 중에서 FORTH라는 언어는 스택 개념을 채택함으로써 기억 장치를 다른 언어에 비해 절감해서 사용하는 장점을 갖고 있다.

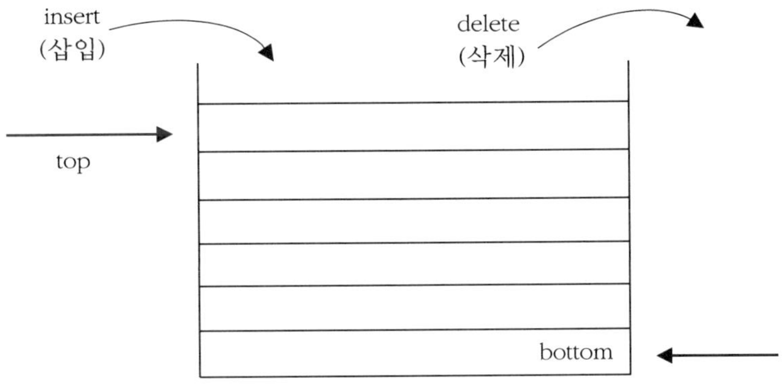

그림 2-4 배열을 이용한 스택의 표현

2.1.2.2 큐(queue)

스택이 선형 리스트에서 top이라 불리는 한쪽 끝에서만 항목들을 삽입·삭제하는데 반해, 큐는 한쪽 끝에서 항목이 삭제되고 다른 한쪽 끝에서는 항목이 삽입되는 선형 리스트(linear list)이다. 항목이 삭제되는 부분을 앞(front)이라 하고 삽입되는 끝을 뒤(rear)라고 한다. 스택은 한쪽 끝이 막힌 모양으로 생각할 수 있지만 큐는 양쪽이 모두 열려진 띠 모양이라 할 수 있다. 큐는 FIFO(first In First Out) 구조라 할 수 있다.

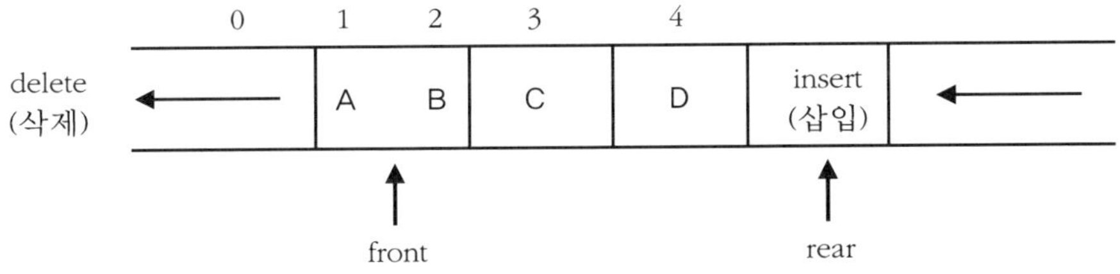

그림 2-5 배열을 이용한 큐의 표현

자료구조의 개념을 이해하기 위한 몇 가지 예를 먼저 살펴보자.

접시를 쌓아서 보관한다고 했을 때 접시를 쌓을 때의 순서와는 반대로, 쌓여 있는 접시를 사용할 때에는 제일 늦게 쌓인 접시가 먼저 사용되는 접시가 되고, 제일 먼저 쌓이는 접시가 가장 나중에 사용되어 가장 오랫동안 사용되지 않는 접시가 될 것이다. 이것과 유사한 구조를 스택 구조라고 한다. 또한 큐 구조는 화장실에 들어가기 위해 한 줄을 서서 기다리고, 볼 일을 본 사람은 화장실 밖으로 나가는 경우에서 이해할 수 있다. 먼저 와서 기다린 사람이 먼저 볼일을 보고 나가며 나중에 온 사람은 가장 늦게 화장실을 사용하게 된다. 즉, 들어온 순서대로 나가게 된다.

여기서 기본적인 자료구조의 개념을 이해할 수 있는 활동을 소개해본다.

1차시

동기유발

본시 활동에 앞서 동기유발은 간단한 그림의 제시와 캔 또는 상자 등 쌓을 수 있는 물건을 이용한 교사의 시범으로 시작한다.

그림 1 화장실 앞모습

그림 2 캔 쌓기

① [그림 1]은 화장실에서 사람들이 기다리는 모습이다. 어떤 사람이 가장 먼저 화장실을 이용하게 될 것인가를 생각하게 한다.

② [그림 2]는 교사가 직접 캔을 쌓는 장면을 보여준다. 쌓은 캔을 원 상태로 되돌리려면 가장 먼저 어떤 캔부터 차례대로 이동시켜야 하는가를 생각하게 한다.

③ 이 간단한 그림과 시범으로 스택과 큐의 개념을 인지하게 한다.

첫 번째 활동

▶ 스택의 개념과 원리 알아보기

① OHP용 필름이 정사각형에 가깝도록 자른 다음 바톤에 말아 풀리지 않도록 스카치테이프를 붙인다. OHP용 필름의 남은 부분을 동그랗게 잘라 한 쪽을 메운 후 바톤을 빼내서 통을 완성한다.

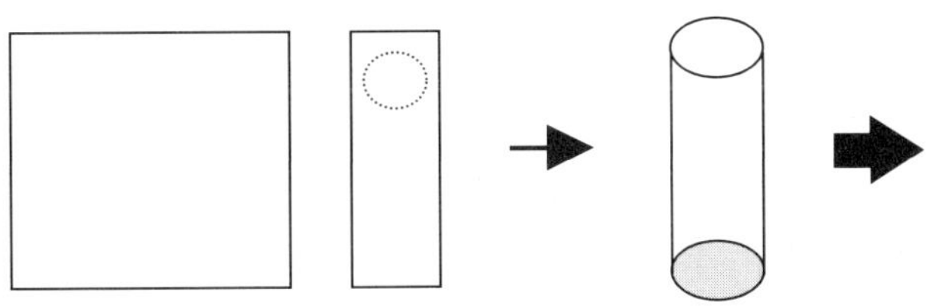

그림 3

② 4개의 탁구공에 견출지를 붙이고 각각 A, B, C, D라고 적는다.

그림 4

③ 통 안에 탁구공 A를 넣고 그 다음에 탁구공 B를 넣는다. 같은 방법으로 탁구공을 A, B, C, D 순서로 쌓아올린다.

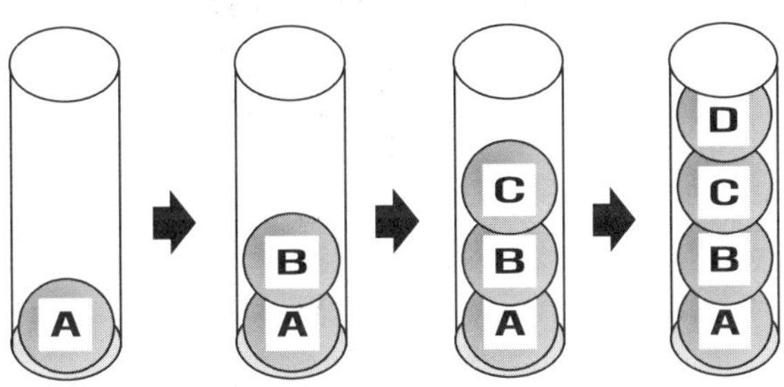

그림 5

④ 빈 통 안에 들어간 4개의 탁구공을 하나씩 밖으로 빼본다. 탁구공이 통 밖으로 나오는 순서를 적어보자.

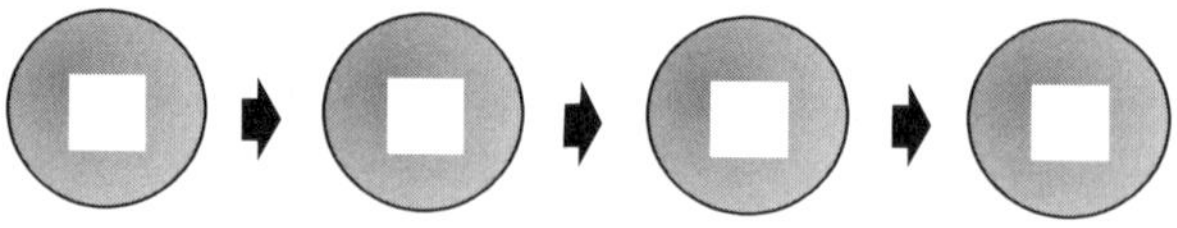

그림 6

- 통 안에 제일 늦게 들어오는 탁구공은 무엇인가? (   )
- 통에서 제일 빨리 나가는 탁구공은 무엇인가? (   )
- 통 안에 가장 오랫동안 들어있었던 탁구공은 무엇인가? (   )
- 탁구공이 들어오고 나가는 길은 (같다. / 다르다.)
- 탁구공이 들어오고 나가는 길은 (하나이다. / 여러 개이다.)
- 위와 같은 통 안에 들어오고 나가는 탁구공들의 규칙이나 특징을 생각나는 대로 적어보자.

두 번째 활동

▶ 푸시(Push)와 팝(Pop)

하나의 입구로 탁구공이 들어오고 나가는 통을 스택구조, 탁구공을 자료라고 할 수 있다. 이때, 탁구공을 쌓는 것을 푸시(Push), 탁구공을 꺼내는 것을 팝(Pop)이라고 한다.

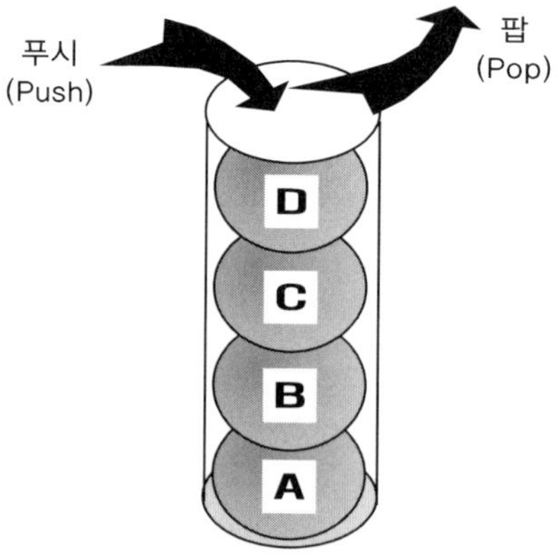

그림 7

① 〈활동 1〉에서 사용된 탁구공과 통을 이용하여 다음과 같은 순서로 푸시(Push)와 팝(Pop)을 해보자. 단, 통은 빈 상태로 시작되어야 하며 탁구공은 A, B, C, D 순서로 푸시(Push)되어야 한다.

Push → Push → Pop → Push → Pop → Pop → Push → Pop

② 위의 과정에서 팝(pop)되는 탁구공을 순서대로 적어보자.

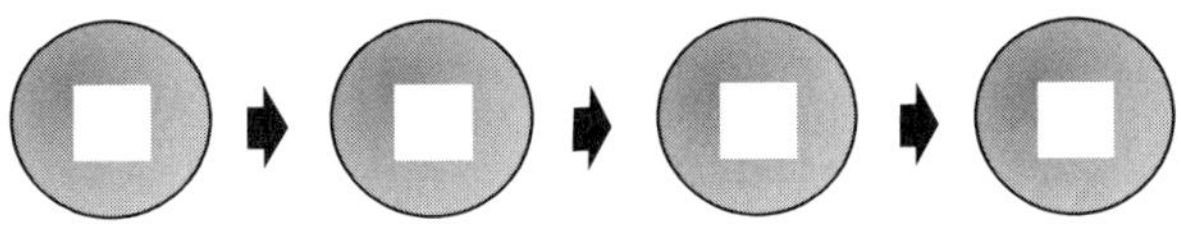

그림 8

③ 빈 통 안에 네 개의 탁구공이 Push되는 순서는 A, B, C, D이고 Pop하는 탁구공을 순서대로 적었더니 B, A, D, C 였다고 한다. 최소한의 Pop과 Push의 과정을 거쳤다고 가정했을 때, Pop과 Push가 일어난 과정을 순서대로 적어보자.

2차시

첫 번째 활동

▶ 큐의 개념과 원리 알기

① OHP용 필름을 정사각형의 모양으로 자른 다음 배턴에 말아 풀리지 않도록 스카치테이프를 붙인다. 배턴을 빼내서 통을 완성한다.(이번에는 밑 부분을 붙이지 않는다.)

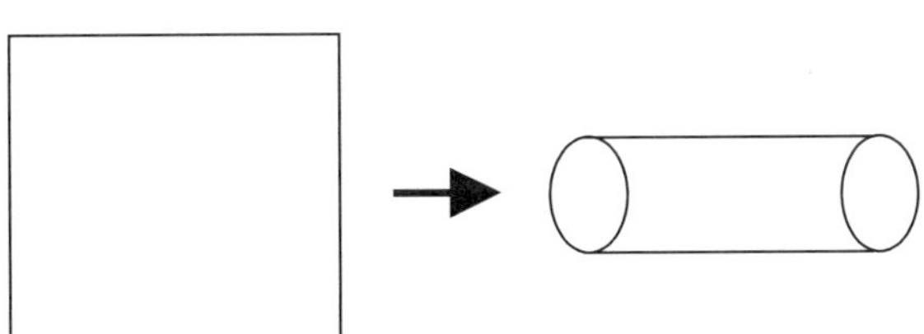

그림 9

② 4개의 탁구공에 견출지를 붙이고 각각 A, B, C, D라고 적는다.

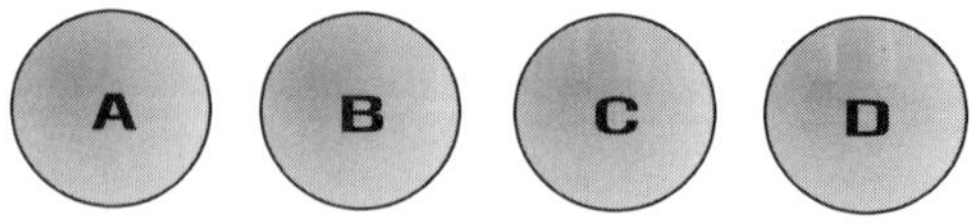

그림 10

③ 통 안에 탁구공 A를 넣고 그 다음에 탁구공 B를 같은 쪽에서 넣는다. 같은 방법으로 탁구공 C, D를 밀어 넣는다.

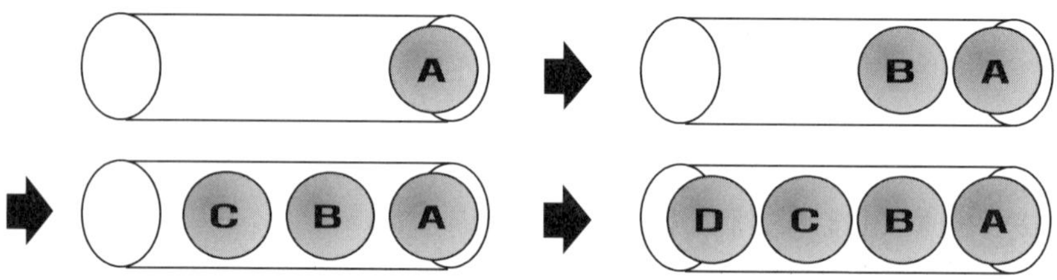

그림 11

④ 빈 통 안에 들어간 4개의 탁구공을, 넣었던 쪽의 반대쪽에서 하나씩 밖으로 빼본다. 탁구공이 통 밖으로 나오는 순서를 적어보자.

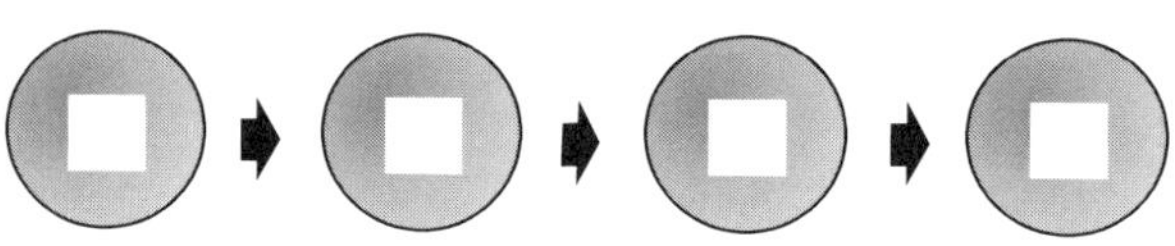

그림 12

- 통 안에 제일 먼저 들어가는 탁구공은 무엇인가? (　　　)
- 통에서 제일 빨리 나가는 탁구공은 무엇인가? (　　　)
- 탁구공이 들어오고 나가는 길은 (같다. / 다르다.)
- 위와 같은 통 안에 들어오고 나가는 탁구공들의 규칙이나 특징을 생각나는 대로 적어보자.

두 번째 활동

▶ 입력(Insert)과 삭제(Delete), Rear(Tail)와 Front(Head) 알아보기

(1) 입력과 삭제란?

탁구공을 통 안으로 밀어 넣는 것을 큐에서는 입력(Insert)이라고 한다. 또한 통 속의 탁구공을 빼 내는 일을 삭제(Delete)라고 한다.

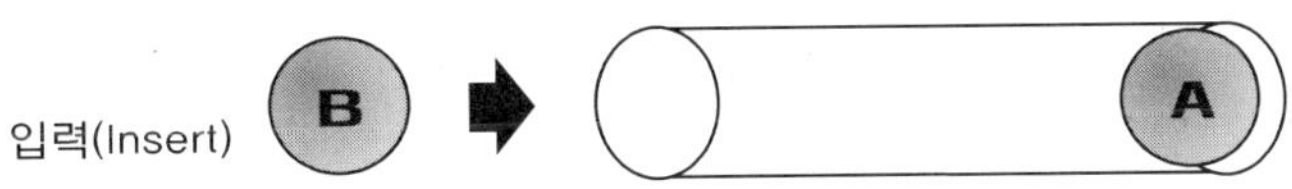

그림 13

큐에 데이터 B가 입력된다.

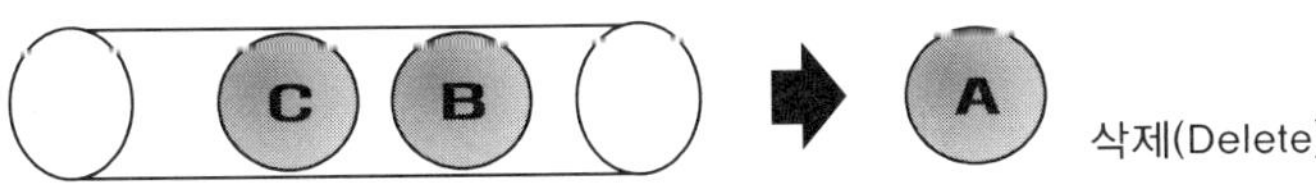

그림 14

큐에서 데이터 A가 출력된다.

(2) Rear와 Front란?

① 큐의 리스트(list) 속에서 가장 최근에 입력된 데이터를 Rear라고 하고 가장 먼저 입력된 자료를 Front라고 한다. 탁구공과 통을 이용하여 다음과 같이 입력과 삭제를 한 후 Rear와 Front를 알아보자.

A 입력 → B 입력 → C 입력 → A 삭제 → D 입력 → B 삭제

② 위의 과정에서 Rear와 Front에 해당하는 탁구공을 무엇인가?

그림 15

동기유발

▶ 기억력 게임

① 8명을 한 팀으로 구성하여 둥근 모양으로 선다.

② 네 박자 리듬으로 A사람은 "처음에 사과"라고 말한다.

③ 시계 방향으로 B사람 차례가 되면 "처음에 사과", "사과 뒤에 수박"과 같이 말한다.

④ C사람 차례가 되면 "처음에 사과", "사과 뒤에 수박", "수박 뒤에 복숭아"와 같이 말한다.

⑤ 한 사람씩 진행될수록 과일의 이름이 하나씩 추가된다.

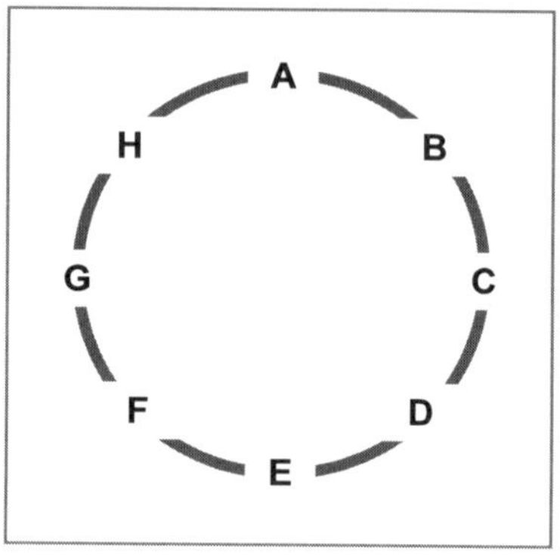

그림 16

⑥ 과일의 순서가 틀리거나 기억이 나지 않아 대답하지 못하는 사람에게는 벌칙을 준다.

첫 번째 활동

그림 17

① 6명을 한 팀으로 구성한다. 한 사람은 술래가 된다. 나머지 5명은 [활동양식지1A]부터 [활동양식지 1E]중 단어가 적힌 카드를 한 장씩 들고 반으로 접어 자기의 별명이 술래가 볼 수 있게 [그림 17]처럼 들고 있는다.

② 술래는 카드의 뒷면을 보고 싶은 사람에게 가서 본다. 그리고 카드를 본 후 카드에서 누구를 가리키고 있는지 기억하거나 종이에 적는다.

③ [활동양식지 1A]부터 [활동양식지 1E] 중 단어가 적힌 카드의 예를 보면 '키위 → 자두 → 수박 → 복숭아 → 사과'의 순으로 가리키고 있다.

④ 술래는 모든 것이 파악되었을 때 사람들을 한 줄로 세운다. 예가 위와 같다면 사과카드를 든 사람이 제일 앞에 서며 키위카드를 들고 있는 사람이 제일 뒤에 서게 된다.

⑤ [활동양식지 1A]부터 [활동양식지 1E] 중 단어가 적혀 있지 않은 카드를 이용하여 술래를 제외한 사람들끼리 규칙을 정하여 활동할 수 있다.

⑥ 모둠끼리 대결할 수도 있다. 술래가 상대방 모둠으로 가서 줄을 세우는 것이다. 어느 술래가 먼저 규칙에 맞게 줄을 세우는가가 승리의 관건이다.

두 번째 활동

프로그래머가 배열을 선언하면 선언한 개수만큼의 같은 자료형을 가진 연속적인 기억장소를 할당받는다. 즉, 배열은 프로그램 상에서 관련된 자료들이 공통된 성질을 가지고 있을 때 배열명에 규칙적인 첨자(subscript)를 부여하여 관련된 자료들을 구별하여 프로그램을 단순하게 처리할 수 있는 자료구조이다.

이 활동에서는 9개를 카드를 통해 배열 구조를 만들고 카드 속에 수를 써 넣는다. 주사위 3개의 조건에 따라 카드를 많이 획득하는 사람이 승리하게 된다.

① [활동양식지 3]의 카드를 가위로 오려서 1부터 10 사이의 숫자를 적고 3×3 형식으로 카드를 뒤집어 임의대로 놓는다.

② [활동양식지 2A, 2B, 2C]에 있는 주사위 3개를 사용한다. 첫 번째 주사위는 행을 나타내는 것이고, 두 번째 주사위는 열을 나타내는 것이며, 세 번째 주사위는 수의 크고 작음을 나타낸다.

6	10	2
4	5	9
3	1	8

[A 학생]

1	2	4
7	8	5
9	3	6

[B 학생]

나온 주사위	3	2	작은 수

그림 18

③ A, B 학생의 카드와 던져진 주사위가 [그림 18]과 같다면 비교해야 하는 수는 다음과 같다. 행은 3행이고, 열은 2열이며, 작은 수가 이기게 된다. 따라서 A학생의 수는 '1'이고 B학생의 수는 '3'이므로 작은 수를 가진 A학생이 승리하게 된다.

④ 이미 나온 수를 비교하는 경우는 비긴 경우로 하며 사전에 정한 수 만큼 이긴 사람이 최종 승리자가 된다.

2.1.3 비선형적 자료구조(non-Linear data structure)

2.1.3.1 트리(tree)

트리(Tree)는 여러 개의 데이터들 루트를 중심으로 계층 구조를 이루고 있는 비선형 자료구조이다. 계층적으로 구성하고 있는 모양이 나무의 뿌리에서 줄기가 뻗어나가는 모습과 비슷하다고 해서 트리 구조라는 이름으로 지어졌다. 일반적으로 우리 나라에서는 트리 또는 나무구조라고 부른다.

트리는 하나의 루트 노드를 중심으로 그 아래에 수많은 서브트리(subtree)를 가지고 있다. 트리를 구성하는 노드는 링크(link)를 이용해서 서로 연결되어 있다.

▶ 트리의 용어

① 루트 노드(root node) : 트리의 시작 지점을 의미한다. 위의 트리에서는 A 노드가 루트 노드가 된다.

② 부모 노드(parent node) : 특정 노드의 상위 노드를 의미한다. 예를 들어 B 노드의 부모 노드는 A 노드이다.

③ 자식 노드(child node) : 특정 노드의 하위 노드를 의미한다. 예를 들어 C 노드의 자식 노드는 F와 G 노드이다.

④ 형제 노드(sibling node) : 부모 노드가 같은 노드들을 의미한다. 예를 들어 L 노드의 형제 노드는 M 노드이다.

⑤ 차수(degree) : 특정 노드의 서브 트리의 개수를 의미한다. 예를 들어 J노드는 차수가 2이며 G노드는 차수가 1이다.

⑥ 단 노드(terminal node) : 차수가 0인 노드를 의미한다. 즉 트리 구조에서 가장 아래에 위치한 노드가 되며 위의 예에서는 H, I, E, L, M, K 노드가 단 노드이다.

⑦ 간 노드(nonterminal node) : 단 노드와 반대로 차수가 0이 아닌 노드를 말한다. 단 노드를 제외한 모든 노드들이 간 노드가 된다.

⑧ 깊이(depth) : 최대 레벨 수를 의미한다. 위의 예에서는 루트 노드를 A를 시작으로 L이나 M노드까지 5개의 노드를 거치므로 깊이는 5가 된다.

⑨ 포리스트(forest) : 루트 노드를 제거했을 때의 서브트리의 개수를 의미한다. 여기서는 A 노드 제거시 B와 C 서브트리가 남으므로 포리스트는 2이다.

⑩ 조상(ancestor) : 특정 노드에서 루트 노드까지 올라가는 동안에 존재하는 모든 노드들을 말한다.

▶ 이진트리

이진트리(binary tree)란 각 노드의 차수가 2 이하로 구성된 트리를 의미한다. 즉, 모든 노드의 자식 노드의 개수가 0, 1, 2개 내에서 구성된 트리를 이진트리라고 한다.

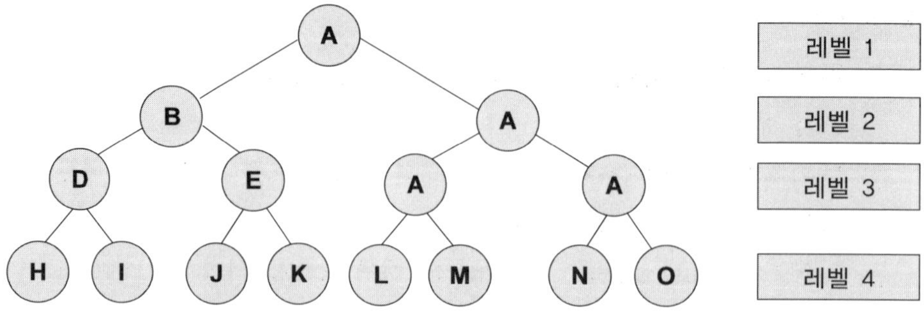

이진 트리는 자식 노드를 2개 이하로 가지므로 레벨 1에 존재할 수 있는 최대 노드 수를 다음 공식으로 정리할 수 있다.

$$2^{i-1} \text{ (단, } i >= 1)$$

예를 들어 이진 트리에서 레벨 2에서 존재할 수 있는 노드의 수는 $2^{2-1} = 2^1 = 2$개(위의 그림에서 B, D 노드)이다. 동일한 방법으로 레벨 4의 최대 노드 수는 $2^{4-1} = 2^3 = 8$개(위의 그림에서 H, I, J, K, L, M, N, O)이다.

그리고 깊이가 k인 이진 트리가 가질 수 있는 최대 노드의 수는 루트 노드만 1개이고 그 외에는 모두 자식 노드가 2개인 경우이므로 다음과 같이 정리할 수 있다.

$$2^{k-1} \text{ (단, } k >= 1)$$

즉, 위의 그림의 경우 깊이가 4이므로 $2^4 - 1 = 16 - 1 = 15$, 즉, 최대로 15개 노드를 가질 수 있다.

▶ 이진트리의 종류

이진 트리는 그 형태에 따라 다음과 같이 분류된다.

① 정 이진 트리(full binary tree) : 모든 노드가 채워진 형태의 이진 트리이다.

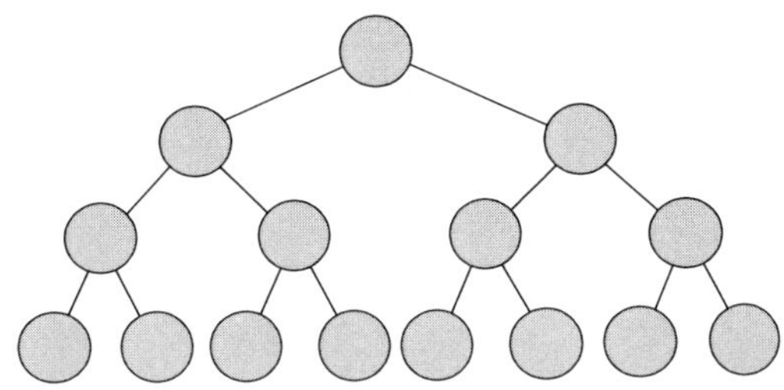

② 전 이진 트리(complete binary tree) : 단 노드(terminal node)를 제외한 모든 노드가 채워진 형태의 이진트리이다.

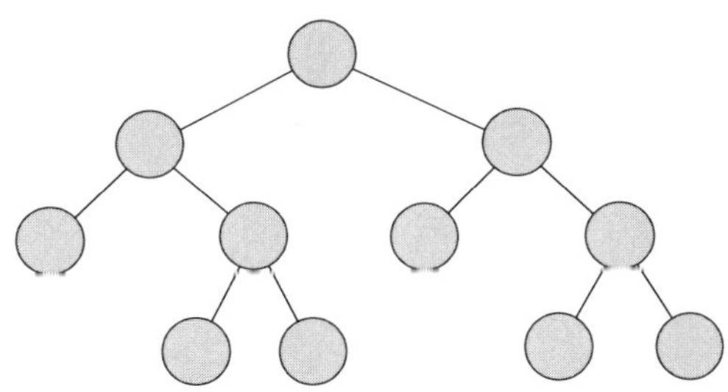

③ 사향 이진 트리(skewed binary tree) : 이진 트리 중에서 왼쪽 서브 트리나 오른쪽 서브 트리가 없이 한 쪽 방향으로 치우친 형태이다.

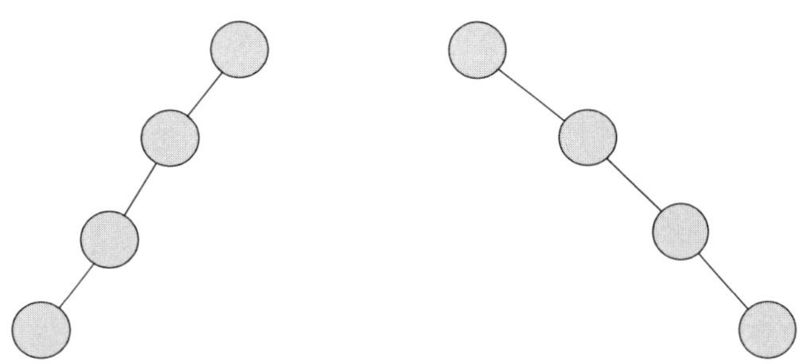

▶ 트리의 운행

배열이나 리스트 구조는 시작 지점부터 일정한 순서에 따라 모든 데이터를 참조할 수 있지만 트리 구조는 선형이 아니라 계층 구조이므로 각 노드를 방문하는 방법이 독특하다. 이렇듯 트리를 구성하는 노드를 방문하는 것을 '트리의 운행(traversal)'이라고 한다. 트리를 운행하는 데에는 크게 전위 운행, 중위 운행, 후위 운행의 3가지 방법이 있다.

① 전위 운행(preorder traversal)

루트 → 왼쪽 자식 노드 → 오른쪽 자식 노드 순으로 운행한다.

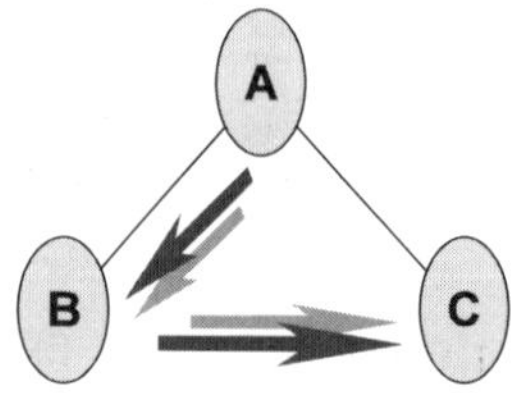

예를 들어 다음과 같은 이진 트리가 있다고 가정했을 때 전위 운행을 하면 먼저 루트 노드인 A부터 시작해서 왼쪽 자식 노드인 B를 방문하고, B의 왼쪽 자식 노드인 D를 방문한다.

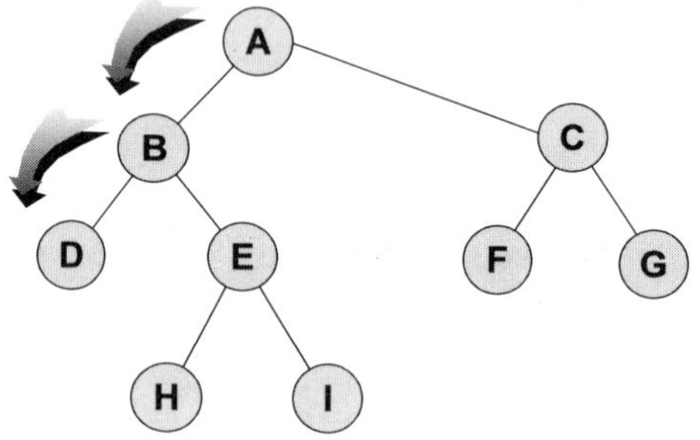

D가 단 노드이므로 B의 오른쪽 자식 노드인 E를 방문한다.

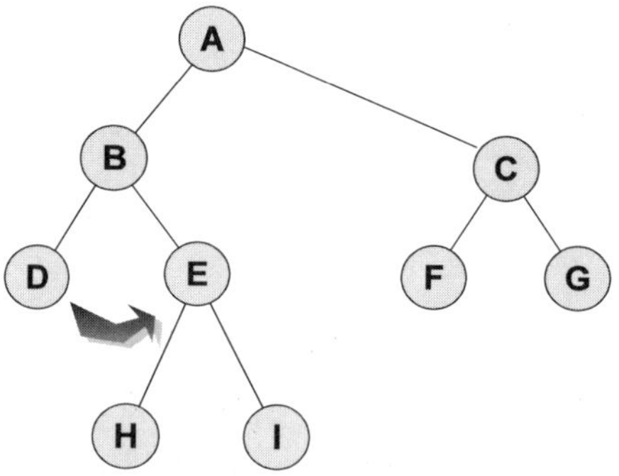

E의 왼쪽 자식 노드인 H를 방문한 뒤 오른쪽 자식 노드인 I를 방문한다.

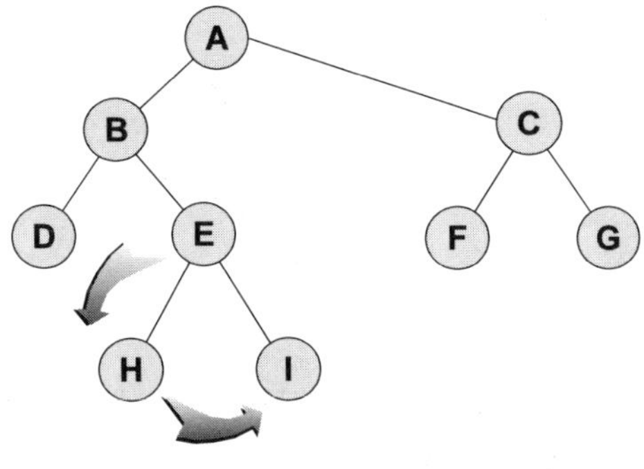

I가 단 노드이므로 A의 오른쪽 자식 노드인 C를 방문한다.

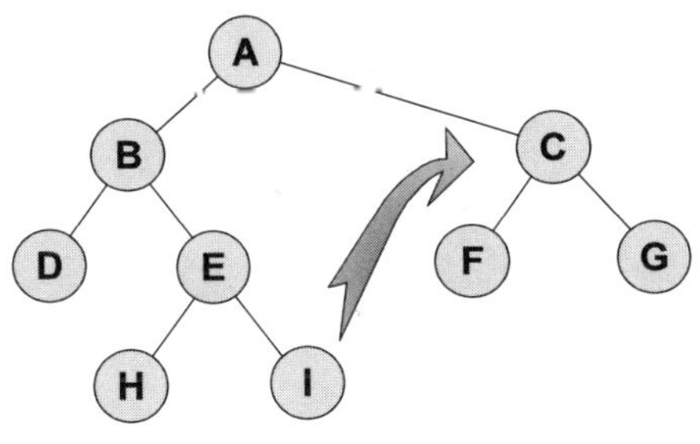

C노드의 왼쪽 자식 노드인 F를 방문한 후 오른쪽 자식 노드인 G를 방문한다.

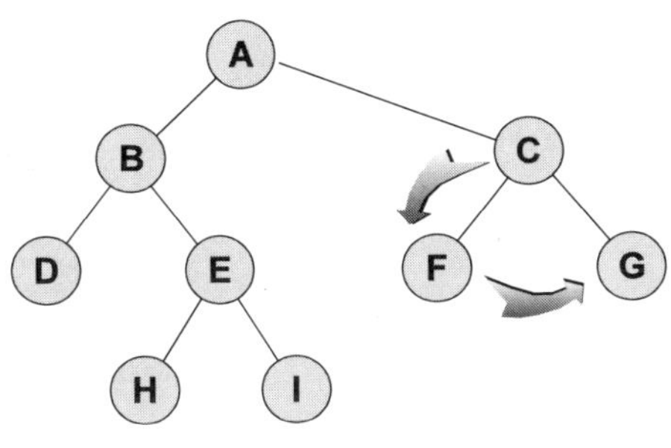

이렇게 하여 모든 노드를 방문하였다. 전위 운행을 한 전체 과정을 나열해 보면 다음과 같다.

A − B − D − E − H − I − C − F − G

② 중위 운행(inorder traversal)

왼쪽 자식 노드 → 루트 → 오른쪽 자식 노드 순으로 운행한다.

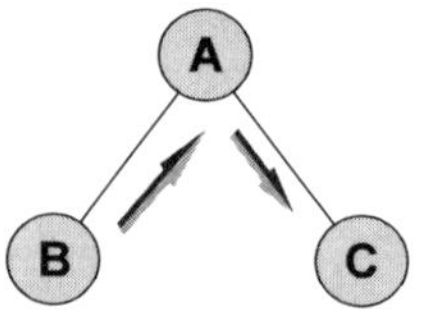

예를 들어 다음과 같은 이진 트리를 중위 운행하려면 일단 가장 좌측에 위치한 D 노드에서 부모 노드인 B를 방문한다.

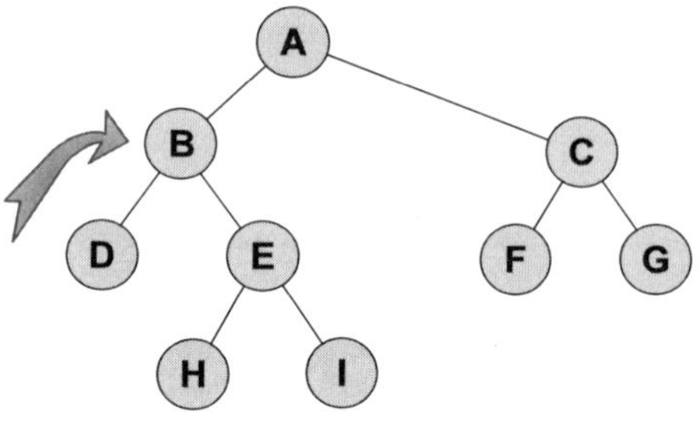

B노드가 우측 자식 노드인 E 노드를 가지고 있으므로 E 노드의 하위 노드에서 가장 좌측에 위치한 H 노드로 이동한다.

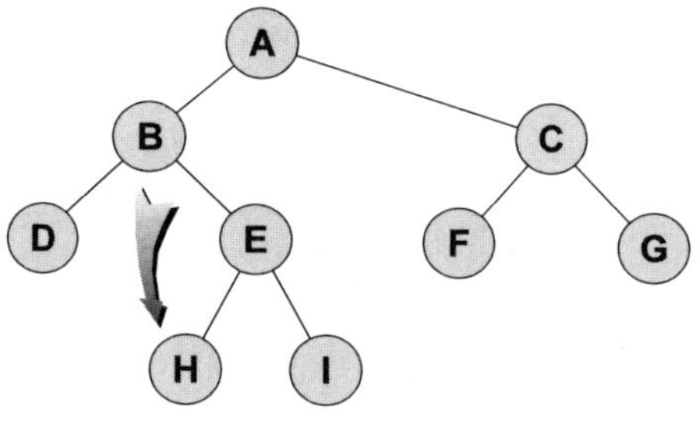

H 노드의 부모 노드인 E를 방문한 후 E 노드의 우측 자식 노드인 I를 방문한다.

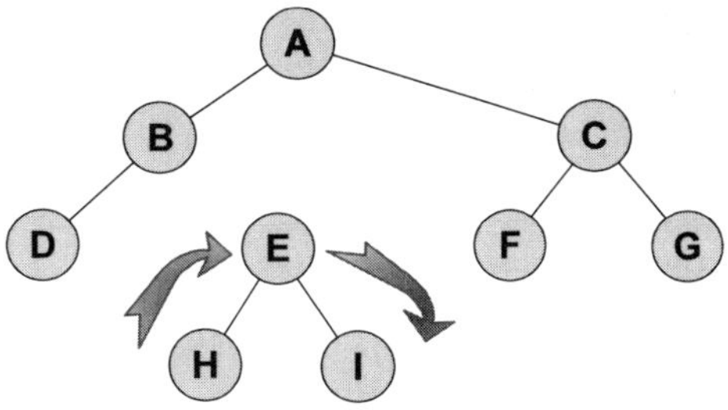

I가 단노드이고 B의 부모 노드이므로 A를 방문한다.

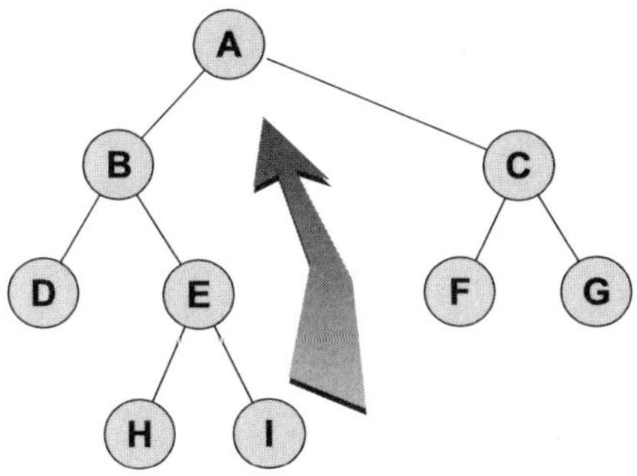

A가 우측 자식 노드로 C를 가지고 있으므로 C의 하위 노드에서 가장 좌측에 위치한 F를 방문한다.

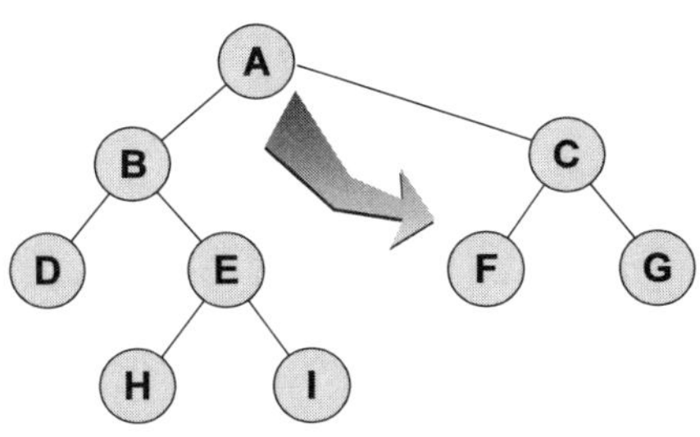

F의 부모 노드인 C를 방문한 후 C 노드의 우측 자식 노드인 G를 방문한다.

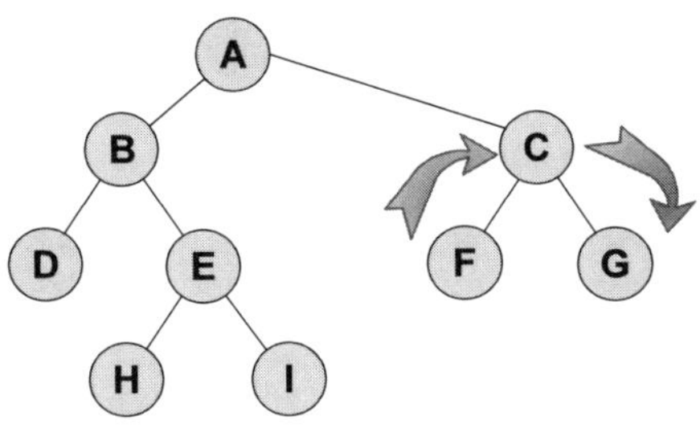

③ 후위 운행(postorder traversal)

왼쪽 자식 노드 → 오른쪽 자식 노드 → 루트 순으로 운행한다.

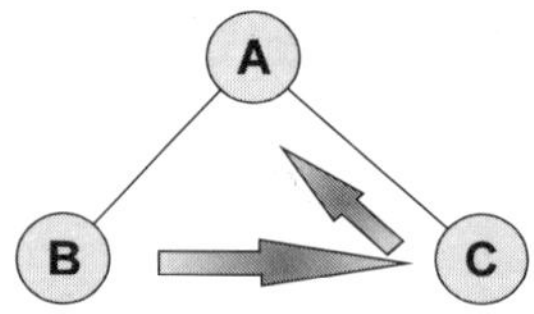

예를 들어 다음과 같은 이진 트리를 후위 운행하려면 일단 가장 좌측에 위치한 D노드에서 D의 부모 노드인 B가 오른쪽 하위 노드를 가지고 있으므로 이 중에서 가장 좌측에 위치하는 H를 방문한다.

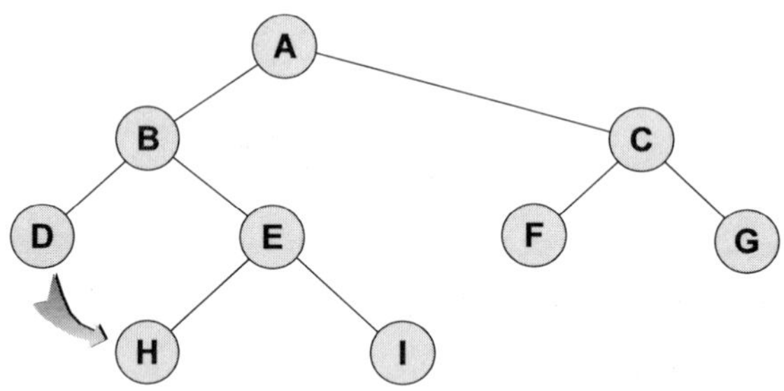

H의 부모인 E 노드의 오른쪽 자식 노드인 I를 방문한 후에 E 노드를 방문한다. 다음으로 E노드가 부모 노드를 가지고 있으므로 B를 방문한다.

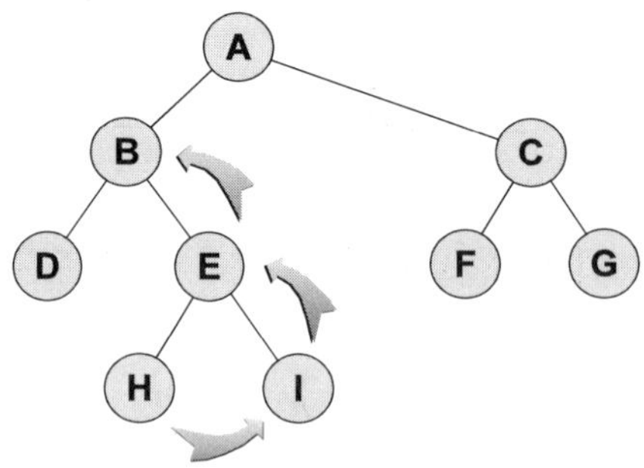

B의 부모인 A노드가 오른쪽 하위 노드를 가지고 있으므로 이중에서 가장 좌측에 위치한 F를 방문한다.

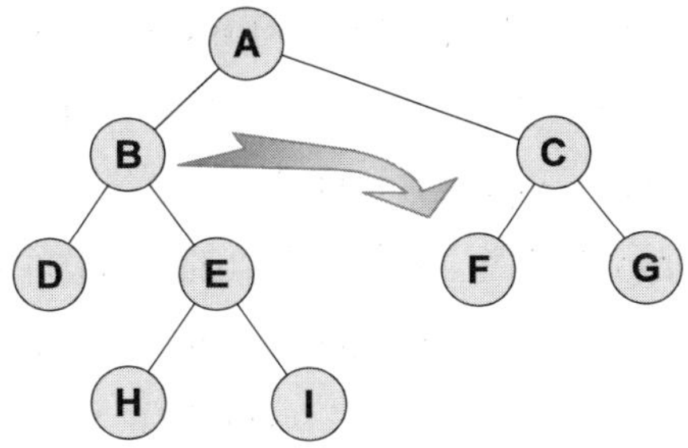

F의 부모인 C 노드의 오른쪽 자식 노드인 C를 방문한 후에 C를 방문한다. 마지막으로 C의 부모인 A노드를 방문한다.

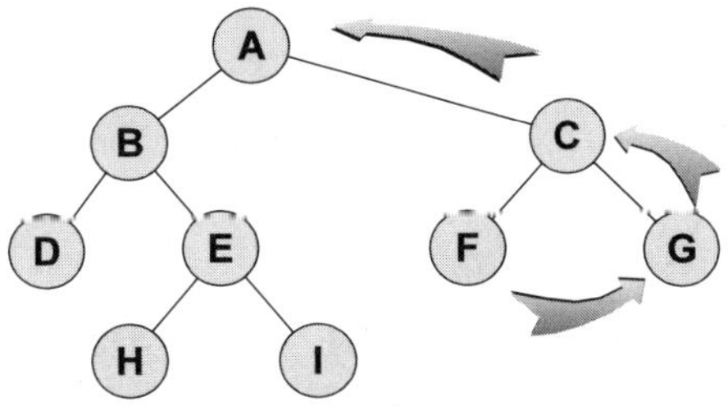

후위 운행을 한 전체 과정을 나열해보면 다음과 같다.

D – H – I – E – B – F – G – C – A

2.1.3.2 그래프(graph)

그래프는 1736년 유명한 Koenigsberg의 다리 문제를 해결하기 위해 오일러(Euler)가 최초로 사용한 이후 많은 분야에 응용되고 있다. 주요 이용 분야는 전기 회로 분석, 최단거리 탐색, 통계 역학 등과 모든 수학적 구조들 중에서 그래프가 가장 광범위하게 사용된다고 할 수 있다. 트리가 비선형적인 자료들 간의 계층적인 관계를 나타내는 자료구조이나, 그래프는 n:m의 자료 항목들 간의 관계가 반드시 계층이 아닌 보다 복잡하게 표현되는 자료구조이다.

그래프 G는 V와 E의 두 집합으로 이루어진다. (G=(V, E)) V는 공집합이 아닌 정점(vertex)들의 유한 집합이고, E는 두 정점의 쌍, 즉 간선의 집합이다. V(G)와 E(G)는 그래프 G의 정점의 집합과 간선들의 집합을 나타낸다. 또한 임의의 그래프를 표현하기 위해서 G=(V, E)와 같은 표기법도 사용한다. 그래프 G=(V, E)에서 한 정점에서 다른 정점에 방향을 갖고 있는 간선을 방향 간선(directed edge), 방향이 없는 간선을 무방향 간선(undiercted edge)이라 한다. 또 모든 간선이 방향이 있는 그래프를 방향 그래프(directed graph) 또는 다이그래프(digraph)라고 하며, 모든 간선이 방향이 없는 그래프를 무방향 그래프(undiercted graph)라고 한다. 방향 그래프에서는 각 간선을 방향이 표시된 쌍, 즉 $<V_1, V_2>$로 나타낸다. V_1은 간선의 꼬리이고 V_2는 간선의 머리이다. 따라서 $<V_1, V_2>$와 $<V_2, V_1>$은 서로 다른 간선을 나타내는 것이다. 다음 그림에서 G_1, G_2, G_3는 세 개의 그래프로서 G_1와 G_2는 무방향 그래프이고 G_3는 방향 그래프이다. 그래프는 자료구조, 알고리즘, 네트워크, 인공지능, 프로그래밍 언어의 분석 등과 같은 다양한 분야에서 자주 적용된다.

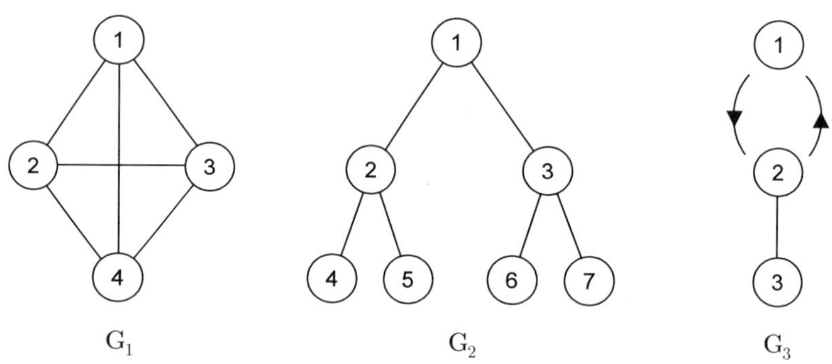

그림 2-6 그래프의 표현

2.2 정렬(Sort)

정렬(Sort)이란 임의의 순서대로 배열되어 있는 자료의 집합을 일정한 순서대로 재배열하는 것을 의미한다. 예를 들어, 1부터 10까지의 번호가 적힌 카드가 순서 없이 배열되어 있다고 가정하게 될 때, 오름차순(ascending order)으로 정렬한다는 것은 1, 2, 3, 4 순으로 10까지의 카드를 순서대로 배열함을 말하며, 내림차순(descending order)으로 정렬한다는 것은 10, 9, 8, 7 순으로 정렬을 수행하는 것이다. 정렬 과정은 개략적으로 다음과 같은 세 단계로 생각할 수 있다.

① 레코드의 키 값을 읽는다.
② 키 값에 의해 해당 파일 내에 위치를 결정한다.
③ ②에서 결정된 위치로 레코드를 이동한다.

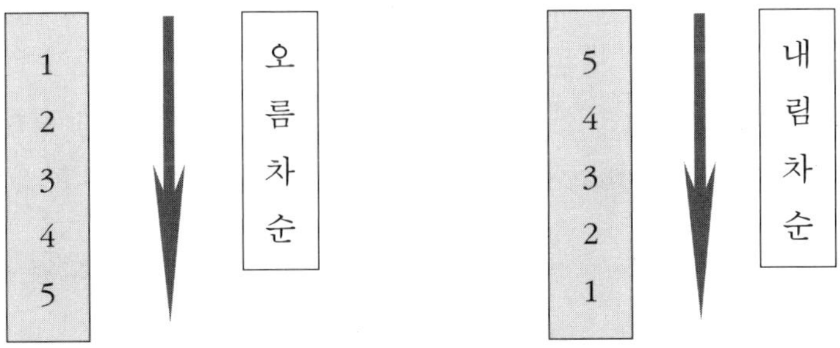

▶ Sort의 종류

정렬 방법들은 크게 내부 정렬과 외부 정렬로 나눌 수 있다. 내부 정렬(internal sort)은 정렬해야 할 데이터의 크기가 주기억 장치 즉, 메모리 내에서 정렬이 이루어질 수 있을 때 사용하며, 외부 정렬(external sort)은 데이터가 매우 클 때 디스크나 자기 테이프와 같은 보조 기억 장치를 이용하여 정렬하는 방법이다.

내부 정렬에는 삽입 정렬, 선택 정렬, 버블 정렬, 쉘 정렬, 퀵 정렬, 2-way 합병 정렬, 힙 정렬, 리스트 정렬, 테이블 정렬 및 기수 정렬 등 여러 가지 정렬 방법이 있다.

또한, 외부 정렬은 우선 내부 정렬로 정렬한 여러 개의 데이터를 합병함으로써 하나의 정렬된 파일을 생성하게 되는데, 외부 정렬에는 자연 합병, 균형 2-way 합병, 다단계 합병 등이 있다.

2.2.1 내부 정렬 알고리즘

내부 정렬 알고리즘은 시간 복잡도를 기준으로 하였을 때 선택 정렬, 버블 정렬, 삽입 정렬, 쉘 정렬과 같이 시간 복잡도가 $O(n^2)$인(단, 쉘 정렬은 수행 시간이 조금 빠른 $O(n^{3/2})$임) 기초적인 정렬 알고리즘들과 퀵 정렬, 힙 정렬, 병합 정렬과 같이 시간 복잡도가 $O(n \log n)$인 속도가 빠른 내부 정렬 알고리즘으로 구분하여 볼 수 있다. 전자는 자료의 양이 작을 경우나 자주 반복 사용하지 않는 경우에 주로 사용하며 후자는 자료의 양이 많거나 자주 반복 사용하는 경우에 이용한다.

2.2.1.1 선택 정렬(selection sort)

① 배열의 첫 번째 요소를 기준 자료로 선택하여 배열의 나머지 요소들과 하나하나 비교한 후 기준 자료가 비교 자료보다 작으면 교환하고 그렇지 않으면 다음 배열 요소의 자료와 비교를 진행해 나간다. 마지막 배열 요소의 자료와 비교가 끝나면 배열의 첫 번째 요소에는 전체 자료 중 가장 큰 값이 저장된다.(1단계)

② 1단계 과정에서 배열의 첫 번째 요소에 가장 큰 자료가 저장되었으므로 비교 대상에서 제외하고 배열의 두 번째 요소를 기준 자료로 선택하여 나머지 자료들과 하나하나 비교하여 배열의 두 번째 요소인 기준 자료에 가장 큰 값을 저장한다.(2단계)

③ 이와 같이 기준 자료의 선택을 단계마다 변경해 가면서 n-1번째 기준 자료와 n번째 자료의 비교가 끝나면 내림차순 정렬이 끝나게 된다.

그러나 선택 정렬은 기준 자료와 나머지 비교 자료들 간의 대소 관계만 알 수 있기 때문에 원시 자료가 정렬된 상태로 입력되어 있을 경우에도 $O(n^2)$의 시간 복잡도가 요구된다. 즉, 최악의 경우나 최선의 경우나 항상 $O(n^2)$이 되므로 알고리즘이 단순하다는 장점 밖에 없다.

* 정렬되지 않은 원시자료 *

90	75	100	80	85

1단계 :	100	75	90	80	85	
2단계 :	100	90	75	80	85	
3단계 :	100	90	85	75	80	
4단계 :	100	90	85	80	75	⇒ 정렬 완료

그림 2-7 선택 정렬의 예(내림차순)

2.2.1.2 버블 정렬(bubble sort)

버블 정렬의 기본 개념은 인접한 두 개의 데이터의 값을 비교해서 정렬되어 있지 않으면 교환하는 것이다. 오름차순으로 정렬하는 경우는 첫 번째와 두 번째의 데이터 값을 비교해서 만약 두 번째 데이터 값이 첫 번째 데이터 값보다 작으면 두 데이터를 서로 교환한다. 이런 방법으로 계속해서 인접한 데이터를 마지막까지 비교하면 한 단계가 끝나게 되는데, 한 단계 수행의 결과로 리스트의 마지막에는 가장 큰 값을 가지는 데이터가 위치하게 된다. 두 번째 단계에서는 마지막 직전까지 동일한 작업을 수행하며 이러한 작업을 모든 데이터가 정렬될 때까지 수행한다.

버블 정렬은 배열의 인접 요소를 비교하여 교환하는 방법으로서 계속해서 교환하는 모습이 거품과 흡사하다고 해서 거품 정렬이라고도 하며, 여러 정렬 알고리즘들 중 가장 저조한 속도를 보인다.

버블 정렬은 인접한 두 개의 배열 요소 array[i]와 array[i+1]을 비교하여 교환하는 과정을 단계별로 거쳐 정렬이 완료될 때까지 반복한다. 배열 array[n]에 n개의 정렬할 자료가 저장되었다고 가정하고 버블 정렬 알고리즘의 오름차순을 수행하면 다음과 같다.

① array[1]과 array[2]를 비교하여 array[1]의 자료가 array[2]의 자료보다 크면 교환하고 그렇지 않으면 array[2]와 array[3]의 비교를 진행하여 교환 여부를 결정해 나간다. 이와 같은 방법으로 array[n-1]과 array[n]의 비교가 끝나면 배열의 n번째 요소에는 전체 자료 중 가장 큰 자료가 저장된다.(1단계)

② 1단계 과정에서 배열의 array[n]에 가장 큰 자료가 저장되어 있으므로 비교 대상에서 제외하고 1단계와 같이 array[1]과 array[2], array[2]와 array[3], …, array[n-2]와 array[n-1]를 비교하여 교환 여부를 결정해 나간다. 비교가 끝나면 배열의 n-1번째 요소에는 전체 자료 중 두 번째 큰 자료가 저장된다.(2단계)

③ 이와 같이 인접한 자료 간에 비교하는 과정을 반복하여 n-1단계에서 array[1]과 array[2]의 비교가 끝나면 오름차순 정렬이 완료된다.

* 정렬되지 않은 원시자료 *				
90	87	100	79	83

1단계 :	87	90	79	83	100	
2단계 :	87	79	83	90	100	
3단계 :	79	83	87	90	100	
4단계 :	79	83	87	90	100	⇒ 정렬 완료

그림 2-8 | 버블 정렬의 예

▶ 버블 정렬의 예

다음과 같이 정렬되지 않은 5개의 초기 데이터가 있다.

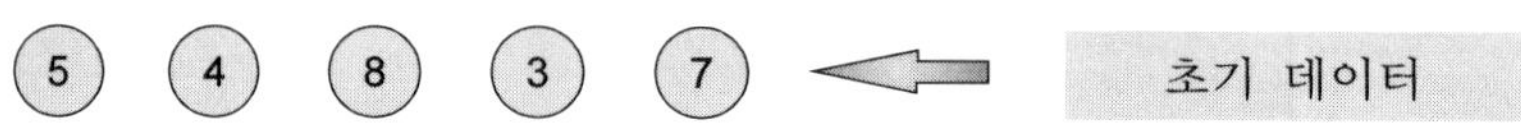

첫 번째 요소부터 n-1까지 반복해서 순서대로 다음에 위치한 요소 값과 비교해서 작은 값이 앞에 위치하도록 치환합니다. 이렇게 수행하면 가장 큰 값이 배열 내에 가장 마지막 요소에 위치하게 됩니다.

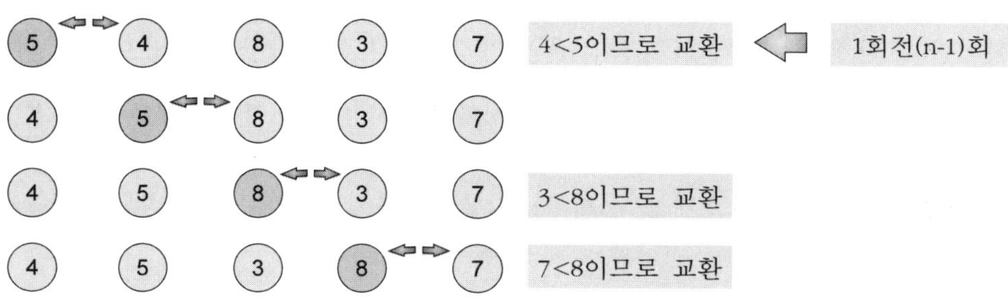

첫 번째 요소부터 n-2까지 반복해서 순서대로 다음에 위치한 요소 값과 비교해서 작은 값이 앞에 위치하도록 치환한다. 두 번째로 큰 값이 n-2번째 요소에 위치하게 된다.

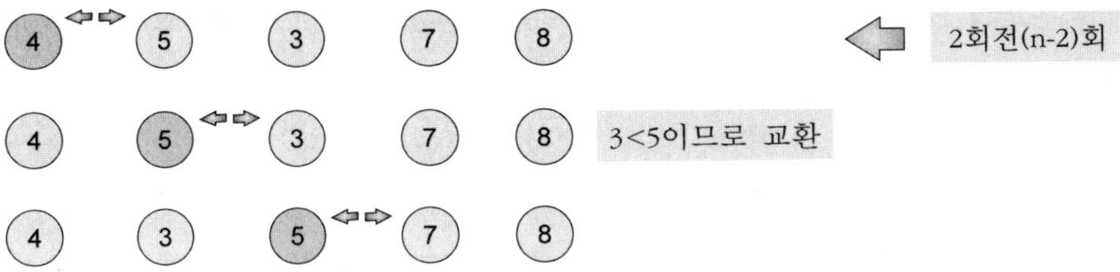

첫 번째 요소부터 n-3까지 반복해서 순서대로 다음에 위치한 요소 값과 비교해서 작은 값이 앞에 위치하도록 치환한다.

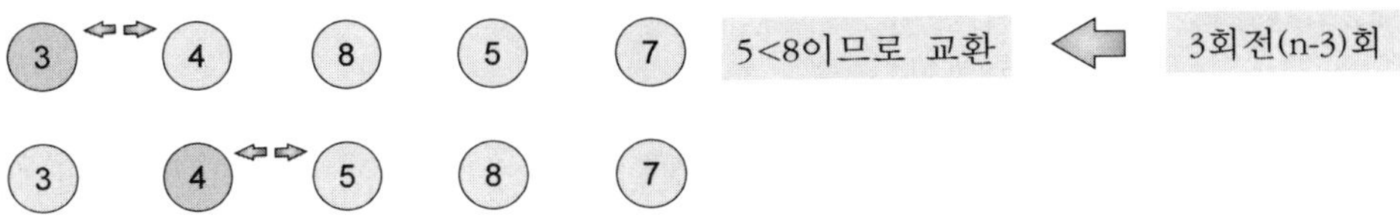

마지막으로 첫 번째 요소와 다음 요소의 값을 비교해서 작은 값을 앞에 위치하도록 치환한다.

다음은 버블 정렬이 완료된 결과이다.(3)

버블 정렬 알고리즘 규칙

① 첫 번째 데이터부터 마지막 데이터 바로 앞의 데이터까지 아래 2번 항목을 반복한다.

② 첫 번째 데이터부터 지정된 마지막 데이터까지 인접한 항목과 비교하며 뒤에 큰 수가 오도록 데이터를 교환한다.

버블 정렬은 어떠한 경우에 그 실행 시간이 최악의 상태가 될까? 주어진 키가 모두 내림차순으로 이미 정렬되어 있는 경우이다. 이때는 n-1회의 단계를 모두 거쳐야만 정렬이 완료되므로 n(n-1)/2회의 자리바꿈이 발생한다. 선택 정렬과 비교해 볼 때, 자료의 이동이 평균적으로 더 많은 비효율적인 알고리즘이라는 것을 알 수 있다. 두 개의 인접한 키가 동일한 값을 가지는 경우에는 키 사이의 자리바꿈이 발생하지 않고 상수 개의 변수만이 여분으로 필요하므로 이 정렬 알고리즘은 안정적인 제자리 정렬이다.

2.2.1.3 삽입 정렬(insert sort)

삽입 정렬은 흔히 사용되는 간단한 정렬 방법 중의 하나이다. 기본 개념은 정렬되지 않은 데이터 중 하나를 정렬 순서에 맞게 삽입하는 방법이며, 맨 처음 한 개의 데이터가 정렬되어 있는 것으로 간주하여 수행된다.

예를 들어, 카드놀이에서 카드를 한 장씩 받을 때 손에 이미 정렬되어 있는 카드 속에 방금 받은 새 카드를 삽입하는 방법이다. 즉, 새로운 카드를 하나 받은 후에 손에 있는 카드를 왼쪽에서 오른쪽으로 검사하여 새 카드가 들어갈 자리를 찾은 다음 그 자리에 삽입한다.

삽입 정렬 방식은 일상생활에서 자주 사용하는 정렬 방식으로 예를 들어, 무질서하게 흩어놓은 번호표를 번호순서대로 정리하여야 할 때, 무질서하게 흩어놓은 두 번째 번호표는 첫 번째 번호표의 숫자와 비교하여 두 번째에 그대로 놔둘 것인가, 또는 첫 번째 번호표 앞으로 삽입할 것인가를 결정한다. 이와 같이 3번째, 4번째, …, i번째 번호표도 표에 적힌 숫자를 고려하면서 자신의 위치에 그대로 놔둘 것인가, 또는 앞에 시험지의 학번과 비교하면서 앞으로 전진하면서 삽입할 것인가를 결정한다. 즉, (i+1)번째 번호표를 정리한다는 의미는 앞의 i장의 번호표는 이미 숫자순으로 정리가 되어 있기 때문에 i번째 번호표보다 숫자가 크면 원래 위치에 두고 그렇지 않으면 (i-1), (i-2), … 번호표 순으로 진행하면서 적합한 위치에 (i+1)번째 번호표를 삽입하면 된다. 이와 같은 정렬 방식이 삽입 정렬이라 일컬어지는 것으로 단순하면서도 융통성이 있다.

* 정렬되지 않은 원시자료 *

90	70	95	80	100

1단계 :	70	90	95	80	100
2단계 :	70	90	95	80	100
3단계 :	70	80	90	95	100
4단계 :	70	80	90	95	100

⇒ 정렬 완료

그림 2-9 | 삽입 정렬의 예

▶ 삽입 정렬의 예

초기 데이터

5	4	8	3	7

1회전 : 4를 삽입하는 것으로 4의 위치를 찾아준다.

5	**4**	8	3	7
4	5	8	3	7

2회전 : 4와 5는 이미 정렬된 상태이며 여기에 8을 삽입한다. 8은 4와 5보다 크므로 데이터를 교환할 필요가 없다.

4	5	**8**	3	7

3회전 : 4, 5, 8로 정렬된 리스트에 3을 삽입한다.

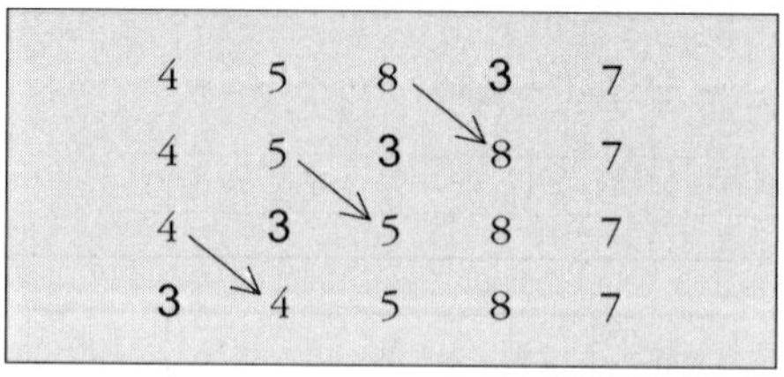

4회전 : 3, 4, 5, 8로 정렬된 리스트에 7을 삽입한다.

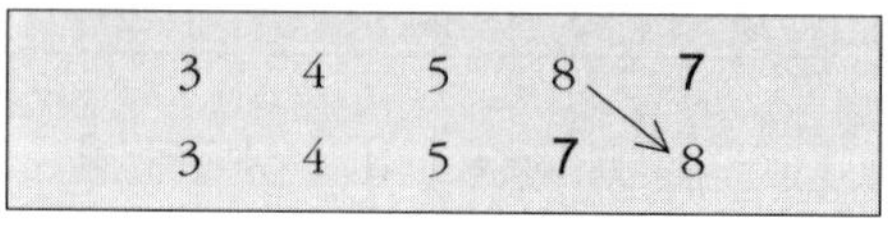

최종 데이터

3	4	5	7	8

2.2.1.4 쉘(shell) 정렬

버블 정렬에서 만약 어떤 데이터가 제 위치에서 멀리 떨어져 있다면 여러 번의 교환이 필요하게 된다. 이것이 버블 정렬의 취약점으로서 바로 인접한 레코드들만을 비교 교환하기 때문에 발생하는 문제점이다. 이러한 문제점을 해결하는 한 방법으로서 멀리 있는 데이터 사이에 비교 교환할 수 있도록 좀 더 효율을 높인 방법이 고안자인 쉘(Donald L. Shell)의 이름을 따서 명명된 쉘 정렬(Shell Sort)이다.

쉘 정렬의 원리는 주어진 입력 데이터를 적당한 매개 변수의 값만큼 서로 떨어진 데이터들과 비교하여 교환하는 과정을 매개 변수 값을 바꾸어 가며 되풀이하는 것이다. 이때 서로 떨어져 있는 데이터들은 하나의 부분 리스트를 구성하며 이들은 다른 정렬 방법(보통 삽입 정렬)에 의해 개별적으로 정렬된다. 매개 변수 값은 흔히 증분(increment)이라고 부르는데 먼저 적절한 값을 선택한 후에 점차 감소시켜 가면서 쉘 정렬을 수행하고 매개 변수의 값이 1이 될 때 종료한다.

쉘 정렬은 삽입 정렬이 단지 인접 요소들만을 비교하여 삽입 위치를 결정하므로 속도가 늦어진다는 단점을 개선, 확장하여 나온 것이 쉘 정렬이다. 예를 들어, 삽입 정렬의 오름차순 정렬에서 가장 작은 자료가 배열의 끝에 위치할 경우에는 n단계를 거친 후 자신의 정렬 위치로 이동하게 되는데 쉘 정렬은 멀리 떨어진 요소들 간에 비교에 의하여 삽입 위치를 결정하게 함으로써 속도를 증진시키는 방법이다. 모든 h번째씩 떨어진 요소들 간에 부분적으로 정렬이 이루어지게 한다는 뜻에서 h-정렬이라고도 하며 쉘 정렬은 h값을 큰 값에서 작은 값으로 변화를 적당하게 사용함으로써 h값이 1이 될 때 정렬된 자료를 생성하게 하는 방법이다.

▶ 쉘 정렬의 예

쉘 정렬은 삽입 정렬의 확장으로 생각해도 된다. 즉, 일정한 간격에 위치한 항목들 간에 삽입 정렬을 하는 것으로 입력 파일이 부분적으로 정렬된 경우 유리한 알고리즘이라고 할 수 있다.

쉘 정렬은 일정한 간격에 있는 항목들 간 비교가 이루어져야 하며 이때 간격을 정하는 방식으로 다음과 같은 세 가지 정도를 생각한 수 있다.

① 전체 데이터의 개수를 2로 나누어가며 간격을 정하는 방법
ex) 데이터 개수: 12
1회전 → 12 / 2 = 6(6만큼 떨어진 항목들 간 삽입 정렬을 시행함)
2회전 → 6 / 2 = 3
3회전 → 3 / 2 = 1

② Knuth의 개선된 알고리즘을 통해 간격을 정하는 방법
간격 h는 아래의 공식에 따라 구할 수 있다.

$$h = 3 \times h + 1$$
$$h = \{1, 4, 13, 40, 121, 364...\}$$

실제 적용할 때에는 전체 데이터 개수보다 작은 수를 선택하여 간격이 1이 될 때까지 좁혀가면서 삽입정렬을 수행한다.

③ 임의로 간격을 정하는 방법
여기서는 Knuth 알고리즘을 이용해서 쉘 정렬하는 과정을 알아보도록 하겠다.

초기 데이터

19 13 05 27 01 26 31 16 02 09 11 21

1회전: knuth의 알고리즘에 따라 전체 데이터 개수 12개보다 적은 4를 비교할 항목 간 간격으로 한다.

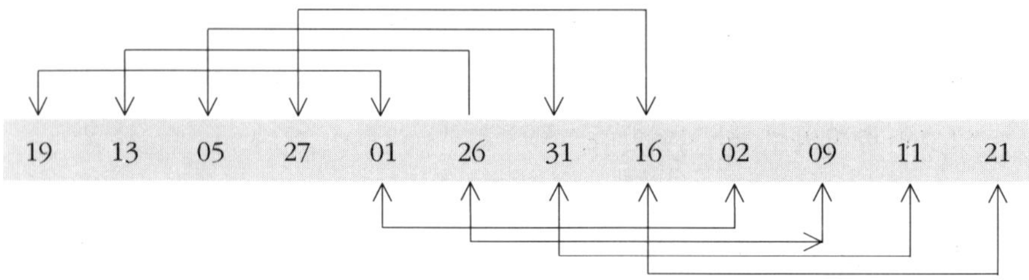

19, 01, 02는 1회전에서 삽입 정렬이 실행되어 01, 02, 19로 정렬된다.

<1회전 실행 결과>

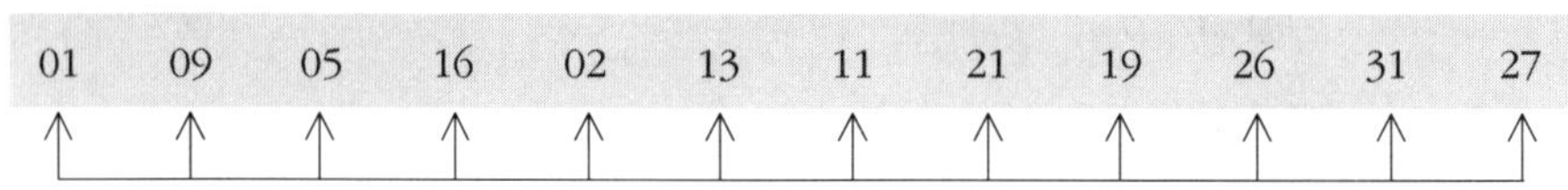

2회전: 간격 1로 삽입 정렬을 실행한다.

01 09 05 16 02 13 11 21 19 26 31 27

최종 데이터

01 02 05 09 11 13 16 19 21 26 27 31

▶ 쉘 정렬 알고리즘

다음은 쉘 정렬 알고리즘의 규칙을 정리한 것이다.

1. Knuth에 의한 간격을 결정한다.
   이때 총 데이터 개수를 고려하여 결정해야 한다.

2. 간격을 3으로 나눠가며 다음 알고리즘을 반복한다.
   3으로 나누는 이유는 Knuth에 의한 다음 간격을 구하기 위해서이다. 예를 들어 처음이 13으로 시작했다면 다음 회전은 간격이 4가 되며 마지막 회전의 간격이 1이 된다.

3. 결정된 간격만큼 떨어진 데이터들에 대한 삽입 정렬을 수행한다.

2.2.1.5 퀵 정렬(quick sort)

퀵 정렬은 우선 주어진 입력 데이터를 특정한 어느 한 데이터 값보다 작은 값을 갖는 데이터들과 큰 값을 갖는 데이터들로 분리하여 논리적으로 두 개의 서브 데이터 그룹으로 재배열한다. 그런 다음 각각의 그룹에 대해서 순환적으로 다시 퀵 정렬을 적용하여 모든 데이터들을 정렬하는 방법이다. 이 방법은 호어(C.A.R Hoare)에 의해 개발된 것으로 평균적인 수행 시간이 가장 짧은 정렬 방법으로 평가되며, 정렬하는 기법의 특성 때문에 분할 교환 정렬(partition exchange sort)이라고 한다. 퀵 정렬에서는 정렬을 위한 특정 데이터 즉, 기준이 되는 데이터를 제어 키(control key) 혹은 피봇(pivot)이라고 하고 1차로 퀵 정렬을 적용하면 피봇 데이터를 중심으로 그 왼쪽에는 피봇 값보다 작은 값을 갖는 레코드들이 배열되고 오른쪽에는 큰 값을 갖는 레코드들이 배열된다.

① 먼저 자료 중에서 분할할 중심값을 선택한 후 중심값을 기준으로 하여 배열 속의 자료들 중에서 중심값보다 작거나 같은 값을 갖는 자료를 왼쪽으로 이동시키고, 중심값보다 큰 값을 갖는 자료들을 오른쪽으로 이동시켜 모든 자료를 두 부분으로 분할한다. 따라서 왼쪽 부분에는 오른쪽 부분의 자료보다 값이 작은 자료들만 모이게 된다.

② 그 다음 왼쪽 부분과 오른쪽 부분을 독립적인 정렬 단위로 생각하여 앞의 과정과 같이 왼쪽 부분에 대한 새로운 분할 중심값을 선택하여 두 부분으로 나누고, 오른쪽 부분 역시 새로운 분할 중심값을 선택하여 두 부분으로 나누는 과정을 계속 반복 수행하여 분할된 부분의 자료 개수가 1이 될 때 수행을 멈춘다. 즉, 각 분할 자료 개수가 1이 되면 정렬이 완료됐음을 의미한다.

* 정렬되지 않은 원시자료 *

50	40	70	90	20	80	30	10	60	100

(배열의 첫 번째 자료 50을 분할 중심값으로 선택)

1단계 : | 20 | 40 | 10 | 30 | 50 | 80 | 90 | 70 | 60 | 100 |

2단계 : | 20 | 40 | 10 | 30 | ⇒ | 20 | 10 | 40 | 30 |

3단계 : | 40 | 30 | ⇒ | 10 | 20 | 30 | 40 |

4단계 : | 80 | 90 | 70 | 60 | 100 | ⇒ | 70 | 60 | 80 | 90 | 100 |

5단계 : | 70 | 60 | ⇒ | 60 | 70 | 80 | 90 | 100 |

| 10 | 20 | 30 | 40 | 50 | 60 | 70 | 80 | 90 | 100 | ⇒ 정렬 완료

그림 2-10 | 퀵 정렬의 예

▶ 퀵 정렬의 예

퀵 정렬의 기본 동작은 정렬하고자 하는 리스트에서 하의기준이 되는 키를 선정하여 기준키를 적당한 위치로 이동하는 것이다. 이때 리스트에서 기준키를 경계로 기준키보다 앞에 있는 키들은 모두 기준키보다 작거나 같으며 기준키보다 뒤에 있는 키들은 모두 기준키보다 크거나 같게 만든다. 다음과 같은 키들로 구성된 리스트를 생각해 보자.

17	15	26	16	24	6	8	2	20

리스트의 첫 원소를 기준키로 선정한 후 다음과 같은 동작을 수행한다. 기준키 바로 다음의 위치부터 뒤쪽으로 기준키보다 큰 키를 찾으며, 동시에 리스트의 마지막 키부터 앞쪽으로 기준키보다 작은 키를 찾아 서로 교환한다. 위의 예에서 기준키는 17로 잡게 되며, 기준키보다 큰 키는 26이 되고 기준키보다 작은 키는 2가 되어 서로 교환을 하면 다음과 같은 리스트가 된다.

```
                              ↓
        [ 17  15  26  24  6  8  2  20 ]
                   ↑
교환 후: [ 17  15  2  24  6  8  26  20 ]
```

계속해서 다음 키부터 이러한 동작을 반복하면 기준키 17보다 큰 키는 24가 되고 작은 키는 8이 되어 서로 교환하면 다음과 같은 리스트가 된다.

```
                            ↓
        [ 17  15  2  24  6  8  26  20 ]
                      ↑
교환 후: [ 17  15  2  8  6  24  26  20 ]
```

이러한 동작을 계속하면 기준키 17보다 큰 키는 24가 되고 작은 키는 6이 되는 위치를 찾게 된다. 그러나 이번에는 아래의 리스트와 같이 앞쪽에서부터 큰 키를 찾은 위치와 뒤쪽에서부터 작은 키를 찾은 위치가 서로 교차했음을 알 수 있다.

```
                  ↓
[ 17  15  2  8  6  24  26  20 ]
                    ↑
```

이 경우, 두 키값을 교환하지 않으며 그 대신 기준키와 작은 키를 서로 교환하여 다음과 같은 리스트를 만든다.

```
교환 후: [ 6  15  2  8  17  24  26  20 ]
```

앞의 리스트에서 기준키 17을 경계로 앞쪽 키들은 모두 기준키보다 작으며 뒤쪽 키들은 모두 17보다 큰 것을 알 수 있다. 따라서 기준키 17은 전체 리스트가 정렬이 된 후에도 위치 변동이 없게 된다. 위에서 설명된 기본 동작은 기준키를 제 위치에 놓은 후 원래의 리스트를 앞쪽 키들로 구성된 리스트와 뒤쪽 키들로 구성된 리스트로 양분하므로 이를 분할(Partition)이라 부른다. 먼저 전체 리스트를 분할하여 2개의 리스트로 만들고 분할된 2개의 리스트에 각각 다시 분할을 적용한다. 이러한 반복된 분할을 적용할 때 편의상 왼쪽 리스트를 먼저 분할한다. 앞에서 사용된 예에 대하여 분할을 반복 수행하여 전체 리스트의 정렬을 완료하는 퀵 정렬법의 예는 그림에 주어진다. 그림에서 m과 n은 분할을 수행할 리스트의 범위를 나타낸다.

	m	n								
	1	8	[17 (기준키)	15	26	24	6	8	2	20]
결과	1	4	[6 (기준키)	15	2	8]	17	[24	26	20]
결과	1	2	[2 (기준키)	5] :	6	[8]	17	[24	26	20]
결과	6	8	2	[5]	:6	[8]	17	[24 (기준키)	26	20]
결과			2	5	6	8	17	[20]	24	[26]
최종결과			2	5	6	8	17	20	24	26

(http://www.codesos.com/book/algori/sort_algo4.htm)

2.2.1.6 힙 정렬(heap sort)

자료를 정렬할 때 모든 자료를 동시에 처리하지 않고 모든 자료 중에서 가장 큰 자료를 찾아 출력시키고, 나머지 자료 중에서 앞의 과정을 반복하여 가장 큰 자료(실제로는 두 번째 큰 자료)를 찾아 출력시키면서 모든 자료를 정렬해 나가는 방식이 힙 정렬이다. 힙 정렬도 퀵 정렬과 마찬가지로 O(n log n)의 시간 복잡도를 가지고 있지만 내부 반복 과정이 복잡하여 내부 반복 과정이 단순한 퀵 정렬보다 평균 수행 시간이 떨어진다.

① 1단계 : 힙의 정의를 만족하는 초기 힙을 구성한다. 여기서 힙이란 완전 이진 트리에 구성된 각 노드의 값은 자신의 자식 노드가 존재할 경우에 자식 노드의 값

보다 크거나 같아야 하며, 완전 이진 트리에 이와 같은 제약을 추가한 것을 힙이라고 한다. 따라서 힙의 근노드 값은 모든 노드값보다 가장 크거나 같아야 하며, 자식 노드들은 부모 노드보다 값이 크면 안 된다.

② 2단계 : 근노드를 출력한다. 힙의 정의에서 근노드는 가장 큰 값이다. 그리고 근노드를 제외한 나머지 노드들을 가지고 힙으로 재구성한다.

③ 3단계 : 공백 이진 트리가 될 때까지 (1)과 (2)의 과정을 반복 처리한다. 즉, 모든 노드들이 근노드가 되면 정렬이 완료된다.

* 정렬되지 않은 원시자료 *

60	40	100	10	30	20	90	50	80	70

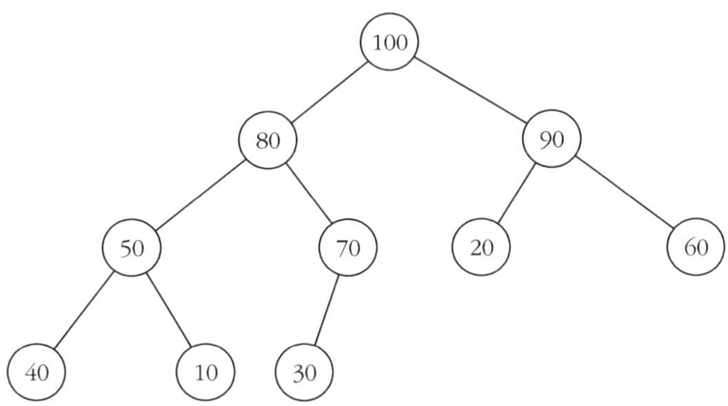

그림 2-11 | 원시 자료를 힙으로 구성한 예

▶ 힙 정렬의 예

다음은 힙의 한 예로서 배열과 이진트리의 관계를 보여준다.

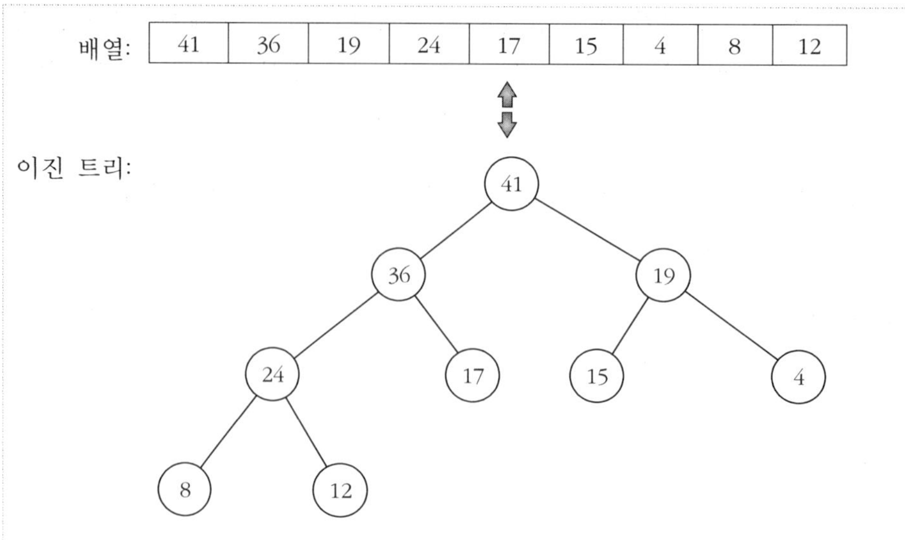

힙을 정의하자면 자식노드의 값보다 부모노드의 값이 같거나 큰, 완전 이진트리를 말한다. 즉 어떤 리스트가 힙으로 구성될 수 있다면 배열 상에서 인덱스 1에 해당하는 값인 뿌리노드의 값은 전체 노드의 값들보다 큰 특징을 갖는다.

힙 정렬의 과정을 요약하면 다음과 같다.

① 리스트[배열]를 힙(Heap)으로 만든다.
② 힙 상에서 정렬을 수행한다.

우선 리스트를 힙으로 만드는 과정에서는 좌 하위트리와 우 하위트리가 각각 힙인 경우에 뿌리 노드의 재귀적인 이동을 통해 전체 트리를 힙으로 만드는 알고리즘이 사용된다. 즉, 끝 노드들은 그 자체로 힙이기 때문에 끝 노드를 자식노드로 가지는 노드들로부터 위의 알고리즘을 사용해 힙으로 만들면서 차례로 위로 올라오면서 전체가 힙의 구성이 완성되어진다.

그림으로 도식하면 다음과 같다.

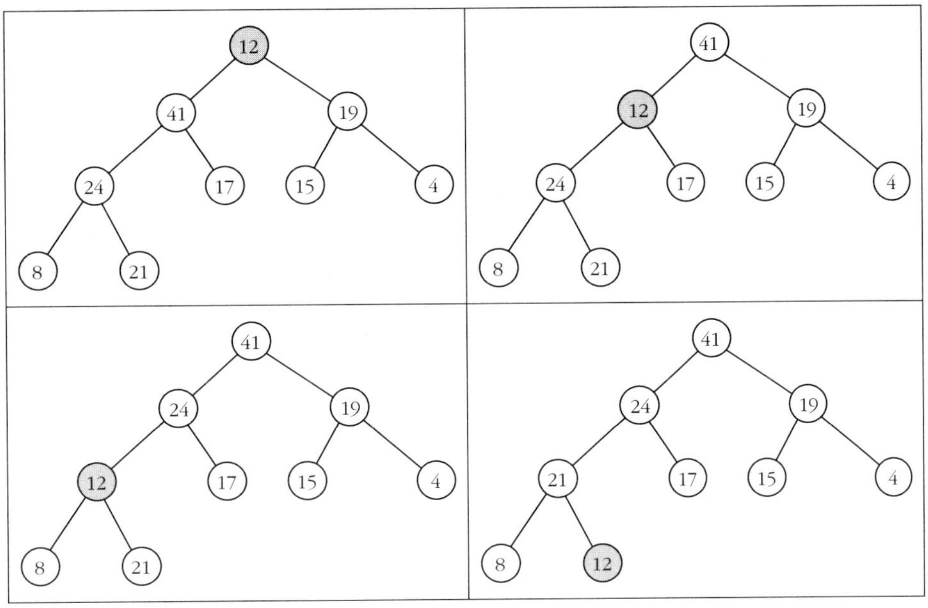

다음으로 힙 구조상에서 정렬하는 방법을 살펴보면, 힙은 뿌리노드의 값이 가장 크기 때문에, 일단 정렬의 기본이 되는 사항이 완성되어 있는 셈이다. 이 뿌리노드를 저장하고, 리스트 상의 맨 마지막 노드를 뿌리노드로 옮긴다. 이렇게 하면 이 노드는 뿌리노드만 힙이 아니고 좌 하위트리나 우 하위트리가 모두 힙이 된다. 여기에 힙 구조로 만드는 알고리즘을 적용하면 다시 뿌리노드의 값이 가장 큰 값이 된다. 그렇게 되면 이 뿌리노드의 값을 저장하고 다시 마지막 원소를 뿌리노드로 옮긴다. 이 과정을 반복하면 가장 큰 값부터 차례대로 찾아낼 수 있다.

다음은 처음 두 개의 원소만 찾아내는 과정을 보인다.

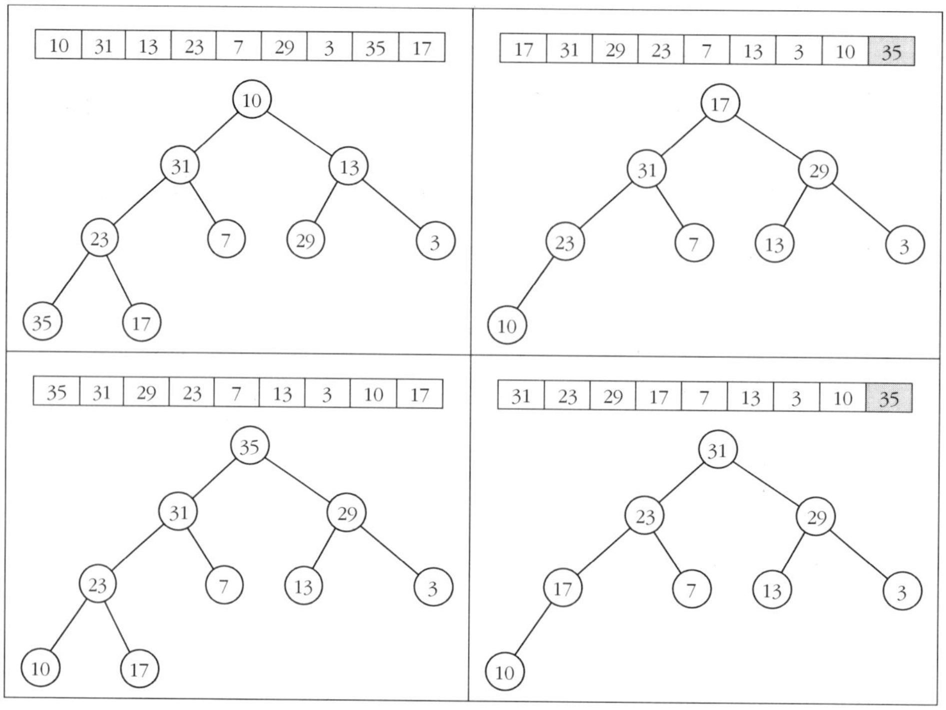

다음은 전체적으로 힙 정렬되는 과정의 예를 보인다.

A	S	O	R	T	I	N	G	E	X	A	M	P	L	E
A	S	O	R	T	I	N	G	E	X	A	M	P	L	E
A	S	O	R	T	P	N	G	E	X	A	M	I	L	E
A	S	O	R	X	P	N	G	E	T	A	M	I	L	E
A	S	O	R	X	P	N	G	E	T	A	M	I	L	E
A	S	P	R	X	O	N	G	E	T	A	M	I	L	E
A	X	P	R	T	O	N	G	E	S	A	M	I	L	E
X	T	P	R	S	O	N	G	E	A	A	M	I	L	E

T	S	P	R	E	O	N	G	E	A	A	M	I	L	X
S	R	P	L	E	O	N	G	E	A	A	M	I	T	X
R	L	P	I	E	O	N	G	E	A	A	M	S	T	X
P	L	O	I	E	M	N	G	E	A	A	R	S	T	X
O	L	N	I	E	M	A	G	E	A	P	R	S	T	X
N	L	M	I	E	A	A	G	E	O	P	R	S	T	X
M	L	E	I	E	A	A	G	N	O	P	R	S	T	X
L	I	E	G	E	A	A	M	N	O	P	R	S	T	X
I	G	E	A	E	A	L	M	N	O	P	R	S	T	X
G	E	E	A	A	I	L	M	N	O	P	R	S	T	X
E	A	E	A	G	I	L	M	N	O	P	R	S	T	X
E	A	A	E	G	I	L	M	N	O	P	R	S	T	X
A	A	E	E	G	I	L	M	N	O	P	R	S	T	X
A	A	E	E	G	I	L	M	N	O	P	R	S	T	X

힙 정렬은 퀵 정렬과는 달리 수행성능이 매우 나빠지는 입력형태가 없으며, 병합정렬과는 달리 별도의 기억공간을 필요로 하지 않는다.[평균 수행시간 n log n을 갖는다] (http://dblab.co.kr/entry/힙-정렬)

2.2.1.7 병합 정렬

병합은 여러 개의 정렬되어 있는 배열 자료들을 혼합하여 하나의 정렬된 배열로 합치는 작업을 의미한다. 두 개의 서로 다른 정렬된 배열을 합하여 하나의 정렬된 배열로 만드는 병합 방식을 2-way 병합이라고 하며 n개의 서로 다른 정렬된 배열을 하나의 정렬된 배열로 합치는 병합 방식을 n-way 병합이라고 한다.

▶ 2-way 병합 정렬

① 정렬되지 않은 배열 자료들을 각각 크기가 1인 n개의 부분 배열 자료들로 간주하여, 인접한 2개의 부분 배열 자료들을 병합하여 크기가 2인 (n/2)개의 부분 배열 자료들을 만든다.

② ①에 의하여 크기가 2인 부분 배열 자료들은 정렬되어 있으므로 다시 인접한 크기가 2인 2개의 부분 배열 자료들을 병합하여 크기가 4인 (n/4)개의 부분 배열 자료들을 만든다.

③ 이와 같이 크기가 2의 배수로 증가하는 인접한 부분 배열 자료들 간에 단계별 병합이 계속 반복되어 최종적으로 크기가 n인 하나의 배열이 만들어지면 정렬이 완료된다.

병합 정렬 또한 퀵 정렬이나 힙 정렬과 함께 O(n log n) 시간 복잡도를 가지나 내부 반복 과정이 힙 정렬 알고리즘보다도 복잡하여 내부 반복 과정이 단순한 퀵 정렬보다 평균 수행 시간이 떨어진다. 또한 정렬 과정에서 n의 크기를 가진 보조 배열에 대한 별도의 기억 장소가 요구된다는 단점이 있다.

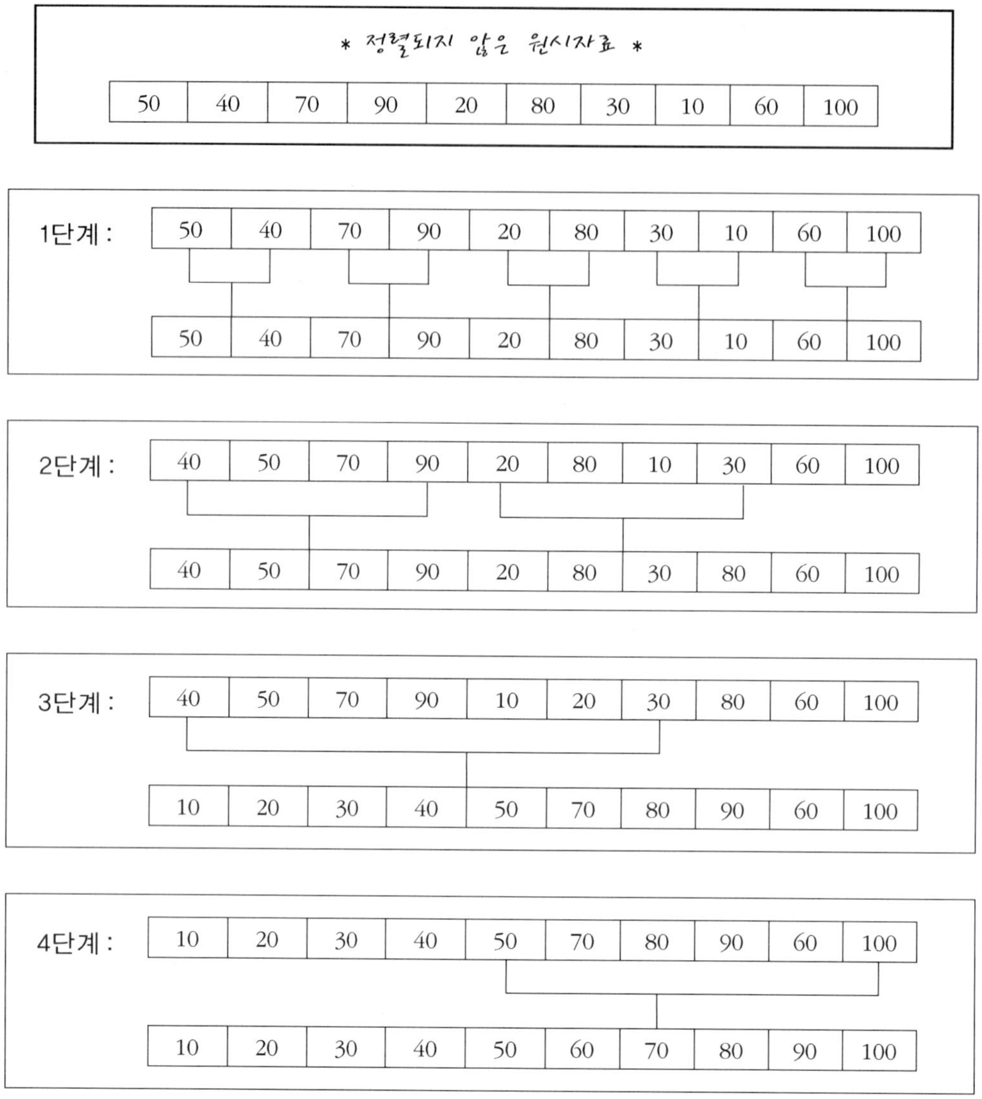

그림 2-12 2-way 병합 정렬의 예(오름차순)

2.2.2 외부 정렬 알고리즘

정렬할 자료의 양이 적어서 자료 전체가 주기억장치에 저장될 수 있는 경우에는 내부 정렬을 사용하여 자료를 정렬한다. 자료의 양이 많을 때는 속도가 느리고 접근 방식이 제한적인 보조 기억장치에 전체 자료를 두고 자료의 일부분을 한 번에 조금씩 주기억장치에 옮겨와서 정렬을 하게 되는데 이러한 종류의 정렬 알고리즘들을 외부 정렬(external Sort)이라고 한다.

자료가 주기억장치와 보조 기억장치 사이를 오고가는 데 드는 시간은 주기억장치에 저장되어 있는 자료들을 서로 비교하는 데 드는 시간보다 엄청나게 길다. 따라서 외부 정렬의 실행 시간에 크게 영향을 미치는 요인은 키 간의 비교 횟수라기보다는 키(또는 해당 레코드)들이 주기억장치와 보조 기억장치 사이를 오고가는 회수라고 할 수 있다. 즉, 보조 기억장치에 있는 키를 읽거나 쓰는 횟수가 외부 정렬의 실행 시간을 결정하는 주요인이므로 이를 줄이는 방향으로 외부 정렬 알고리즘을 고안해야 한다.

효율적인 외부 정렬 알고리즘을 고안하기 위하여는 자료가 저장되어 있는 보조기억장치의 자료 접근 방식을 고려하여야 하는데, 요즈음 주로 사용하는 장치인 디스크와 테이프의 자료 접근 방식을 살펴보면 테이프의 자료는 순차적으로 접근되지만, 디스크의 자료는 어느 정도 무작위로 접근될 수가 있다. 디스크의 자료는 실제로 작은 블록으로 나뉘어져서 트랙에 저장된다. 자료에 접근하려면 그 자료가 저장되어 있는 트랙을 찾는데 드는 시간(seek time)과 트랙 안에서 그 자료가 있는 블록을 찾는데 드는 시간(seek time)과 트랙 안에서 그 자료가 있는 블록을 찾는데 드는 시간(search time)을 합한 만큼의 시간이 든다. 따라서 디스크의 자료 역시 무작위로 접근하는 것보다는 순차적으로 접근하는 것이 더 바람직하다고 할 수 있다.

(1) K-Way Merge sort : 디스크 장치를 이용하여 sort하는 방식

(2) Balanced sort : 4개의 tape을 가지고 two-way merge sort하는 방식

① K개의 주어진 테이프에 정렬대상이 되는 데이터를 여러 개의 서브파일로 구성하여 반복적으로 병합시키는 방식이다.

② 전체 테이프의 절반인 k/2개에(A side tape) 동일한 개수의 서브파일을 분배시키고 두 개의 테이프에서 서브파일을 병합정렬한 결과를 다른 k/2개의(B side tape) 테이프에 분산시켜 출력 저장한다.

③ 모든 서브파일이 병합 정렬된 후, 다음 단계에서는 A side테이프와 B side테이프를 모두 되감아 이번에는 B side테이프들에 저장된 전 단계에서 병합된 서브파일들을 입력데이터로 읽어 병합 정렬한 결과를 A side테이프에 출력 저장한다.

④ 이러한 반복 작업을 모든 서브파일이 하나의 서브파일로 구성이 될 때까지 진행하면 전체파일이 정렬된 상태가 된다. 기본적인 병합정렬방식은 2원 병합정렬 방식과 동일하다.

⑤ 각 단계에서 테이프의 입출력 방향이 변경되며, 테이프의 특성상 뒤로 되감는 작업이 다른 점이다.

T1		T2		T3		T4	
헤드 ▶	R1	헤드 ▶		헤드 ▶		헤드 ▶	
	R2						
	R3						
	R4						
	R5						
	R6						

T1		T2		T3		T4	
	R1	헤드 ▶			R1		R4
	R2				R2		R5
	R3				R3		R6
	R4			헤드 ▶		헤드 ▶	
	R5						
	R6						
헤드 ▶							

⑥ 병합정렬을 위해 T1에 있는 입력데이터를 T3와 T4에 동일한 개수로 분배시켜 출력한다. 테이프 헤드의 위치를 보면 T1에서는 데이터를 읽으면서 헤드가 뒤로 이동하고 마찬가지로 T3와 T4는 데이터를 저장하면서 헤드가 뒤로 이동했다. 다음 단계에서는 테이프 T3와 T4가 입력테이프의 역할을 수행해야 하고 T1과 T2가 출력테이프로 사용되어야 하므로 T1, T3, T4 모두를 뒤로 되감는다.

T1 (출력)		T2 (출력)		T3 (입력)		T4 (입력)	
헤드 ▶		헤드 ▶		헤드 ▶	R1	헤드 ▶	R4
					R2		R5
					R3		R6

⑦ T3와 T4의 런을 병합정렬하여 T1과 T2에 균등 분배한다.

	출력		출력		입력		입력
	R14		R25		R1		R4
	R36	헤드 ▸			R2		R5
헤드 ▸					R3		R6
				헤드 ▸		헤드 ▸	
T1		T2		T3		T4	

⑧ 또다시 모든 테이프를 뒤로 되감아 입/출력의 방향을 바꾸어 병합정렬한다.

	입력		입력		출력		출력
	R14		R25		R1425		R36
	R36	헤드 ▸		헤드 ▸		헤드 ▸	
헤드 ▸							
T1		T2		T3		T4	

	출력		출력		입력		입력
	R142536	헤드 ▸			R1425		R36
헤드 ▸				헤드 ▸		헤드 ▸	
T1		T2		T3		T4	

(출처 : http://yatoyato.tistory.com/1050)

⑨ 최종적으로 T1에 전체의 병합된 데이터가 남게 된다.

(3) Cascade sort : n개(최소 3개 이상)의 tape를 가지고 sort하는 방식으로 한 개의 tape에 결과가 수록되면 정렬이 끝남

① 캐스케이드 병합정렬은 한 번에 한 개의 테이프만을 작동하는 방식이다.

② k개의 테이프가 주어졌을 때 주어진 정렬대상이 되는 파일을 여러 개의 서브파일로 나누어 내부정렬방식 중 하나를 택하여 각 서브파일에 정렬하고 이 서브파일을 k-1개의 테이프에 분산 저장한 다음 k-1way 병합정렬을 하여 하나의 테이프에 출력을 한다.

③ 출력도중에 만일 테이프 중에 하나가 공백이 되면 공백이 된 테이프를 제외한 나머지 테이프를 가지고 k-2way 병합정렬을 수행한다.

④ 또다시 하나의 테이프가 공백이 되면 k-3way 병합정렬을 수행한다. 이와 같은 과정을 반복하여 최종적으로 k개의 테이프 모두가 공백이 되면 정렬이 종료된다.

T1	T2	T3	T4	T5
11				
14				
5				
18				
27				
24				
17				
33				
. . .				
38				
23				

⑤ 정렬되지 않은 상태의 데이터가 T1에 저장되어 있다. T1에 저장된 데이터 중 일부, 예를 들어, 4개의 데이터를 읽어 내부정렬 방식으로 정렬하여 T5에 저장하고, 나머지 데이터에 대해서도 동일한 방식으로 T4, T3, T2에 균등 분배한다.

T1	T2	T3	T4	T5
	21	3	17	5
	23	19	24	11
	38	26	27	14
	44	29	33	18

⑥ 이 상태에서 4-way병합정렬을 수행한다. 즉, T1, T2, T3, T4에 대해서 앞에서 하나씩 읽어 최소값을 가진 데이터를 T1에 출력한다. 출력된 데이터를 가진 테이프만 다음 데이터로 이동한다. 즉, 한 번에 하나의 테이프만 이동이 일어난다.

T1	T2	T3	T4	T5
3	21			
5	23	19	24	
11	38	26	27	
14	44	29	33	
17				
18				

⑦ 병합정렬 도중에 T5가 공백상태가 되면 병합을 일시정지하고 3-way병합정렬을 시작한다.

T1	T2	T3	T4	T5
3				
5				
11	38			
14	44		33	
17				
18				
. . .				
29				

⑧ 병합정렬 도중에 T3가 공백상태가 되면 병합을 일시정지하고 2-way병합정렬을 시작한다.

T1	T2	T3	T4	T5
3				
5				
11	38			
14	44			
17				
18				
. . .				
29				
33				

⑨ 병합정렬 도중에 T4가 공백상태가 되면 병합을 일시정지하고 이 경우에는 오직 하나의 입력테이프만이 데이터를 간직하므로 T2의 내용을 순서대로 T1에 출력하면 된다.

T1	T2	T3	T4	T5
3				
5				
11				
14				
17				
18				
. . .				
29				
33				
38				
44				

⑩ 모든 입력테이프가 공백상태가 되면 출력테이프 T1에 모든 데이터가 정렬된 상태로 남게 된다.

(**출처** : http://yatoyato.tistory.com/1050)

(4) Polyphase sort(다상 정렬)

균형 병합정렬에서는 k개의 테이프에 저장된 데이터를 병합 후 분배출력하기 위해서 k개의 테이프가 추가로 필요하다. 그러나 다단계 병합정렬에서는 데이터를 서브파일로 분해한 뒤 테이프에 적절히 분배함으로써 k+1개의 테이프로만 병합정렬을 수행할 수 있다. 이때 테이프에 분배되는 서브파일의 크기는 피보나치 수열에 의하여 결정될 수 있다.

1, 1, 2, 3, 5, 8, 13, 21, 34, ...

① 다단계 병합정렬은 사용되는 테이프의 개수가 6개 이하일 때 최상의 성능을 갖는다는 연구결과가 있다. 아래의 예제에서는 3개의 테이프를 사용하는 예

	입력		입력		출력
헤드 ▶	R1	헤드 ▶	R6	헤드 ▶	
	R2		R7		
	R3		R8		
	R4				
	R5				
T1		T2		T3	

	입력		출력		입력
		헤드 ▶			R16
					R27
					R38
헤드 ▶	R4			헤드 ▶	
	R5				
T1		T2		T3	

	출력		입력		입력
헤드 ▶			R164		
			R275		
		헤드 ▶		헤드 ▶	R38
T1		T2		T3	

	입력		입력		출력
헤드 ▶					
		헤드 ▶	R275	헤드 ▶	
T1		T2		T3	

	입력		입력		출력
헤드 ▶		헤드 ▶			R16438275
				헤드 ▶	
T1		T2		T3	

(5) Oscillating sort : tape의 역 읽기 성질을 이용

① 순방향(forward)과 역방향(reverse)이 가능한 테이프를 사용하여 정렬한다.

② 정렬은 다음과 같이 진행한다.

㉠ 빈 테이프 1개를 제외한 나머지 테이프에 하나의 부파일을 분배한 후, 병합 정렬한 후 빈 테이프에 수록한다.

㉡ 그 다음 결과가 수록된 테이프를 포함하고 빈 테이프 1개를 제외한 나머지 테이프에 하나의 부파일을 분배한 후, 병합 정렬하여 빈 테이프에 수록한다.

㉢ 이 과정을 결과가 수록된 테이프를 하나씩 늘려가며 반복 수행하고, 마지막에는 모든 테이프를 병합 정렬하여 빈 테이프에 수록한다.

예 시

예제 7.16] 런의 개수가 9개이고 테이프가 5개일 때 16, 2, 46, 10, 22, 31, 26, 27, 3, 23, 15, 29를 교대식 병합 정렬하시오(그림에서 · 은 R/W 헤드의 위치이다).

테이프1	테이프2	테이프3	테이프4	테이프5
·	·	·	·	·
16				
2				
46				
10				
22				
31				
26				
27				
3				
23				
15				
29				

테이프1	테이프2	테이프3	테이프4	테이프5
·	·			
10		16	2	46
22		·	·	·
31				
26				
27				
3				
23				
15				
29				

테이프1	테이프2	테이프3	테이프4	테이프5
·		·	·	·
10	46			
22	16			
31	2			
26	·			
27				
3				
23				
15				
29				

테이프1	테이프2	테이프3	테이프4	테이프5
·		·		
26	46		22	31
27	16		·	·
3	2			
23	10			
15	·			
29				

테이프1	테이프2	테이프3	테이프4	테이프5
·			·	·
26	46	31		
27	16	22		
3	2	10		
23	·	·		
15				
29				

테이프1	테이프2	테이프3	테이프4	테이프5
·			·	
23	46	31		3
15	16	22		·
29	2	10		
	26	27		
	·	·		

테이프1	테이프2	테이프3	테이프4	테이프5
·				·
23	46	31	27	
15	16	22	26	
29	2	10	3	
	·	·	·	

테이프1	테이프2	테이프3	테이프4	테이프5
·				
	46	31	27	
	16	22	26	
	2	10	3	
	23	15	29	
	·	·	·	

테이프1	테이프2	테이프3	테이프4	테이프5
·	46	31	·	·
26	16	22		
27	2	10		
3	·	·		
23				
15				
29				

테이프1	테이프2	테이프3	테이프4	테이프5
·	46	31	·	3
23	16	22		·
15	2	10		
29	26	27		
	·	·		

테이프1	테이프2	테이프3	테이프4	테이프5
·	46	31	27	·
23	16	22	26	
15	2	10	3	
29	·	·	·	

테이프1	테이프2	테이프3	테이프4	테이프5
·	46	31	27	
	16	22	26	
	2	10	3	
	23	15	29	
	·	·	·	

(출처 : http://www.dal.pe.kr/lecture/db_stru/ch07_sort.htm)

수업에서의 알고리즘 활용

1차시

동기유발

▶ 오르락 내리락 놀이

오르락 내리락 놀이는 모둠 조의 대표가 앞에 나와 서로 경쟁하는 게임형식이다. 수업 시작 전에 다양한 높이를 가진 여러 가지 물건을 두 개의 테이블에 준비해 둔다. 두 개 테이블에 있는 물건은 같은 것이어야 한다. 그리고 두 조를 임의 방식에 의해 선택한 후, [그림 1]과 같이 두 모둠의 대표를 테이블 앞으로 나오게 한다.

그림 1

두 명이 앞에 나와 선생님이 정해준 신호에 의해 학생들이 "오르락"을 외치면 왼쪽에서 오른쪽으로 점점 물건들의 높이가 높아지도록 빨리 놓는 학생이 이기고, "내리락"을 외치면 반대로 왼쪽에서 오른쪽으로 물건들의 높이가 점점 낮아지도록 빨리 놓는 모둠이 이기게 된다.

게임이 끝나면 주어진 물건들을 "오르락" 또는 "내리락"으로 순서대로 놓기 위해 학생들이 수행한 작업이 무엇일지 발문하고, 각 물건들의 높이를 서로 "비교"하여 큰 것과 작은 것의 위치를 "교환"했음을 이해시킨다.

그 후, 이렇게 주어진 자료를 어떤 기준에 따라 순서대로 분류하는 작업을 정렬이라 하고, 점점 커지도록 분류하는 것이 오름차순 정렬, 점점 낮아지도록 분류하는 것이 내림차순 정렬임을 설명하여야 한다.

이 동기유발 게임의 목적은 정렬에 필요한 개념을 익히기 위한 단계이다. 따라서 정렬의 개념과 오름차순, 내림차순이 무엇인지를 정확히 학생들이 알게 한 후, 수행 과정에서 학생들이 각 물건들의 높이를 서로 "비교"하여 큰 것과 작은 것의 위치를 "교환"했음을 꼭 주의시켜야 주어야 다음 단계로 넘어갔을 때 혼란없이 바로 진행할 수 있다.

첫 번째 활동

▶ 바꿔 보아요.

전개 단계의 첫 번째 활동은 컴퓨터가 두 개의 자료를 비교하여 서로의 값을 교환할 때 어떻게 동작하는지를 이해하기 위한 활동이다.

전개 단계의 활동을 두 차시로 나눠서 할 때는 모둠으로 나눠 해도 좋고, 만약 전개 단계의 활동을 한 차시로 할 때는 설명식으로 생략하거나, 간단히 앞에서 선생님의 시범활동을 하는 것이 좋다.

① 학생들에게 먼저 두 개의 컵만 제시해 주어야 한다.
② 컵 두 개에 각각 사이다와 콜라를 따른다.
③ 컵을 그대로 두고 사이다와 콜라 값을 서로 바꿀 수 있는 방법을 생각해 보게 한다.
④ 맞추는 학생에게 사이다와 콜라를 마실 기회를 준다고 말한다.
⑤ 컵이 하나 더 있으면 편하다는 것을 생각하도록 유도해야 한다.
⑥ 모둠 활동 때는 각 조별로 사이다와 콜라가 든 컵을 빈 컵을 이용하여 서로 교환해보는 작업을 해본다.〈생략 가능〉
⑦ 정리하여 준다. 컴퓨터에서 두 개의 값을 바꿀 때는 이렇게 빈 공간이 하나 더 있어야만 한다는 것을 파악하도록 지도한다.

그림 2

※ 두 차시로 나눠하는 경우 확장
① 선생님 질문 : 컴퓨터는 세 개의 값을 한꺼번에 변경할 수 있을까요?
② 정답은 없다. 컴퓨터는 두 개만 비교해서 변경할 수 있다.
③ 세 개를 변경하려면 앞의 방법을 써서 두 개를 변경한 다음 다시 뒤의 두 개를 변경해 주어야 한다는 것을 설명한다.
④ 세 개의 컵에 들어 있는 사이다 또는 콜라를 서로 바꾸어 본다.

두 번째 활동

▶ 먹고 싶어요!

전개 단계의 두 번째 활동은 거품 정렬(버블 소트)의 알고리즘을 이해하기 위한 기반활동이다. 가장 먹고 싶은 음식부터 순서대로 찾아내어 봄으로써 정렬과정에 대한 흥미를 유발시키고 또한 비교하여 교환하는 과정의 반복을 통해 원칙을 찾아낼 수 있도록 유도해 준다.

먼저 선생님은 학생들에게 모둠별로 다양한 음식물 카드를 나누어 준다. 선생님도 음식물 카드[활동양식지6] 5개를 자석을 이용하여 칠판에 붙이고 학생들에게 활동의 방법을 발문과 응답의 과정을 통해 알려준다.

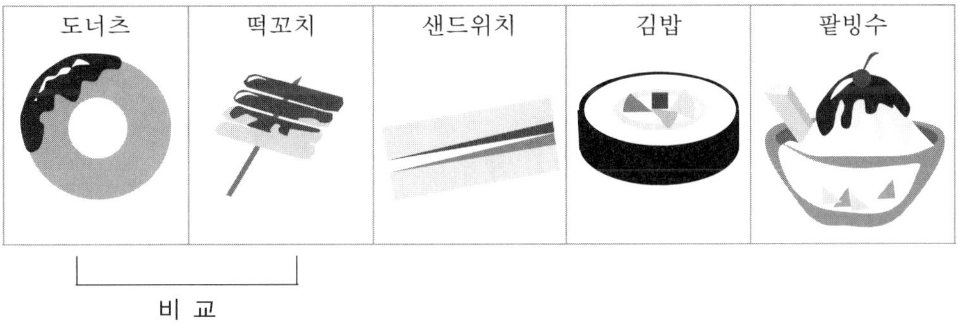

그림 3 | 음식물 카드 사례[활동양식지 6A, 6B]

활동방법을 알려주는 선생님과 학생의 응답사례

· 선생님 : 가장 먹고 싶은 게 무엇인지 말해보세요.

· 학생들 : 이거요, 저거요~~

· 선생님 : ○○학생 일어나 보세요. 가장 먹고 싶은 것이 무엇인가요?

· ○○학생 : 도너츠입니다.

· 선생님 : ○○이는 도너츠를 가장 먹고 싶어 해요. 이렇게 우리는 이것저것을 비교해서 한 번에 선택해 내지만 컴퓨터는 한꺼번에 하지 못해요. 이전에 컴퓨터는 몇 개까지만 비교할 수 있다고 했나요?

· 학생들 : 두 개요~~

· 선생님 : 그렇습니다. 그래서 우리는 두 개씩 비교해 주어야 한답니다. 컴퓨터가 먹고 싶은 것을 선택하는 방법을 찾아가 봅시다. ○○이는 도너츠랑 떡꼬치 중에 도너츠를 더 먹고 싶어 했죠?

▪ 더 먹고 싶은 것을 오른쪽, 덜 먹고 싶은 것을 왼쪽으로 바꿔주려 한다.

▪ 또한 선생님은 앞의 카드에서 도너츠와 떡꼬치의 위치를 변경할 때는 [교환공간]을 이용해야 한다는 규칙을 이야기 해준다.

▪ 방법 : 바꾸고자 하는 두 개의 카드 사이 아래에 [교환공간] 카드를 놓는다. 교환공간 카드가 놓이면 다음과 같은 ①, ②, ③의 순서로만 교환할 수 있음을 설명해 준다.

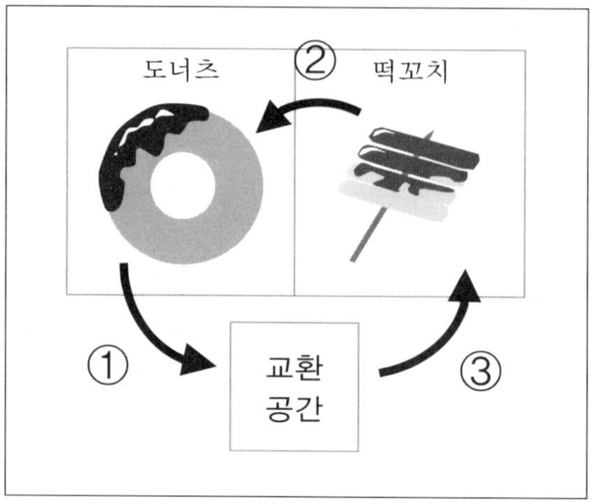

그림 4 | 카드 교환 순서(먹고 싶은 것을 점점 뒤로)

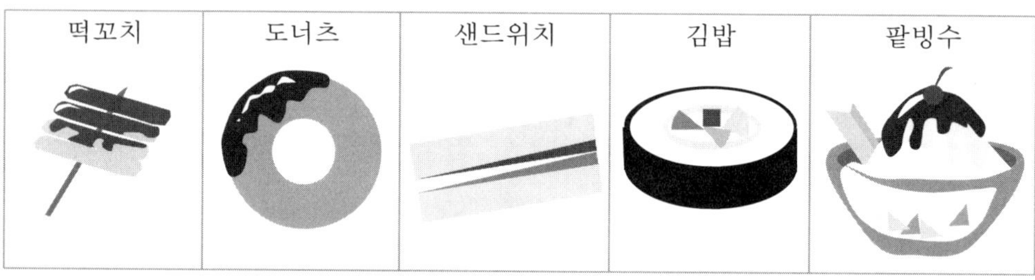

그림 5 | 1단계 비교 후

· 선생님 : 처음에 도너츠와 떡볶기를 비교하여 위치를 교환했습니다. 다음번에는 그럼 무엇과 무엇을 비교해야 할까요?

· ○○학생 : 도너츠와 샌드위치요.

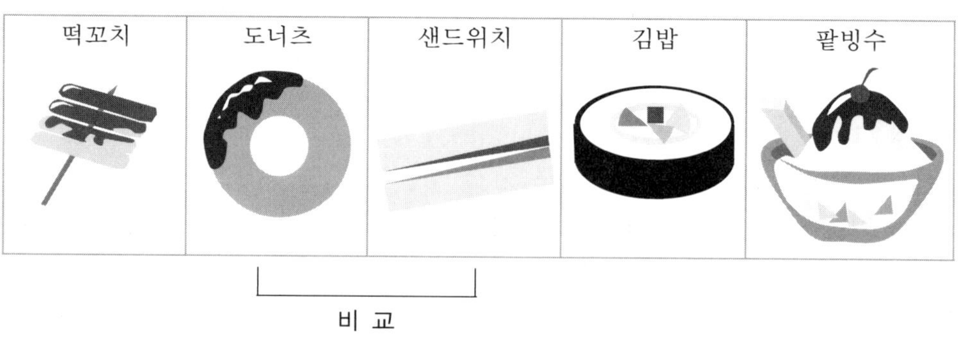

그림 6 | 2단계 비교

- 선생님 : 그럼 이제 도너츠와 샌드위치 중에 무엇이 더 먹고 싶나요?
- ○○학생 : 도너츠요.

■ 선생님은 다시 도너츠와 샌드위치의 위치를 변경하기 위해 두 카드 사이의 아래에 [교환공간] 카드를 놓고, 이전에 설명한 순서대로 카드를 변경한다.

■ 이런 식으로 변경해 나가면서 맨 끝의 아이스크림과 비교하여 위치를 바꾸고 나면 가장 먹고 싶은 것이 맨 끝에 나오게 된다.

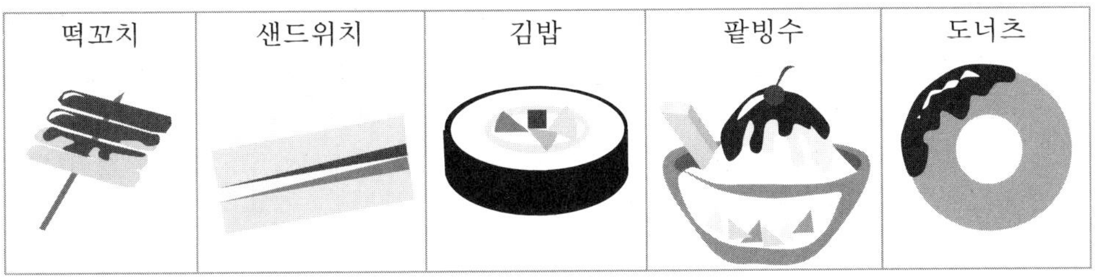

그림 7 | 가장 먹고 싶은 [도너츠]가 맨 끝으로 정렬된 모습

- 선생님 : ○○학생이 가장 먹고 싶어 하는 도너츠가 맨 끝에 도착했습니다.
- 선생님 : ○○학생이 가장 먹고 싶은 것을 선택하기까지 몇 번 비교를 했나요?
- 학생들 : 4번이요~~~
- 선생님 : 그럼 4번째 자리에 있는 팥빙수는 ○○학생이 두 번째로 먹고 싶어 하는 것일까요? 아닐까요?
- 학생들 : 몰라요 또는 아니에요.
- 선생님 : 네 번째 자리의 팥빙수가 ○○학생이 두 번째로 먹고 싶어 하는 것인지 아닌지는 아직 몰라요. 그럴 수도 있고 아닐 수도 있죠. 그럼 ○○학생이 두 번째로 먹고 싶은 것이 무엇인지 알아보려면 어떻게 해야 할까요?

■ 학생들에게 질문하고 답변을 들으면서 다음과 같은 대답이 나오도록 유도한다.

■ "이전과 같은 방법을 이용해서 다시 처음부터 네 번째 자리까지 세 번 비교를 해보아야 합니다."

- 선생님 : 그렇죠. 그렇게 해서 다시 처음부터 비교하는 작업을 여러 번 반복해 주어야만 가장 먹고 싶은 것부터 다섯 번째로 먹고 싶은 것 까지가 결정되게 됩니다.

■ 자, 그럼 각 모둠별로 다섯 개의 음식물 카드를 아무렇게나 배열한 후 가장 먹고 싶은 것부터 5번째로 먹고 싶은 것 까지 순서대로 정렬해 보고 총 비교횟수가 몇 번이 되는지 [활동양식지1]을 완성해 보세요.

세 번째 활동

전개단계의 세 번째 활동은 두 번째 활동에서 활동한 내용의 원칙을 찾아내고, 그것이 바로 거품 정렬 알고리즘을 알아나가는 활동이다. 또한 거품 정렬 알고리즘을 찾아낸 후 이제 실제 숫자를 이용하여 오름차순 또는 내림차순으로 직접 정렬을 해보는 활동을 가진다.

(1) 알고리즘 찾아내기 1 : 교환 알고리즘

학생들이 직접 두 개의 데이터를 비교하여 교환하는 방법을 간단히 말로 단계별로 정리해 볼 수 있도록 지도한다. 모둠별로 단계를 협의하고 개인별로 [활동양식지2]에 정리하도록 한다.

정리 작업이 끝나면 선생님과 함께 다시 단계별로 정리하여 각 모둠이 정리한 알고리즘이 비슷한지 확인해 보도록 한다.

(2) 알고리즘 찾아내기 2 : 정렬 알고리즘

학생들이 정렬 알고리즘을 간단하게 단계별로 직접 정리해 볼 수 있도록 지도한다. 모둠별로 단계를 협의하고 개인별로 [활동양식지2]에 정리하도록 한다.

정리 작업이 끝나면 선생님과 함께 다시 단계별로 정리하여 각 모둠이 정리한 알고리즘이 비슷한지 확인해 보도록 한다.

(3) 거품 정렬

지금까지 우리가 이용한 정렬 방법이 거품정렬 방법임을 알려주는 단계이다. 왜 거품정렬이라 부르는지 이유를 들려주고, 정리한 거품정렬 알고리즘을 다시 한 번 단계별로 살펴보게 한다.

(4) 실제 숫자카드로 거품정렬 수행해 보기

임의의 숫자카드 [활동양식지3]를 거품정렬 알고리즘을 이용하여 내림차순 또는 오름차순으로 정렬해 보도록 한다. 정렬한 과정과 결과 및 비교횟수를 찾아가는 과정을 [활동양식지4]에 기록하도록 한다.

카드 교환을 수행한 후 1회 단계가 끝나면 결과를 [활동양식지4]에 정리하도록 한다. 비교횟수를 꼼꼼히 기록해 총 비교횟수를 계산해낸다.

1	12	8	3	20	5

그림 8 | 골라낸 임의의 숫자 예시(숫자를 보지 않고 골라내어야 함)

(5) 거품정렬에 걸리는 시간 계산해 보기[활동양식지4]

◎ 6개 숫자 내림차순 정렬하기

골라낸 숫자 :	1	12	8	3	20	5	
1회 :	12	8	3	20	5	1	비교: 5번
2회 :	12	8	20	5	3	1	비교: 4번
3회 :	12	20	8	5	3	1	비교: 3번
4회 :	20	12	8	5	3	1	비교: 2번
5회 :	20	12	8	5	3	1	비교: 1번

총 비교횟수 : 5 + 4 + 3 + 2 + 1 = 15 회

심화활동

(1) 거품정렬의 자료 개수에 따라 비교횟수가 어떻게 달라지는지 알아보기.

이 활동은 거품정렬에 익숙하고 좀 더 고학년일 때 가능한 단계이다. 거품정렬의 총 비교횟수를 정렬하려는 자료의 개수에 따라 예측해 볼 수 있도록 원리를 발견해 나가는 활동이다[활동양식지4].

총 비교횟수의 계산이 어떻게 되었는지 선생님과 함께 알아본다.

- 5개일 때 : 4+3+2+1=10회
- 6개일 때 : 5+4+3+2+1=15회
- 7개일 때 : 6+5+4+3+2+1=21회

(2) 반복되는 규칙을 찾아본다.

질문 : 만약 정렬하려는 자료가 10개라면 총 비교횟수가 어떻게 될까?
9+8+7+6+5+4+3+2+1=45회임을 알아내고 이를 말로 설명할 수 있도록 지도한다.

1차시의 활동은 거품 정렬을 통해 알고리즘 정렬의 원리를 이해시키고자 하였다. 정렬에 대해서 처음 하는 활동과 개념이라 다소 생소할 수도 있다. 이번 시간을 통해 친구들과 서로 의논하고 활동하면서 정렬의 기본인 삽입정렬, 선택정렬, 버블정렬에 대해서 자세히 알아보고자 한다.

첫 번째 활동

▶ 거품 정렬(내림차순 정렬)

활동의 구체적인 내용은 다음과 같다.

① 5명을 한 팀으로 구성한다. 5명은 자리에 무작위로 앉은 후 [활동양식지7A]의 과일카드를 한 장씩 제비뽑기 한다.

<table>
<tr><td>이 름</td><td>A</td><td>B</td><td>C</td><td>D</td><td>E</td></tr>
<tr><td></td><td colspan="5">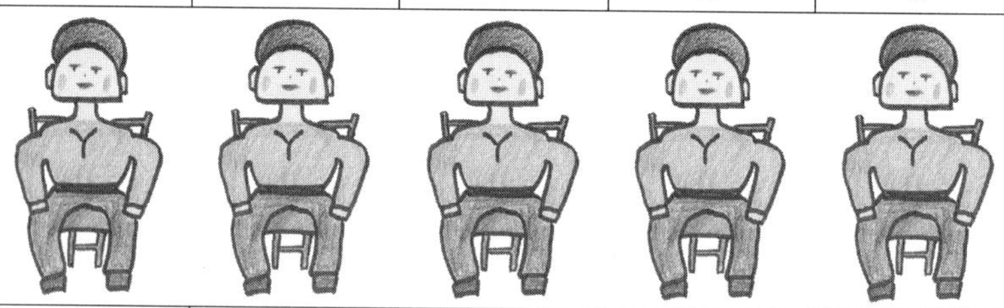</td></tr>
<tr><td>가지고 있는 수</td><td>3</td><td>5</td><td>2</td><td>1</td><td>4</td></tr>
</table>

② 항상 A부터 비교가 시작된다. A와 B가 일어서서 비교한다. 내림차순의 정렬이기 때문에 A와 B는 자리가 바뀌게 된다.

<table>
<tr><td>이 름</td><td>B</td><td>A</td><td>C</td><td>D</td><td>E</td></tr>
<tr><td></td><td colspan="5"></td></tr>
<tr><td>가지고 있는 수</td><td>5</td><td>3</td><td>2</td><td>1</td><td>4</td></tr>
</table>

▽

이 름	B	A	C	D	E

가지고 있는 수	5	3	2	1	4

③ 두 번째(A)와 세 번째(C)가 일어서서 비교한다. 내림차순이기 때문에 그대로이다.

④ 세 번째(C)와 네 번째(D)가 일어서서 비교한다. 내림차순이기 때문에 그대로이다.

⑤ 네 번째(D)와 마지막(E)가 일어서서 비교한다. 내림차순이므로 자리가 바뀌게 된다.

이 름	B	A	C	E	D
	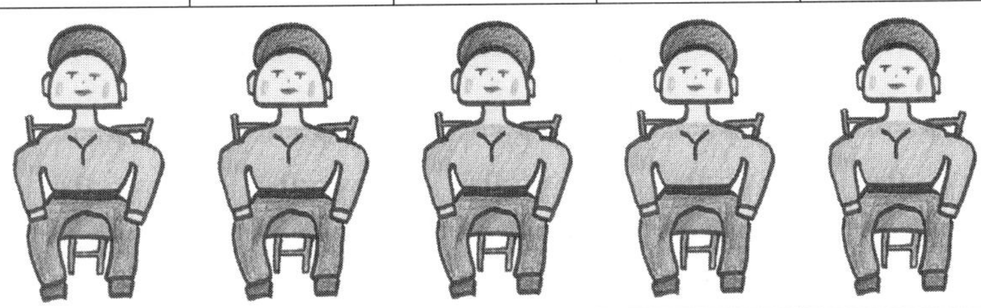				
가지고 있는 수	5	3	2	4	1

⑥ 이렇게 되면 한 번의 정렬이 된 것이다. 총 비교횟수는 처음이기 때문에 4번이다. 그러나 두 번째 정렬부터는 이미 마지막은 정렬위치(D의 1)가 정해졌기 때문에 총 비교횟수는 3번일 것이다. 이렇게 거품이 떠오르듯이 뒤에서부터 정렬이 되는 것을 거품 혹은 버블 정렬이라고 한다. 위의 최종 정렬순서는 다음과 같다.

이 름	B	E	A	C	D

가지고 있는 수	5	4	3	2	1

두 번째 활동

▶ 선택 정렬(내림차순 정렬)

활동의 구체적인 내용은 다음과 같다.

① 5명을 한 팀으로 구성한다. 5명은 자리에 무작위로 앉은 후 [활동양식지7A]의 과일카드를 한 장씩 제비뽑기 한다.

이 름	A	B	C	D	E
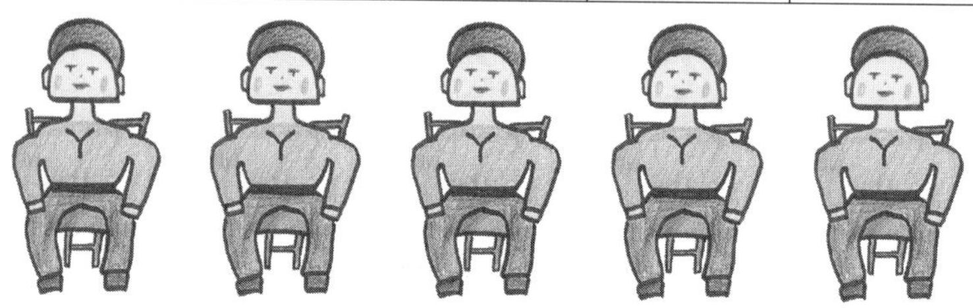					
가지고 있는 수	3	4	2	5	1

② 이것은 A의 위치, 즉 첫 번째 위치부터 비교가 시작된다. 먼저 A와 B를 비교한다. 내림차순 정렬이기 때문에 자리가 바뀐다.

이 름	B	A	C	D	E

가지고 있는 수	4	3	2	5	1

③ 또다시 첫 번째 위치의 B와 C를 비교한다. 내림차순이므로 자리가 바뀌지 않는다.

④ 또다시 첫 번째 위치의 B와 D를 비교한다. 내림차순이므로 자리가 바뀐다.

이 름	D	A	C	B	E

가지고 있는 수	5	3	2	4	1

⑤ 마지막으로 첫 번째 D와 E를 비교한다. 내림차순이므로 자리가 바뀌지 않는다.

⑥ 이렇게 되면 한 번의 정렬이 된 것이다. 총 비교횟수는 처음이기 때문에 4번이다. 그러나 두 번째 정렬부터는 이미 첫 번째는 정렬위치(D의 5)가 정해졌기 때문에 비교의 시작은 A의 3부터 비교(아래 그림처럼)가 시작되어 총 비교횟수는 3번이 된다. 이렇게 처음부터 정렬이 되는 것을 선택정렬이라고 한다.

이 름	D	A	C	B	E

가지고 있는 수	5	3	2	4	1

세 번째 활동

▶ 삽입 정렬(내림차순 정렬)

활동의 구체적인 내용은 다음과 같다.

① 5명을 한 팀으로 구성한다. 각자 [활동양식지7A]의 과일카드를 한 장과 순서카드[활동양식지7B] 한 장씩 제비뽑기 한 후 순서카드가 1번인 아동이 첫 자리에 앉는다. 즉 A가 첫 자리에 앉게 된다.(과일카드와 순서카드를 아래와 같이 뽑았다고 하자).

표 1 제비뽑기 후

이 름	A	B	C	D	E
가지고 있는 수	3	5	1	4	2
순서 카드	1	3	4	2	5

이 름	A				

가지고 있는 수	3				
순서 카드	1				

② 순서 카드가 2번인 D는 먼저 앉아 있는 A와 비교한다. 내림차순으로 정렬하기 때문에 A는 두 번째 자리로 옮기고 D가 첫 번째 자리에 앉는다.

이 름	D	A			

가지고 있는 수	4	3			
순서 카드	2	1			

③ 순서 카드가 3번인 B는 첫 번째 자리와 두 번째 자리의 아동과 차례로 비교한다. 가지고 있는 수가 5이므로 먼저 앉아 있는 D와 A는 한 칸씩 옆으로 이동한다.

이 름	B	D	A		
	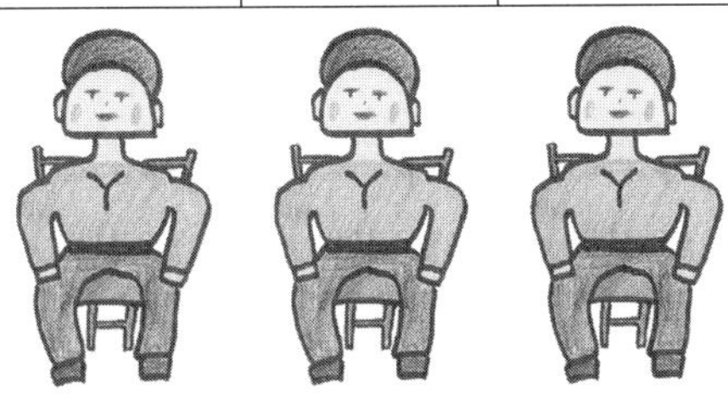				
가지고 있는 수	5	4	3		
순서 카드	3	2	1		

④ 순서 카드가 4번이 들어와서 위와 같은 방식으로 하면 다음과 같이 된다.

이 름	B	D	A	C	

가지고 있는 수	5	4	3	1	
순서 카드	3	2	1	4	

⑤ 마지막으로 순서 카드 5번인 E가 처음부터 차례대로 비교한다. 그렇게 되면 B, D, A와는 내림차순이므로 위치의 변화가 없으나 C와 비교에서는 C보다 크므로 C는 다시 한 칸 옆으로 옮기고 그 자리에 E가 들어가서 최종 정렬이 완료된다.

어느 정도 활동을 통해 익숙해졌다면 모둠끼리 시합을 하는 것도 좋을 것이다.

지도의 실제

1차시

단계	교수 학습내용	자료 및 유의점
도입	▶ 동기유발 – 오르락 내리락 놀이 : 다양한 높이를 가진 여러 가지 물건이 준비된 두 개의 테이블 앞으로 선발된 두 명이 나와 선생님의 신호에 의해 학생들이 "오르락"을 외치면 왼쪽에서 오른쪽으로 점점 물건들의 높이가 높아지도록 빨리 놓는 학생이 이기는 게임. ·정렬의 개념과 오름차순, 내림차순을 설명하기 위한 활동 **학습목표**: 정렬이 무엇인지 이해하고, 거품정렬 알고리즘을 찾아낼 수 있다.	내용물이 눈에 보이는 PT병이나 컵이어야 함

전개	▶ 활동 1 – 바꿔 보아요. 사이다가 들어있는 음료수 컵과 콜라가 들어있는 음료수 컵의 내용물을 교환해 보기 · 두 개의 자료를 비교하여 교환할 때는 하나의 공간이 더 필요함을 알아가는 활동	
	▶ 활동 2 – 먹고 싶어요.[활동양식지1] 음식물 카드를 이용하여 가장 먹고 싶은 음식부터 차례대로 정렬해 보기[활동양식지6A, 6B] · 거품정렬의 알고리즘을 이해하기 위한 기반 활동	
	▶ 활동 3 – 거품정렬 알고리즘 찾아내기[활동양식지2] – 실제 숫자로 거품정렬 해보기[활동양식지3] · 거품정렬의 알고리즘을 정의할 줄 알고 이를 실제 응용해 보는 활동	
	▶ 심화활동 – 거품정렬에 걸리는 비교횟수의 규칙을 찾아내는 활동 [활동양식지4] [활동양식지5] · 거품정렬의 총 비교횟수를 계산해 보고 자료개수에 따른 비교횟수를 예측해 보는 활동	
정리	– 이번 시간에 배운 것은 무엇인가요? – 더 알고 싶은 내용은 무엇인가요?	

2차시

단계	교수 학습내용	자료 및 유의점
도입	▶ 동기유발 – 자리 앉기 게임 : 인원 수보다 작은 의자를 놓고 빙글빙글 돌면서 주어진 신호에 따라 자리에 앉기 게임 학습목표 | 정렬의 원리에 대해 이해할 수 있다.	

<table>
<tr>
<td rowspan="3">전개</td>
<td>
▶ 활동 1
- 거품 자리배치
: 나란히 있는 아동이 수의 크기를 비교하여 순서화 되어 있지 않으면 교환하여 순서화하고 순서화 되어 있으면 다음으로 넘어가는 과정을 반복하여 모든 아동이 순서에 맞게 될 때까지 반복하는 방법
</td>
<td></td>
</tr>
<tr>
<td>
▶ 활동 2
- 선택 자리배치
<table>
<tr><td>이 름</td><td>D</td><td>A</td><td>C</td><td>B</td><td>E</td></tr>
<tr><td colspan="6"></td></tr>
<tr><td>가지고 있는 수</td><td>5</td><td>3</td><td>2</td><td>4</td><td>1</td></tr>
</table>
: 처음의 위치부터 차례대로 비교하여 앉는 방법
</td>
<td rowspan="2">6명이 한 모둠이 된다.
— 한명이 지시를 하고 다른 사람들은 움직이면서 지시하는 사람이 맞게 하는지 생각하면서 지시를 따른다.</td>
</tr>
<tr>
<td>
▶ 활동 3
- 삽입(넣기) 자리배치
<table>
<tr><td>이 름</td><td>D</td><td></td><td></td><td></td><td></td></tr>
<tr><td colspan="6"></td></tr>
<tr><td>가지고 있는 수</td><td>5</td><td></td><td></td><td></td><td></td></tr>
</table>
: 순서카드에 따라 아동들을 순서에 맞게 삽입시켜 앉는 방법
</td>
</tr>
<tr>
<td>정리</td>
<td></td>
<td></td>
</tr>
</table>

2.3 탐색(Search)

특정 자료를 탐색하는 과정은 대부분의 업무 처리에 있어서 거의 필수적으로 일어난다. 탐색에 있어서 근본 문제는 탐색할 기본 키가 주어졌을 때 기본 키에 관계된 레코드를 파일이나 테이블 상에서 어떻게 빠르게 탐색하는가 하는 것이다. 여기서 기본 키란 각 레코드의 일정한 위치에 있는 고정된 크기를 가진 필드로서 파일 상에 레코드가 저장되어야 할 곳을 결정하기 위해서나 파일로부터 레코드를 탐색하기 위해 사용되는 키로 유일한 숫자, 또는 문자들의 집합니다. 예를 들어 학번이나 주민등록번호 또는 사원번호 등과 같은 필드들은 학생, 국민, 사원들을 유일하게 구별해 주는 기본 키이다.

2.3.1 키 비교에 의한 탐색 방법

탐색할 레코드의 키를 파일이나 테이블에 저장된 레코드들이 키와 비교하여 원하는 레코드를 탐색하는 방법으로서 순차 탐색, 이진 탐색, 이진 탐색 트리 등이 있다.

2.3.1.1 순차 탐색(sequential search)

순차 탐색(sequential search)은 탐색 방법 중에서 가장 간단하고 직접적인 탐색 방법이다. 순차 탐색은 정렬되지 않은 레코드를 처음부터 마지막까지 하나씩 검사하여 원하는 레코드를 찾아가는 방법이다.

키 값이 5일 경우 정렬되지 않은 리스트에서 리스트의 앞에서부터 키 값과 일치하는 레코드를 찾을 때까지 순차적으로 탐색한다. 탐색이 성공적으로 수행되면(키 값과 일치하는 레코드를 찾으면) 레코드의 인덱스를 반환한다(이 경우 7반환). 만약 해당 키와 일치하는 레코드가 리스트에 없다면 반복문 종료 후 -1 값을 반환한다.

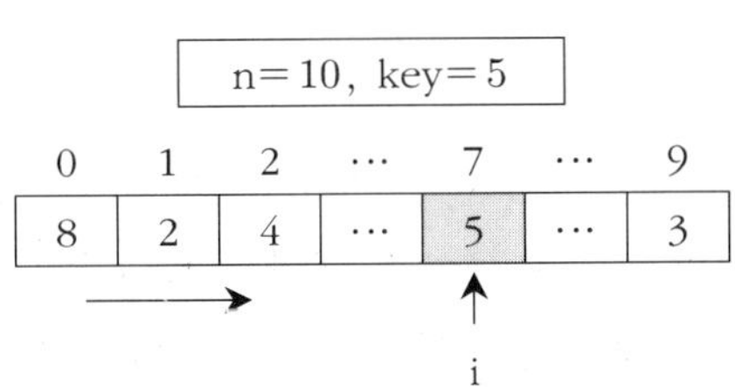

① 정렬된 리스트에서의 순차 탐색

리스트가 정렬되어 있으면 순차 탐색 중에 키 값보다 큰 레코드를 만나면 탐색을 종료할 수 있으므로 리스트 전체를 반드시 검색하지 않고도 키의 존재 유무를 알아낼 수 있다. 정렬된 리스트에서의 순차 탐색의 복잡도는 탐색이 성공했을 경우에는 일반 순차 탐색과 동일하지만, 탐색이 실패할 경우에는 일반 순차 탐색보다 비교 횟수가 반으로 줄어든다.

② 색인 순차 탐색

색인 순차 탐색(indexed sequential search) 방법은 기억장소를 추가로 더 사용하여 탐색의 효율을 높이는 방법이다. 이 방법은 인덱스(index)라 불리는 하나의 테이블을 사용한다. 인덱스 테이블은 주 자료 리스트에서 일정 간격으로 발췌한 자료를 가지고 있다. 인덱스 테이블에 m개의 항목이 있고, 주 자료 리스트의 데이터 수가 n이면 각 인덱스 항목은 주 자료 리스트의 n/m번째 데이터를 가지고 있다. 이때 주 자료 리스트와 인덱스 테이블은 모두 정렬되어 있어야 한다.

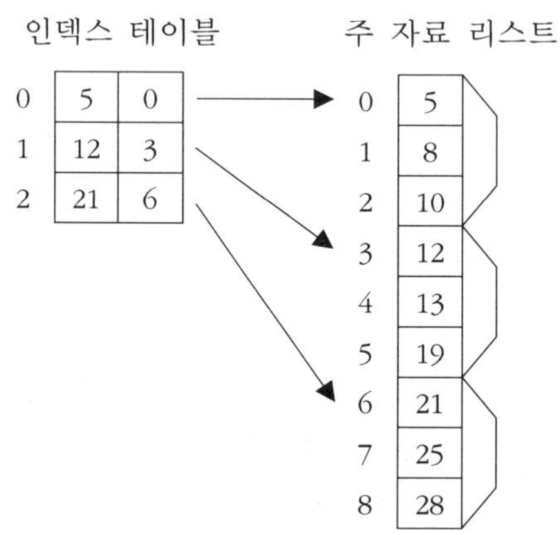

2.3.1.2 이진 탐색(binary search)

이진 탐색 알고리즘은 탐색할 자료들의 정렬이 선행되어 있으면 퀵 정렬 알고리즘과 같이 "분할 후 정복" 기법을 사용하여 탐색하는 대표적인 알고리즘이다. 순차 탐색 알고리즘과 다르게 각 레코드에 대한 키를 처음부터 하나하나씩 순차적으로 비교하지 않고 찾고자 하는 키를 배열의 중간 요소와 비교한 후 대소 판정에 의하여 다음과 같은 3가지 상태로 구분하여 빠르게 탐색을 수행할 수 있다. 여기서 배열 array에 n개의 키들이 오름차순으로 정렬되어 저장되어 있으며, 찾고자 하는 키를 find_key라 하고 배열의 중간 요소를 array[mid]라 가정한다.

▶ 이진 탐색의 3가지 상태

① find_key < array[mid]인 경우 : 찾고자 하는 키는 array[1]부터 array[mid - 1] 사이에 존재한다.

② find_key = array[mid]인 경우 : 원하는 키를 찾은 경우가 된다.

③ find_key > array[mid]인 경우 : 찾고자 하는 키는 array[mid + 1]부터 array[n] 사이에 존재한다.

즉, 이진 탐색은 탐색할 자료들의 정렬이 선행된 후 탐색 가능한 영역의 중간점에서 탐색할 키와 레코드 키의 내용을 비교하여 불일치하는 경우 좁아진 탐색 영역에 대하여 위의 과정을 계속 반복 처리하여 원하는 레코드를 빠르게(O(log n)) 찾는 방법이다.

정렬된 리스트의 탐색은 이진 탐색(Binary Search)이 가장 적합하다고 할 수 있다. 이진 탐색은 리스트의 중앙에 있는 키 값을 조사하여 찾고자 하는 레코드가 왼쪽 또는 오른쪽 부분 리스트에 있는지를 알아내어 탐색의 범위를 반으로 줄인다. 이러한 방법에 의해 매 단계에서 검색해야 할 리스트의 크기를 반으로 줄일 수 있다. 이진 탐색을 이용하여 10억 명의 정렬된 리스트에서 특정한 이름을 찾기 위해서는 단지 30번의 검색이면 충분하다. 순차탐색에서는 평균 5억 번의 비교가 있어야 됨을 알아야 한다.

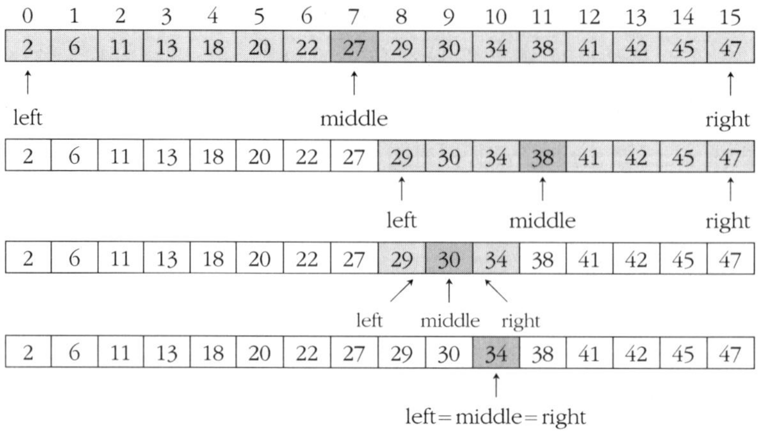

이진 탐색을 적용하려면 탐색하기 전에 리스트가 반드시 정렬되어 있어야 한다. 따라서 이진 탐색은 잦은 데이터의 삽입이나 삭제 시에는 적합하지 않고 주로 데이터의 탐색이 자주 발생하는 경우에 적합하다. 또 이진 탐색은 배열의 구조에서는 매우 적합하지만 연결 리스트 상에서는 적용되기 어렵다.

(출처 : http://bk21.sch.ac.kr/professor/p_introduce/pro_html/kong/data_structure03.xml)

2.3.1.3 이진 탐색 트리(binary search tree)

배열 표현을 사용한 이진 탐색은 삽입과 삭제가 자주 발생하면 삽입/삭제될 때마다 평균적으로 (n/2)번 정도 자료 간의 이동이 이루어진 후 탐색이 가능하다는 단점이 발생한다. 따라서 삽입과 삭제가 자주 발생해도 자료 간의 이동이 불필요한 연결 리스트 표현을 사용하여 이진 탐색을 수행하는 이진 탐색 트리가 필요하게 된다. 이진 탐색 트리는 다음과 같은 성질을 만족하여야 한다.

① 이진 트리의 정의를 만족하여야 한다.

② 이진 탐색 트리의 왼쪽 서브트리의 모든 노드의 킷값은 근노드의 킷값보다 작아야 한다.

③ 이진 탐색 트리의 오른쪽 서브트리의 모든 노드의 킷값은 근노드의 킷값보다 커야 한다.

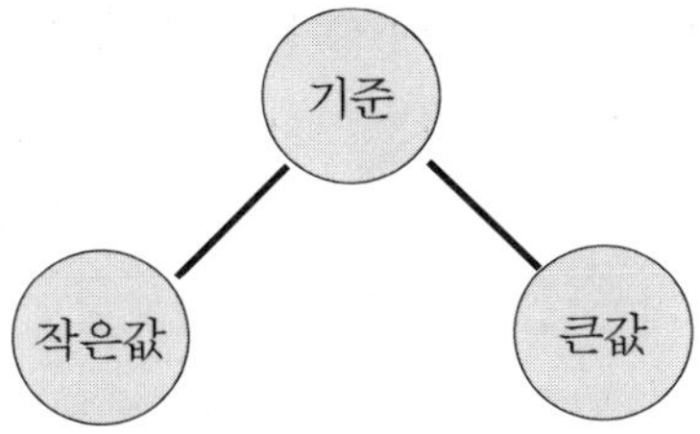

이렇게 트리를 구성함으로써 찾으려는 대상을 빠르게 찾을 수 있다. 이진 검색 트리는 실제로 탁월한 검색 속도를 보여주기 때문에 상용 데이터베이스의 엔진 모듈에도 많이 사용되는 검색 알고리즘이다.

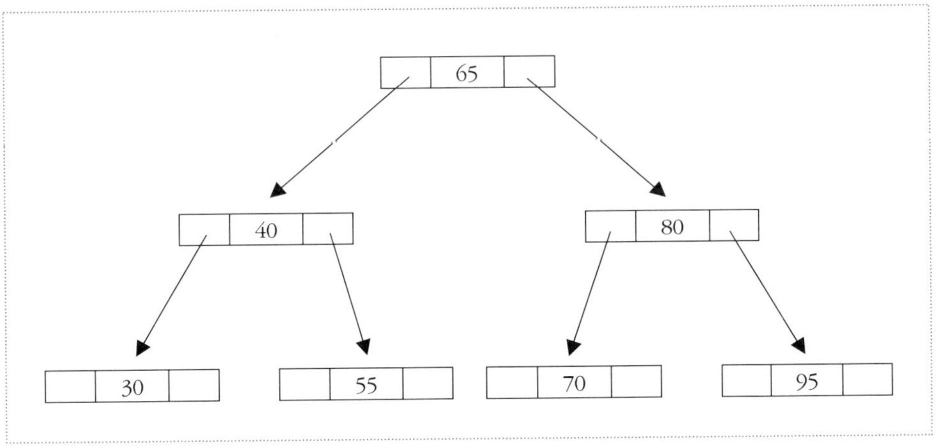

그림 2-13 | 이진 탐색 트리의 성질을 만족하는 이진 트리 예

▶ 이진 탐색 트리 알고리즘

① 루트부터 시작하여 새로 삽입된 노드가 연결될 위치를 찾는다.
- 비교되는 노드의 값보다 삽입될 값이 크면 오른쪽 자노드로 이동한다.
- 비교되는 노드의 값보다 삽입될 값이 작으면 왼쪽 자노드로 이동한다.
- 리프 노드까지 내려오면 위치 찾기를 중지한다.

② 새로운 노드를 추가하기 위해 메모리를 할당하고 해당 위치를 연결한다.

③ 새로운 노드에 데이터를 저장하고 리프 노드가 되었으므로 왼쪽과 오른쪽 자노드에 대한 링크를 NULL로 초기화 한다.

이진 탐색 트리는 이진 탐색과 같이 O(1) 시간에 빠르게 접근이 가능한 주 기억장소에서의 탐색이 효율적이며 디스크나 테이프 매체에서는 부적합한 탐색 방법이 된다. 그리고 이진 탐색 트리의 알고리즘이 삽입과 삭제에 있어서 배열 내에서 자료의 이동이 줄어든다는 장점은 있으나 삽입과 삭제가 자주 발생하면 불균형된 이진 탐색 트리로 변화되어 탐색 속도가 현저하게 늘어나게 되며, 최악의 경우에는 사향 이진 트리로 생성되어 탐색 속도가 O(n)이 될 수 있다. 불균형된 이진 탐색 트리는 균형 이진 탐색 트리에 비하여 탐색 속도 및 삽입과 삭제 조작에 대한 갱신 속도가 늘어나게 되기 때문에 가능한 한 이진 탐색 트리는 왼쪽과 오른쪽 서브트리의 균형이 유지되어야 하는데 균형 이진 탐색 트리를 생성하여 탐색 성능을 개선하기 위해 AVL(Adelson-Velskii & Landis)트리, B-tree (Balanced tree) 등의 발전된 이진 탐색 트리 알고리즘들이 연구되고 있다.

▶ 이진 탐색 트리의 검색

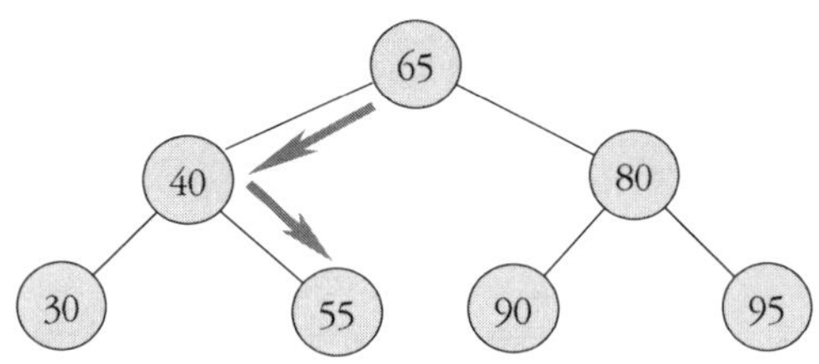

① 루트부터 비교한다. 55는 65보다 작으므로 왼쪽 자노드인 40으로 이동한다.
② 55는 40보다 큰 값이므로 오른쪽 자노드인 55로 이동한다.
③ 찾으려고 하는 44를 55을 찾게 된다. 세 번의 비교와 이동만으로 검색에 성공할 수 있다.

▶ 이진 검색 트리 검색 알고리즘

① 먼저 찾고자 하는 노드의 키값과 근노드의 키값을 비교하여 일치하면 탐색을 완료하며, 키값보다 작으면 왼쪽 서브트리로 이동하고, 키값보다 크면 오른쪽 서브트리로 이동한다.
② 왼쪽 또는 오른쪽으로 이동한 자식 노드를 근노드로 간주하여 ①의 과정을 반복 수행하다보면 원하는 키값을 찾는 경우와 이동용 포인터가 NULL이 되어 찾는 키가 없는 경우로 나뉘어 수행이 완료된다.

2.3.1.4 AVL 트리

높이 균형 트리(Hieght-Balanced Tree)라고도 부르며, 탐색 시간을 줄이기 위해서 좌, 우측 부 트리의 높이가 1 이상 차이가 나지 않도록 균형을 유지해 주는 이진 트리로 동적 탐색 트리(Dynamic Search Tree)이다.

탐색 시 비교 횟수가 작고, 노드 삽입 시 트리의 균형이 크게 변하지 않는 성질을 만족하는 트리이다. T가 좌측과 우측 부트리인 TL과 TR을 가진 이진 트리라 할 때 아래의 조건을 만족하면 T는 높이가 균형을 이룬다.

▶ AVL 트리의 조건

TL과 TR의 높이가 균형을 이루며
|HL−HR| ≤ 1 (H_L, H_R은 T_L과 T_R의 높이)

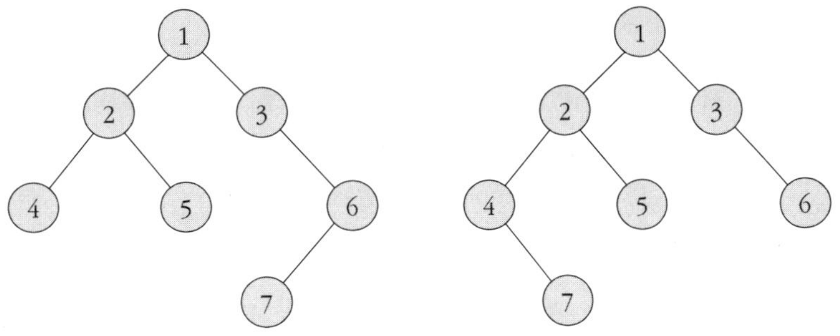

AVL 트리인 경우 / AVL 트리가 아닌 경우

▶ AVL 트리의 구성 과정

높이 균형 트리를 구성하는데 있어서, 각 노드에 그 노드의 좌측, 우측 부트리 사이의 높이차를 나타내는 균형 인수(Balance Factor : BF)를 두어 어떠한 노드에 대해서도 BF는 −1, 0, +1 중의 한 개의 값을 취하여 만약 BF가 ±2가 되면 진행이 되지 않기 때문에 다음 4가지 회전을 수행해서 균형을 맞도록 유지한다.

- LL : 삽입된 새 노드 X는 X에 가장 가까운 조상 노드 A의 좌측 부트리의 좌측 부트리에 삽입한다.
- LR : X는 A의 좌측 부트리의 우측 부트리에 삽입한다.

– RR : X는 A의 우측 부트리의 우측 부트리에 삽입한다.

– RL : X는 A의 우측 부트리의 좌측 부트리에 삽입한다.

(http://internet512.chonbuk.ac.kr/project/datastructure/Search/AVL/avl.html)

2.3.1.5 m–원 탐색트리(이진 탐색 트리의 확장된 형태)

색인을 효율적으로 조직하기 위해서는 이진 검색 트리나 이진 검색 트리의 높이를 균형화한 AVL 트리의 검색 길이보다 더 적은 검색 길이를 갖는 트리 구조가 요구되는데 m–way 탐색 트리는 각 노드가 2개의 자노드만 갖는 이진 탐색 트리를 일반화하여 각 노드가 m개의 자노드를 갖는 트리로, m개의 자노드를 갖게 되면 트리의 차수(m)가 높을수록 메모리는 많이 차지되나 트리의 깊이는 낮아져 탐색 속도가 빨라진다. 또한 메모리를 많이 차지하게 되는 점은 용량이 크고 값이 싼 보조기억장치의 활용으로 충분히 해결이 가능하다.

▶ m–원 탐색 트리의 조건

① 트리의 차수(m)가 3 이상이고 균형을 이루고 있어야 하며

② 각 노드의 서브트리 역시 m–way 탐색 트리여야 하며

③ 한 노드가 최대 m개의 자노드를 가지므로 키 값은 최대 m–1개를 가질 수 있고

④ 각 노드가 최대 m–1개의 키 값을 가지므로 트리의 높이(깊이)를 h라 하면 이 트리는 최대 (m^h-1)개의 키 값을 가질 수 있으며

⑤ 높이가 h인 m–way 검색트리의 노드의 최대 개수는 m^h-1(전체 키 값)/m–1(한 노드가 가지는 키 값)이며

⑥ n개의 키를 가지고 있는 경우 높이는 최소 $\log_m(n+1)$이 된다.

⑦ 각 노드의 키 값은 오름차순으로 정렬되어 있어야 하며

⑧ m–way 탐색 트리 연산 역시 이진 탐색 트리의 연산과 유사하게 수행된다.

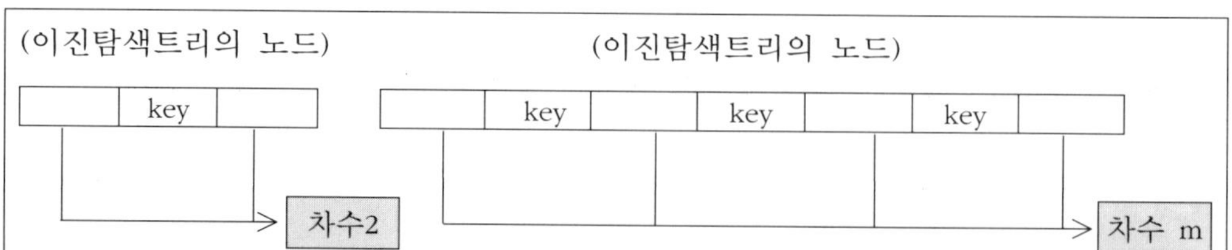

그림 2–14 이진 탐색 트리와 m-원 탐색 트리 노드의 비교

2.3.1.6 B–tree(균형된 m–원 탐색트리)

Order(차수: 자식노드의 최대 개수) m의 B-tree는 아래와 같은 특성을 갖는다.

- 루트노드는 말단노드이거나 자식을 2개에서 m개 갖는다.
- 루트노드를 제외한 모든 비말단 노드의 자식 수:

$$\lceil \frac{m}{2} \rceil \le C \le m$$

- 모든 말단 노드는 동일한 깊이에 존재한다.
- 모든 데이터는 말단노드에 저장된다.
- 구조

p1	d1	p2	d2	. .	. . .	pm-1	dm-1	pm

- p1, p2, ..., pm : 자식노드의 포인터
- d1, d2, ..., dm-1 : 은 p2, ..., pm이 가리키는 부속트리의 최소값을 표현한다.
- 모든 노드에 대해 p1이 가리키는 부속트리의 모든 데이터 값은 p2가 가리키는
- 부속트리의 모든 값보다 작다.
- 말단노드는 실제의 데이터 값 또는 키 값을 포함한 레코드의 주소값을 간직할 수 있다.
- B-tree는 여러 변형된 형태가 존재하지만 대부분 기본적인 구조는 동일하다. 말단노드의 데이터 값의 개수 C는 다음과 같다.

$$\lceil \frac{m}{2} \rceil \le C \le m$$

- 아래 그림은 차수가 4인 B-tree의 예이다.

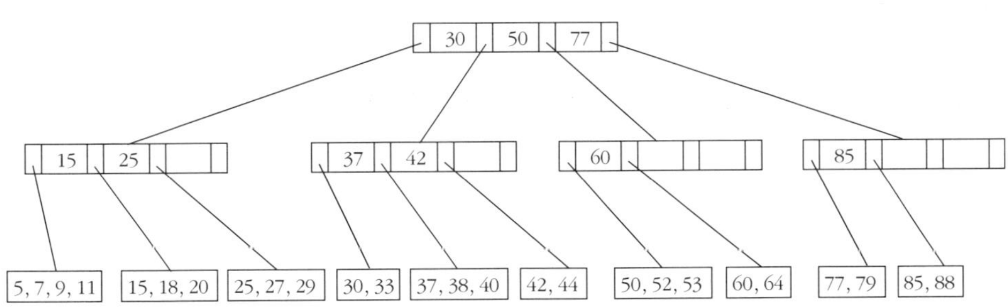

- B-tree의 삽입연산 과정을 예를 들어보자. 아래 예제에서는 차수가 3인 B-tree가 사용된다.

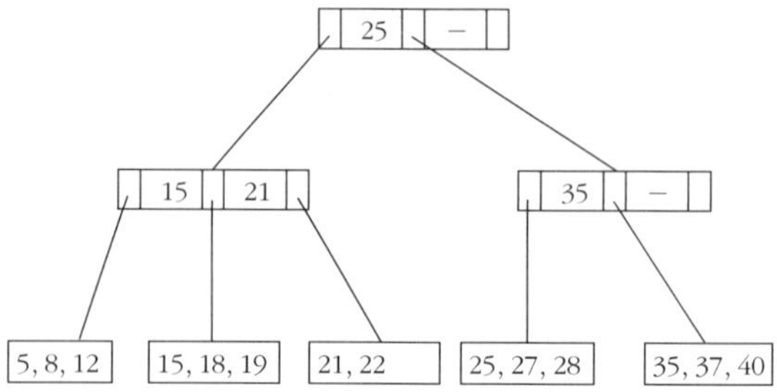

- 트리에 23을 삽입 : 23은 말단 노드에 저장되고 B-tree의 구조는 변함이 없게 된다.

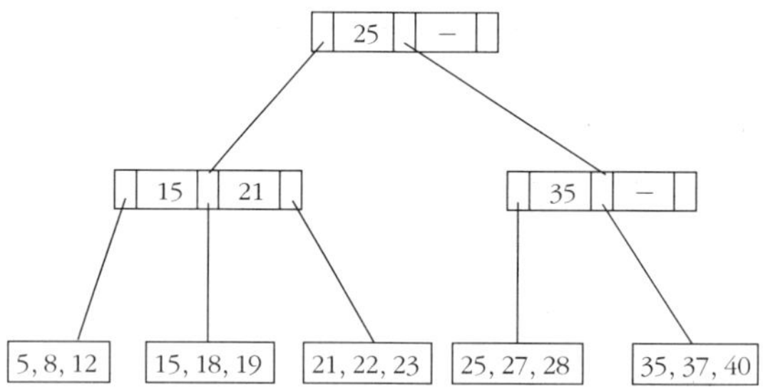

- 키 값 20을 삽입 : 노드의 분할(node split)이 이루어진다. 노드의 분할 후 2개의 말단노드에 키 값 4개(15, 18, 19, 20)을 균등히 분할하면 다음 그림과 같은 상태가 된다.
- 세 번째 말단노드(19, 20)를 가리키는 포인터를 상위노드에 저장 : 상위색인 노드의 분할이 이루어져야 한다.
- 하나의 색인 노드가 분할하면 2개의 색인노드, 각 색인 노드는 2개의 자식포인터를 갖는다.
- 이러한 노드분할은 루트노드까지 거슬러 올라가면서 진행되거나, 또는 2개의 자식노드만 갖는 노드를 중도에 만날 때까지 진행된다.

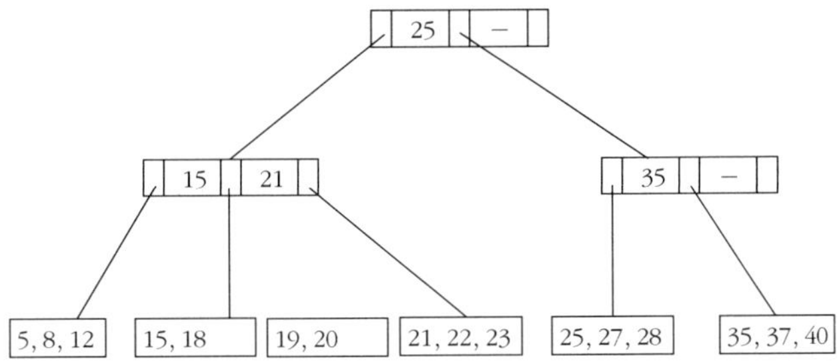

- 아래 그림은 색인노드가 분할한 뒤에 말단노드 2개씩을 자식포인터로서 갖도록 재구성한 결과이다.
- 루트노드는 분할할 필요가 없다.

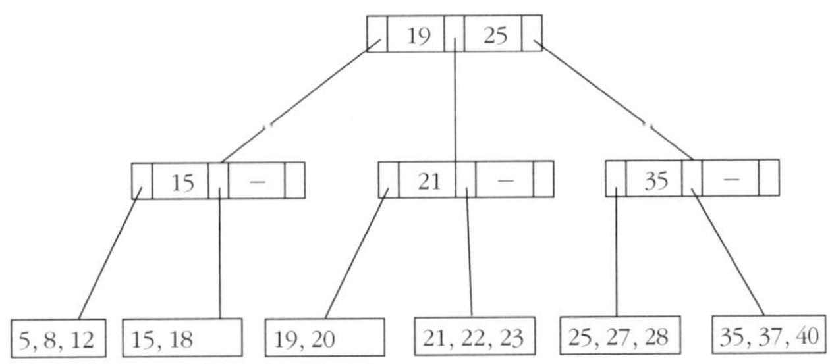

- 다음 그림은 45를 삽입하고 30을 삽입한 뒤의 상태를 보여준다.
- 45가 삽입된 후 말단노드 분할 후 상위노드의 구조에 변화가 없으나, 30을 삽입했을 때 말단노드의 분할과 상위노드의 분할이 일어난다.

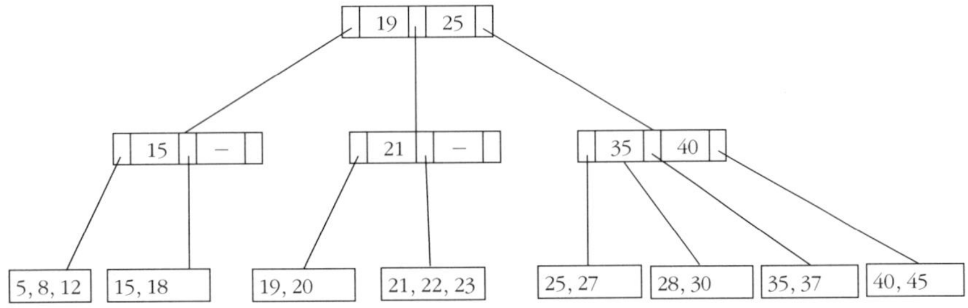

- 분할된 색인노드를 상위의 루트노드에 연결하기 위한 공간이 부족하므로 루트노드 역시 분할되어야 한다.
- 루트노드의 분할 역시 다른 색인노드의 분할과 동일한 방식으로 이루어진다.

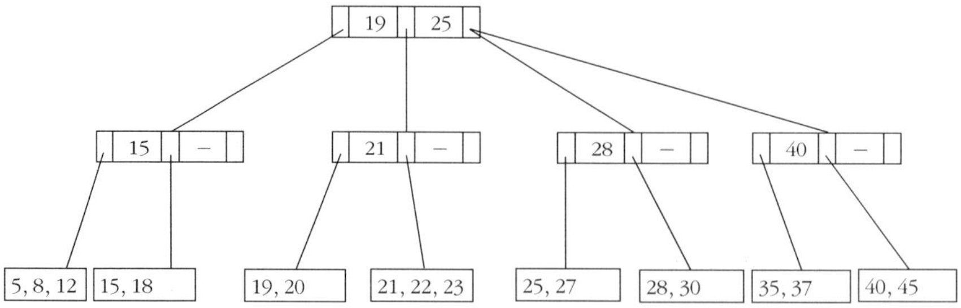

- 아래 그림은 루트노드가 분할된 뒤의 B-tree의 구조를 보여준다.
- 이러한 방식은 B-tree의 높이가 증가되면서 많은 데이터를 저장할 수 있게 된다.
- 노드 분할은 루트노드까지 거슬러 올라가면서 계속되거나 중간에 하나의 키 값만 을 가진 노드를 만나면 중단된다.

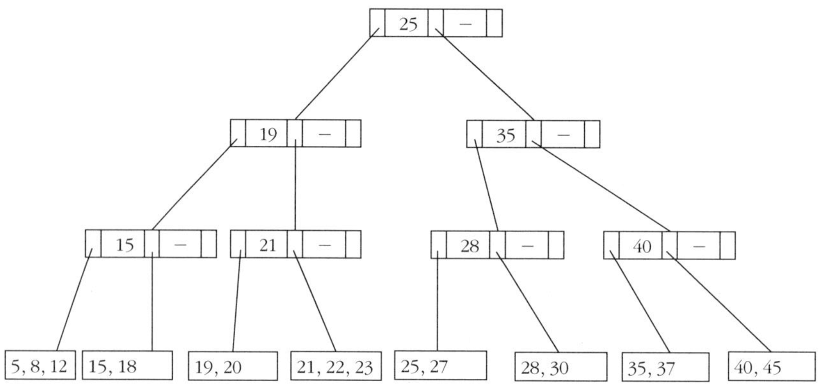

수업에서의 알고리즘 활용

세부 활동 내용

도서관에서 책을 찾는 것처럼 여러 가지 자료 중에서 특정한 자료를 찾는 것을 검색이라고 한다. 다시 말해 검색이란 특정한 구조로 구성되어 있는 자료의 집합에서 원하는 자료를 찾아내는 것이다.

동기유발

① 11명이 한 팀이다. 11명 중 한 명의 술래를 정한다.
② 술래의 눈을 가리고 나머지 10명 중 한 사람을 X-맨으로 정한다.
③ 술래는 다음과 같은 조건하에 X-맨이 누구인지 찾아낸다.

찾을 조건

1단계 : 아무 조건 없이 찾아본다.
2단계 : X-맨의 키는 '◉ cm' ~ '◉ cm' 사이이다.
3단계 : X-맨의 성은 '◉' 이다.

단계별 조건을 제시할 때마다 X-맨을 찾기가 쉬울 것이다. 이 활동으로 본시활동의 동기 부여가 될 것이다.

첫 번째 활동

▶ 선형 검색

활동의 구체적인 내용은 다음과 같다.

① 아동 두 명을 한 쌍으로 구성한다. 한 사람은 [활동양식지1A], 다른 한 사람은 [활동양식지1B]를 가진다. 단, 상대방에게 자기의 활동양식지를 보여주면 안 된다.
② 각자 자신이 가지고 있는 활동양식지의 비행기 중 하나를 정하고 그 비행기의 번호를 상대방에게 말한다.
③ 상대방으로부터 들은 번호를 가진 비행기가 어느 나라 것인지 짐작한다. 짐작한 비행기의 나라를 말한다.
④ 말한 비행기의 나라와 비행기의 번호가 일치하면 점수표에 동그라미와 그 비행기 칸에 번호를 적고 일치하지 않으면 점수는 없이 정확한 비행기 나라를 상대방으로부터 다시 듣고 해당 번호를 적는다.

이 활동은 전혀 정렬이 되어 있지 않기 때문에 논리적인 추측은 없이 단순히 처음부터 차례대로 번호를 말하던지 아니면 단순한 짐작밖에 할 수 없다.

두 번째 활동

▶ 이진 검색

첫 번째 활동과의 차이점은 주어진 비행기의 번호들이 오름차순으로 정렬되어 있다는 것이다. 활동의 구체적인 내용은 다음과 같다.

① 아동 두 명을 한 쌍으로 구성한다. 한 사람은 [활동양식지2A], 다른 한 사람은 [활동양식지2B]를 가진다. 단, 상대방에게 자기의 활동양식지를 보여 주면 안 된다.
② 각자 자신이 가지고 있는 양식지의 비행기 중 하나를 정하고 그 비행기의 번호를 상대방에게 말한다.
③ 상대방으로부터 들은 번호를 가진 비행기가 어느 나라 것인지 짐작한다. 짐작한 비행기의 나라를 말한다.
④ 말한 비행기의 나라와 비행기의 번호가 일치하면 점수표에 동그라미와 그 비행기 칸에 번호를 적고 일치하지 않으면 점수는 없이 정확한 비행기 나라를 상대방으로부터 다시 듣고 해당 번호를 적는다.

이 활동은 오름차순으로 정렬이 되어 있기 때문에 논리적인 추측이 가능하고 검색은 규칙적이며 맞힐 수 있는 확률은 더 높을 것이다.

세 번째 활동

▶ 해싱

이번 활동은 다음과 같은 규칙이 있다. 비행기의 번호를 모두 더한 후 나온 수의 끝자리와 영역의 번호와 같다는 것이다. 예를 들면 다음과 같다.

영역	나 라	비행기 번호
4	벨기에	 9014
	캐나다	 2444
	인 도	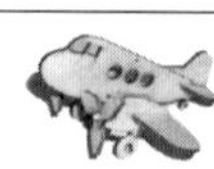 1111

그림 1

[그림 1]처럼 비행기 번호의 4자리의 숫자를 모두 더한 수의 끝자리는 4가 된다. 그러므로 4번 영역에 있는 것이다. 이와 같은 규칙은 앞의 두 활동과는 다르게 더욱더 논리적인 추측을 할 수 있다. 활동의 구체적인 내용은 다음과 같다.

① 아동 두 명을 한 쌍으로 구성한다. 한 사람은 [활동양식지3A], 다른 한 사람은 [활동양식지3B]를 가진다. 단, 상대방에게 자기의 활동양식지를 보여 주면 안 된다.
② 각자 자신이 가지고 있는 활동양식지의 비행기 중 하나를 정하고 그 비행기의 번호를 상대방에게 말한다.
③ 상대방으로부터 들은 번호를 가진 비행기가 어느 나라 것인지 짐작한다. 짐작한 비행기의 나라를 말한다.
④ 말한 비행기의 나라와 비행기의 번호가 일치하면 점수표에 동그라미와 그 비행기 칸에 번호를 적고 일치하지 않으면 점수는 없이 정확한 비행기 나라를 상대방으로부터 다시 듣고 해당 번호를 적는다.

이렇게 활동을 함으로써 알고리즘 검색에 대한 기초적인 개념을 이해할 수 있다.
그리고 앞에서 했던 활동과의 차이점에 대해 이야기하자. 더욱 더 많은 개념을 이해할 수 있을 것이다.

지도 평가의 유의점

검색에는 더 많은 개념들이 있지만 초등학교에서는 이 정도의 개념 이해만으로도 충분하리란 생각이 든다. 그리고 세 가지 활동의 공통점과 차이점에 대해서 충분히 이야기하도록 한다.

평가

이 단원에서는 알고리즘 검색의 개념에 대한 지식 평가와 알고리즘 검색의 종류를 비교, 설명할 수 있도록 응용 평가로 구성하여 평가한다.

	평 가 항 목	상	중	하
지식	1. 알고리즘 검색의 개념을 정확하게 알고 있는가?			
응용	2. 알고리즘 검색의 종류를 비교 · 설명할 수 있는가?			

토의 · 토론 주제

토의 주제
1. 알고리즘 검색을 사용하는 이유는 무엇인지 이야기해보자.
2. 실생활에서 알고리즘 검색이 쓰인 예를 찾아 이야기해보자.

지도의 실제

1차시

단계	교수 학습내용	자료 및 유의점
도입	▶ 동기유발 - X맨 찾기 게임 : 11명을 한 팀으로 하여 술래 한 명과 X맨 한 명을 정한다. : 술래는 주어진 조건에 따라 X맨을 찾는다. 학습목표 : 검색 알고리즘의 원리를 이해할 수 있다.	
전개	▶ 활동 1 - 선형 검색 ① 아동 두 명을 한 쌍으로 구성한다. 한 사람은 [활동양식지1A], 다른 한 사람은 [활동양식지 1B]를 가진다. 단, 상대방에게 자기의 활동양식지를 보여주면 안 된다. ② 각자 자신이 가지고 있는 활동양식지의 비행기 중 하나를 정하고 그 비행기의 번호를 상대방에게 말한다. ③ 상대방으로부터 들은 번호를 가진 비행기가 어느 나라 것인지 짐작한다. 짐작한 비행기의 나라를 말한다. ④ 말한 비행기의 나라와 비행기의 번호가 일치하면 점수표에 동그라미와 그 비행기 칸에 번호를 적고 일치하지 않으면 점수는 없이 정확한 비행기 나라를 상대방으로부터 다시 듣고 해당 번호를 적는다.	규칙을 정확하게 알려주어 활동하는 데 지장이 없도록 한다.

<table>
<tr><td rowspan="2">전개</td><td>▶ 활동 2
- 이진 검색
: 위와 같은 활동이지만 자료는 오름차순으로 정렬되어 있다.
- [활동양식지2A, 2B]</td><td rowspan="2">주어진 양식지 말고 아동 스스로 비행기 번호와 조건을 바꿀 수 있다.</td></tr>
<tr><td>▶ 활동 3
- 해싱
: 위와 같은 활동이지만 자료는 주어진 조건에 따라 배치되어 있다.
- [활동양식지3A, 3B]</td></tr>
<tr><td>정리</td><td>- 세 가지 활동의 공통점과 차이점에 대해 말해 봅시다.
- 어떤 것이 가장 쉬웠으며 그 이유는 무엇인지 말해봅시다.</td><td></td></tr>
</table>

참고 자료

1. 검색 알고리즘의 종류(대표적인 예)

1. 선형 검색(Sequential search)
2. 이진 검색(Binary search)
3. 이진 나무 검색(Binary tree search)
4. 균형잡는 나무 검색(Balanced search tree)
   4-1. AVL 트리
   4-2. 2-3 트리
   4-3. 2-3-4트리
   4-4. red-black tree
5. 해싱(hashing)
6. 기수검색(Radix search)
   6-1. Binary radix search
   6-2. Binary radix trie search
7. 외부검색(External search)
   7-1. ISAM
   7-2. 연장 해시
   7-3. B트리

이 중에서 초등학교에서 시노 가능한 선형 섬색, 이진 검색, 해싱에 대해서 알아보자.

(가) 선형검색

① 가장 단순한 탐색 방법

② 탐색 대상이 되는 파일에서 특정 레코드를 탐색할 때
→ 처음부터 하나씩 차례로 비교하면서 해당 키 값을 가지고 있는 레코드를 찾는 방법 -- 순차 탐색(sequential search)

③ 만약 탐색 대상이 되는 파일이 정렬이 되어 있지 않다면
→ 파일의 처음부터 끝까지 모두 비교를 해야 한다.

④ 그러나 정렬이 되어있는 경우는 탐색 조건보다 큰 키 값 이후에는 찾는 레코드가 없으므로 탐색을 중단

⑤ 파일이 정렬이 안 된 경우와 정렬이 된 경우 두 개의 알고리즘이 필요

(나) 이진검색

이진 검색은 정렬된 연속 리스트 내에서 어떤 항목을 빠르게 찾기 위한 기법이다. 즉, 찾고자 하는 키가 리스트의 앞이나 끝에서부터 순차적으로 비교되는 것이 아니라, 가운데에 위치해 있는 항목과 비교한다. 가운데에 있는 값과의 비교 결과에 따라 다음의 세 가지 중 하나를 선택한다.

① 만약 찾고자 하는 키가 비교 대상보다 작으면서, 검색해야 할 데이터가 더 남아 있다면, 비교 대상보다 작은 쪽에 남아 있는 절반의 부분에 대해 이진검색을 계속 수행한다.

② 만약 찾고자 하는 키가 비교 대상과 같다면, 바로 그 비교 대상이 찾으려는 값이므로 검색을 중단한다.

③ 만약 찾고자 하는 키가 비교 대상보다 크면서, 검색해야 할 데이터가 더 남아 있다면, 비교 대상보다 큰 쪽에 남아 있는 절반의 부분에 대해 이진검색을 계속 수행한다.

이진검색은 키가 찾아지거나, 차례로 검색될 잔여 그룹이 아주 작아질 때까지, 그 데이터를 포함하고 있는 절반의 리스트 중에서 다시 가운데 있는 항목의 값과 비교하는 일이 계속된다.

구체적인 예를 살펴보자. 다음 각 카드에는 글자가 적혀져 있고, 이것은 가나다 순서대로 정렬이 되어 있다.

표 1

1	2	3	4	5	6	7	8	9	10
가방	강아지	나비	도너츠	딸기	모자	병아리	수박	포도	햄버거

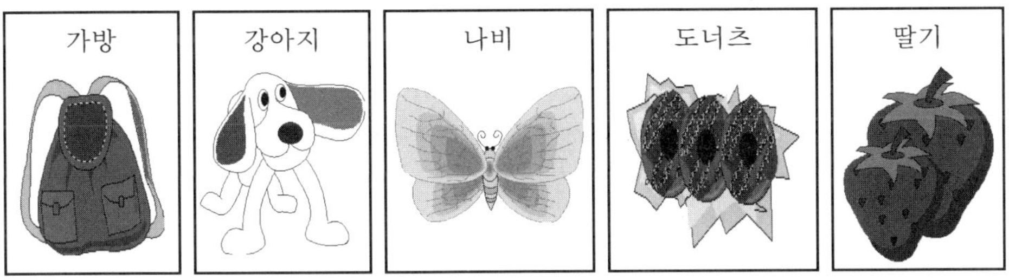

그림 2

그림 3

"수박"을 찾으라고 했을 경우, 처음부터 순서대로 하나씩 카드를 열어보았다면, 총 탐색 횟수는 8회가 될 것이다(선형 검색). 그렇지 않고, 10/2인 5번째 카드를 먼저 열어보고, 다음으로 8번째 카드를 열어보았다면, 2회 만에 찾게 될 것이다. 이렇게 남아있는 카드의 절반 부분을 검색하여 이 값을 기준으로 더 큰 값, 또는 더 작은 값의 범위로 줄여 나가는 방식을 이진검색이라고 한다.

이제, 어느 하나의 카드를 지정하는 것이 아니라, 모든 카드에 대해서 탐색 횟수를 계산해 본다. 모든 값을 더하여 10으로 나눈 값이 평균 횟수가 된다. 이것을 계산해 보자

선형 검색의 경우,

표 2

1	2	3	4	5	6	7	8	9	10
가방	강아지	나비	도너츠	딸기	모자	병아리	수박	포도	햄버거
1회	2회	3회	4회	5회	6회	7회	8회	9회	10회

$$\frac{1+2+3+4+5+6+7+8+9+10}{10} = 5.5\text{회}$$

(평균 5.5회의 탐색으로 값을 찾을 수 있다)

이진검색의 경우,

표 3

1	2	3	4	5	6	7	8	9	10
가방	강아지	나비	도너츠	딸기	모자	병아리	수박	포도	햄버거
4회	3회	2회	3회	1회	4회	3회	2회	4회	3회

$$\frac{4+3+2+3+1+4+3+2+4+3}{10} = 2.9\text{회}$$

(평균 2.9회의 탐색으로 값을 찾을 수 있다)

2.3.2 키 변환에 의한 탐색 방법 (해싱 : hashing)

파일은 같은 종류의 레코드들이 모여 구성되고, 하나의 레코드는 서로 다른 여러 개의 필드들이 모여서 이루어진다. 그리고 파일은 컴퓨터 내부에서 경우에 따라서는 테이블 형태로 표현되기도 한다. 파일이나 테이블에 있는 레코드들은 키 필드에 의해 서로 구별된다. 다시 말해서 레코드의 키 필드는 레코드마다 서로 다른 고유의 값을 지니는 필드이다.

해싱(hashing)이란 레코드가 테이블에 저장되어 있을 때 레코드의 키 값을 주면, 이 키 값을 어떤 수학적 함수에 의하여 테이블의 주소로 변환시켜서 원하는 레코드를 탐색하는 것을 말한다. 이와 같이 레코드의 키 값을 테이블의 주소로 변화시키는 수학적 함수를 해싱 함수라고 한다. 그리고 레코드들이 테이블 형태로 저장되어 해싱 함수에 의해 접근, 호출될 때 우리는 이 테이블을 해싱 테이블이라고 한다.

해싱 테이블과 해싱 함수를 사용하여 레코드들을 저장하고 탐색하는 이유는 원하는 레코드의 탐색시간이 테이블의 크기(다시 말해 파일의 크기)에 관계 없이 상수 시간으로 일정하며, 새로운 레코드의 삽입과 삭제, 그리고 레코드의 수정과 같은 해싱 테이블의 연산이 빠르고 쉽기 때문이다. 이러한 부호 테이블은 부호로 주어진 이름과 이름에 대한 여러 가지 특성들을 테이블 형식으로 나타낸 것을 말한다.

〈부호 테이블〉

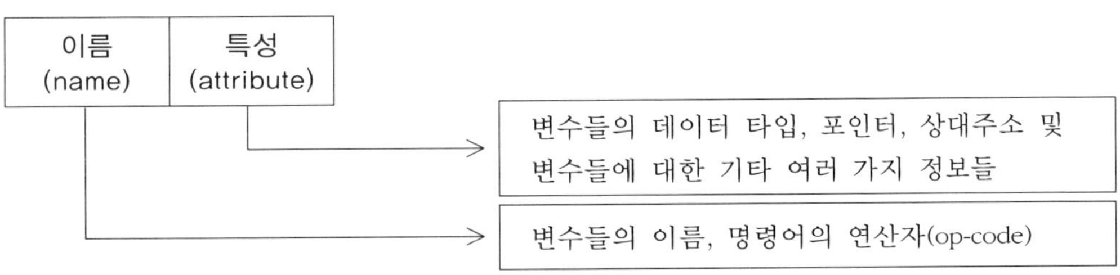

▶ 해싱 함수

키의 전체집합을 U라 하고 해시 테이블을 T[0..m−1]이라 할 때 해시함수 h는 다음과 같이 킷값을 테이블 주소로 변환하는 함수이다.

$$h : U \rightarrow \{0, 1, \cdots, m-1\}$$

키 k에 대한 h(k)를 해시값이라 한다.

바람직한 해시 함수는 쉽게 계산할 수 있어야 하고 U의 각 키를 m개의 위치에 균등하게 사상시킬 수 있어야 한다. 각 키가 나타날 확률을 알 수 있다면 그 확률에 따라 해시 함수를 만들 수 있지만 보통은 그 확률을 알 수가 없다. 일반적으로 취할 수 있는 접근 방법은 킷값이 균등하게 분포된다고 가정할 때에 U의 각 키가 [0..m-1]에 균등하게 사상되도록 하는 것이다. 대표적인 방법으로는 나눗셈법이 있다.

대부분은 해시 함수는 전체집합이 자연수의 집합 {0, 1, 2, …}이라고 가정한다. 따라서 자연수가 아닌 키는 자연수로 바꾸는 방법이 마련되어 있어야 한다. 예를 들어 키가 문자열이라면 이를 알파벳의 크기를 진법으로 하여 자연수로 바꾸어야 한다.

① 나눗셈(division)법

나눗셈 방법은 간단한 방법으로서, 정수인 키 값을 해싱 테이블의 크기로 나누어서 그 나머지를 택하는 방법이다. 즉, 키 값이 K, 해싱 테이블의 크기를 H라고 하면 h(K) = K mod H이다. 보통은 H를 소수(prime number)로 하는 경우가 많으며, 나눗셈 방법은 키에 대하여 별로 사전정보가 없을 때 사용된다. 연구결과에 의하면 H를 20보다 적은 소수 (2, 3, 5, 7, 11, 13, 17, 19)로 된 인수를 갖지 않는 자연수로 하는 것이 바람직하다고 한다. 그 까닭은 주어진 키 값에 관계없이 균등한 주소를 계산하며 다음 절에서 설명할 충돌 가능성이 줄어들기 때문이다. 따라서 이 방법에서 해싱 함수는 다음과 같이 주어진다.

$$F_D(X) = x \ \% \ M$$

여기서 M은 해싱 테이블의 크기이며 %는 나머지 연산자(modulus operator)이고, 해싱 함수 $F_D(X)$는 0에서 M-1까지의 해싱 테이블의 주소를 계산한다.

② 중위 제곱(mid-square)법

킷값을 제곱한 후에 그 제곱값의 중간에서 적당한 몇 개의 자릿수를 취하여 해시 주소로 사용하는 방법이며, 제곱수의 중간 자릿수들이 몇 개가 동일하게 구성되어 있을 경우에도 각각 다른 해시 주소를 갖게 될 확률이 높다. 해시 주소로 사용되는 자릿수의 수는 해시 테이블의 크기에 의존하며, 이 방법을 사용하면 해시 테이블의 크기는 2의 거듭 제곱수가 되어야 한다. 예를 들어 키 값을 제곱하여 가운데 부분 r 비트를 택한다면, 테이블의 크기는 2^r이 된다.

③ 접지(folding)법

접지법은 키를 일정한 부분으로 나눈 후 각 부분을 접어서 접혀진 부분들의 수치를 더하여 해시 주소로 사용하는 방식으로서 키 값을 일정한 자릿수 단위로 나누어 각 분할된 부분을 오른쪽 끝을 맞추어 더한 값을 해시 주소로 삼는 이동 접지(shift folding)와 각 부분의 경계선을 접어 정렬한 후 더한 값을 해시 주소로 삼는 경계 접지(boundary folding)법이 있다.

④ 기수변환(radix conversion)법

주어진 키값을 어떤 특정한 진법의 수로 간주하여 다른 진법으로 변환시켜 해시 주소를 계산하는 방식이다. 예를 들어, 킷값 $(12345)_{10}$을 16진수로 보고, 그 값을 10진수로 변환하면 $(12345)_{16} \rightarrow (74565)_{10}$이 된다. 이를 크기가 1000인 해시 테이블에 저장한다고 가정하면 하위 3자리만 선택하여 565를 취하여 해시 주소로 사용한다.

⑤ 숫자 분석(digit analysis)법

키 내에서 각 자리별로 분포를 파악하여 분포가 비교적 고른 자리부터 필요한 자리만큼 택하여 키의 해시 주소로 사용하는 방법이다. 간단하다는 장점이 있는 반면, 미리 키들의 특성과 분포를 파악해야 하는 어려움이 있으며, 킷값의 삽입과 삭제가 자주 일어나는 경우에는 부적합하다. 또한, 충돌이 빈번히 발생할 가능성이 잦아 오버플로우를 야기하기도 한다.

⑥ 대수적 코딩(algebraic coding)법

키 값의 각 숫자를 어떤 다항식의 계수로 간주하여 계산한 후 계산된 결과를 버킷의 크기로 나눈 나머지 값을 해시 주소로 사용하는 방식이다.

⑦ 난수(random)법

난수를 발생시켜 해시 주소로 사용하며, 충돌이 발생하면 그 다음 난수를 발생시켜 해시 주소로 사용하는 방식이다.

해싱

이번 활동은 다음과 같은 규칙이 있다. 비행기의 번호를 모두 더한 후 나온 수의 끝자리와 영역의 번호와 같다는 것이다. 예를 들면 다음과 같다.

영역	나 라	비행기 번호
4	벨기에	 9014
	캐나다	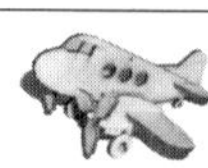 2444
	인 도	 1111

그림 1

[그림 1]처럼 비행기 번호의 4자리의 숫자를 모두 더한 수의 끝자리는 4가 된다. 그러므로 4번 영역에 있는 것이다. 이와 같은 규칙은 앞의 두 활동과는 다르게 더욱더 논리적인 추측을 할 수 있다. 활동의 구체적인 내용은 다음과 같다.

① 아동 두 명을 한 쌍으로 구성한다. 한 사람은 [활동양식지3A], 다른 한 사람은 [활동양식지3B]를 가진다. 단, 상대방에게 자기의 활동양식지를 보여주면 안 된다.
② 각자 자신이 가지고 있는 활동양식지의 비행기 중 하나를 정하고 그 비행기의 번호를 상대방에게 말한다.
③ 상대방으로부터 들은 번호를 가진 비행기가 어느 나라 것인지 짐작한다. 짐작한 비행기의 나라를 말한다.
④ 말한 비행기의 나라와 비행기의 번호가 일치하면 점수표에 동그라미와 그 비행기 칸에 번호를 적고 일치하지 않으면 점수는 없이 정확한 비행기 나라를 상대방으로부터 다시 듣고 해당 번호를 적는다.

이렇게 활동을 함으로써 알고리즘 검색에 대한 기초적인 개념을 이해할 수 있다. 그리고 앞에서 했던 활동과의 차이점에 대해 이야기하자. 더욱 더 많은 개념을 이해할 수 있을 것이다.

2.4 순서도(Flow chart)

컴퓨터에 의해 처리하고자 하는 문제를 분석하여 그 처리 순서를 단계화시켜 상호간의 관계를 일정한 기호를 사용하여 일목요연하게 나타낸 그림을 순서도라 한다.

순서도는 사무 간소화나 작업 합리화를 위해 우리 사회에 많이 사용되어 오고 있지만 특히 컴퓨터에 의해 어떤 업무를 처리하기 위해서는 이 도표가 없어서는 안될 만큼 중요시 되고 있다. 그것은 프로그램을 작성하는데 있어서 문제 해결을 위한 논리적인 순서만 완전히 수립되면 컴퓨터 언어를 이용하여 코딩하는 등의 나머지 작업은 대수롭지 않은 것이기 때문이다. 또한 프로그램의 형태는 컴퓨터 기종이나 컴퓨터 언어에 따라 다르지만 이것을 유도하는 논리적인 방식에는 차이가 없어 완성된 순서도는 모든 컴퓨터에 적용될 수 있기 때문에 순서도가 업무를 처리하는데 있어서 가장 중요한 자료가 되기도 한다. 이처럼 컴퓨터에 있어서 순서도는 프로그램을 작성하는 경우 무엇보다도 처리의 순서나 흐름이 중요하므로 이 순서도를 얼마나 잘 작성하느냐 하는 것은 곧 얼마나 우수한 프로그램이 되느냐 하는 문제 해결의 열쇠가 되는 것이다.

2.4.1 일반적인 순서도의 역할

(1) 프로그램 코딩의 기초가 된다.

전산처리 되는 업무는 대개가 복잡하여 하루 이틀에 프로그래밍이 끝나지는 않는다. 이렇게 복잡한 업무를 순서도를 작성하지 않고 직접 컴퓨터 언어를 이용하여 코딩한다는 것은 무리가 따르며, 설사 코딩이 이루어진다 해도 정확성이 없고 최대한의 능력을 발휘할 수도 없다. 이것은 초안 없이 원고를 작성하는 것과 같은 불안이 따르기 때문에 반드시 순서도에 의한 코딩이 이루어져야 한다.

(2) 타인에게 전달하기 용이하다.

이미 개발된 업무를 다른 사람에게 인계할 때나 매우 중요한 업무에서 경영자 등의 여러 인원에게 업무의 내용을 이해시킬 경우 도표로 된 순서도를 그 자료로 사용함이 다른 자료보다 이해도가 빠르고 문제 처리의 과정을 한눈에 파악할 수 있다.

(3) 디버깅(debugging)이 용이하다.

디버깅이란 프로그램이 완전한 것이 될 때까지 프로그램상에 있는 에러를 수정하는 작업으로 프로그램 작성에 있어서 가장 중요한 단계이기도 하다. 시급히 요구되는 결과표를 눈앞에 두고 에러 때문에 처리 못하는 처지를 상상만 해도 알 수 있을 것이다. 순서도는 논리적인 체계를 순서에 의해 도표로 나타낸 것이기에 언어의 규칙에 따라 코딩된 프로그램보다 정확성이 높고, 또 이해하기 빠르다는 것은 두말할 필요가 없다. 따라서 테스트 런(test run) 결과 에러가 발생할 때는 순서도를 검토 확인해서 수정하는 것이 업무 처리에 효율적이다.

(4) 프로그램 보관 시 자료가 된다.

이미 개발된 시스템을 잘 보존하기 위해서는 프로그램의 보존이 필수적으로 따라야 하는데, 이때 카드 덱(card deck)이나 테이프화 된 프로그램만을 보관하는 것은 원본이 없는 서류를 보관하는 것과 흡사하다. 그러므로 언어나 기종에 구애받지 않는 순서도를 보관하여 어떠한 경우에도 완전하도록 대처해야 한다.

이상의 순서도의 역할을 미루어 볼 때 순서도를 작성한다는 것은 프로그래밍에 있어서 가장 중요한 위치를 차지한다고 볼 수 있다.

2.4.2 순서도의 종류

컴퓨터 처리에 있어서 사용되는 순서도는 일반적으로 표시 정도의 세분도에 의하여 구분되며, 크게 시스템 플로우차트(system flowchart)와 프로그램 플로우차트(program flowchart) 두 종류로 나누어진다.

시스템 플로우차트는 자료의 흐름을 중심으로하여 시스템 전체의 작업 내용을 총괄적으로 도시한 것을 말하며 주로 시스템 분석가가 시스템 설계나 분석을 할 때에 작성된다. 프로그램 플로우차트는 시스템 전체의 작업, 즉 시스템 플로우차트 중에서 컴퓨터 처리를 하는 부분을 중심으로 자료 처리에 필요한 모든 조작의 순서를 도시한 것으로서 주로 프로그래머가 작성하게 된다.

2.4.3 순서도의 기호와 그 사용 예

2.4.3.1 순서도의 기호

순서도는 원래 프로그램 작성을 위한 안내자 역할을 하기 때문에 작성자 자신만이 이해하고 사용하는 자신의 전용물로만 생각해서는 안된다. 그러므로 자신의 작업 능률을 높이는 목적 이외에 작업에 관계되는 모든 사람이 이해할 수 있고 누구나 식별할 수 있는 일정한 기호를 사용하는 것이 좋다.

여기서는 국제 표준화 기구(International Organization for Standardization)에서 추천한 기호를 소개한다.

① 단말(terminal)

시작, 끝, 중단 등과 같은 것을 나타내는 기호이다.

② 천공 카드(punched card)

입출력 매개체가 천공된 카드임을 나타내는 기호이다.

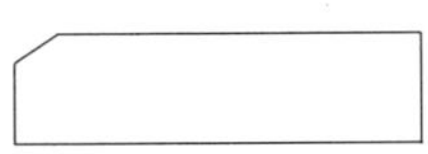

③ 입출력(input/output)

일반적인 입력과 출력 처리를 나타내는 기호이다.

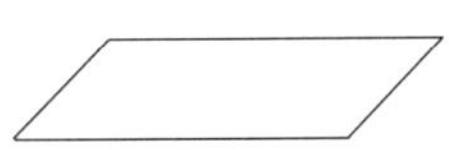

④ 서류(document)

각종 원시 데이터가 기록된 서류나 종이 매체에 출력되는 결과 및 문서화된 각종 서류를 나타내는 기호이다.

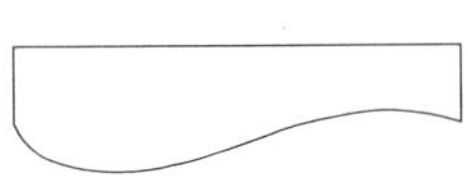

⑤ 종이 테이프(paper tape)

종이로 된 천공 테이프 매체에 의한 입력과 출력을 나타내는 기호이다.

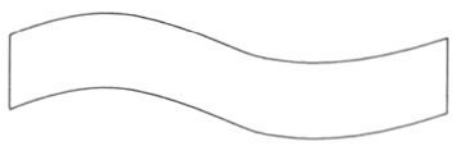

⑥ 자기 테이프(magnetic tape)

자기 테이프 매체에 의한 입력과 출력을 나타내는 기호이다.

⑦ 자기 디스크(magnetic disk)

자기 디스크 매체에 의한 입력과 출력을 나타내는 기호이다.

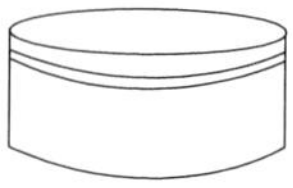

⑧ 자기 드럼(magnetic drum)

자기 드럼 매체에 의한 입력과 출력을 나타내는 기호이다.

⑨ 디스켓(diskette)

지정된 작동, 각종 연산, 값이나 기억 장소의 변화, 데이터의 이동 등 모든 처리를 나타내는 기호이다.

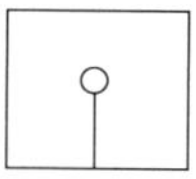

⑩ 처리(process)

지정된 작동, 각종 연산, 값이나 기억 장소의 변화, 데이터의 이동 등 모든 처리를 나타내는 기호이다.

⑪ 표시(display)

결과나 필요한 메시지를 온라인으로 연결된 영상표시 장치, 콘솔 등에 출력하는 것을 나타내는 기호이다.

⑫ 준비(preparation)

기억 장소의 할당, 초기값 설정 등의 준비 작업을 나타내는 기호이다.

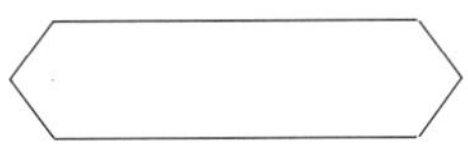

⑬ 비교 판단(decision)

주어진 조건과 비교하여 해당되는 조건을 찾아서 흐름이 결정되게 할 때 사용되는 기호이다.

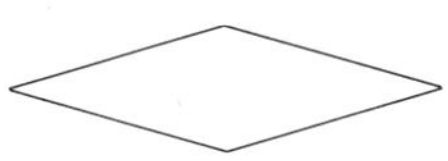

⑭ 연결(connector)

주어진 조건과 비교하여 해당되는 조건을 찾아서 흐름이 결정되게 할 때 사용되는 기호이다.

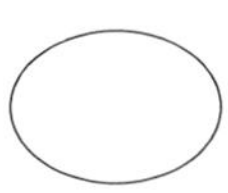

⑮ 흐름 방향(flow direction)

처리의 흐름을 표시하는데 사용되는 기호이며, 위에서 아래로 혹은 왼쪽에서 오른쪽으로가 아닌 경우 화살표가 필요하다.

· 주석(annotation)

기능을 좀 더 알기 쉽게 부가적인 설명이 필요할 때 사용되는 기호이다.

· 페이지 연결(page connector)

순서도가 다음 페이지로 연결되어 사용되고 있다는 것을 나타내는 기호이다.

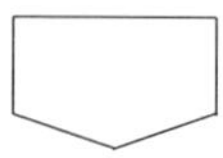

· 정의된 처리(predetermined process)

이미 다른 순서도에서 정의되고 명령된 처리 순서나 방법을 다시 처리할 필요가 없을 때 사용하는 기호이다.

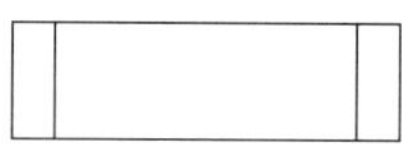

· 수작업(manual operation)

사람의 손으로 조작되는 각종 데이터 처리 작업을 나타내는 기호이다.

· 보조 작업(auxiliary operation)

중앙 연산 처리 장치의 통제를 직접 받지 않는 장치에서 행해지는 작업을 나타내는 기호이다.

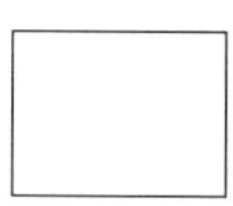

· 통신 연결(communication link)

통신을 이용한 정보의 전송 기능을 나타내는 기호이다.

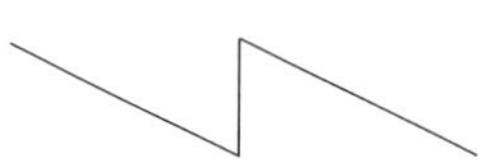

· 오프라인 저장(off-line storage)

정보나 자료를 컴퓨터 외부 저장시켜 두는 기능을 나타내는 기호이다.

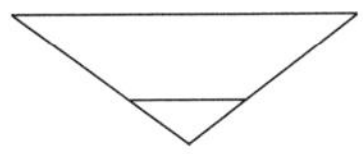

· 병합(merge)

정렬된 두 개 이상의 파일을 하나로 합치는 작업을 나타내는 기호이다.

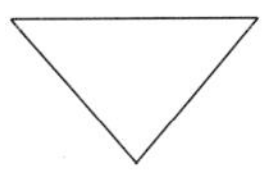

· 추출(extract)

만들어진 파일에서 필요한 부분만을 분리하여 새로운 파일을 만드는 작업을 나타내는 기호이다.

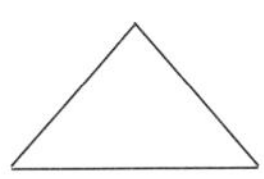

· 수작업 입력(manual input)

컴퓨터 내부에서 처리되는 중에 키보드 또는 스위치 등의 수작업 방법에 의해 필요한 정보를 넣어서 입력하는 기능을 나타내는 기호이다.

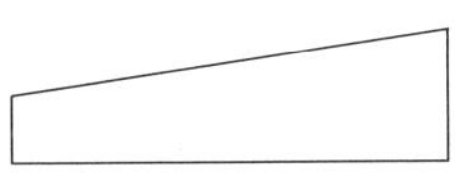

· 온라인 저장(on-line storage)

온라인으로 접근 가능한 각종 보조 기억 장치에 의한 입출력 기능을 나타내는 기호이다.

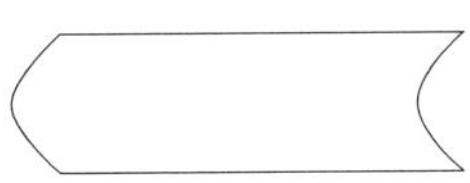

· 분류(sort)

일정한 순서없이 배열된 데이터를 일정한 기준에 따라 순서대로 배열하는 작업을 나타내는 기호이다.

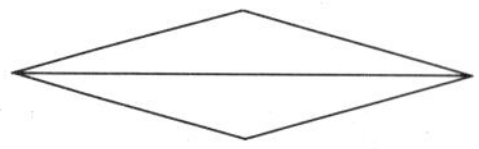

☞ **템플리트(template)자** : 순서도를 작성하는 경우 이들 기호의 규격을 통일하여 쉽게 순서도를 작성할 수 있도록 하기 위해 사용되는 자로서, 여기에는 자주 사용되는 순서도 기호가 새겨져 있다.

2.4.3.2 자주 쓰이는 순서도 기호의 사용 예

· 단말(terminal) 작업의 시작과 끝을 나타내는 기호이므로 다음과 같은 요령으로 사용된다.

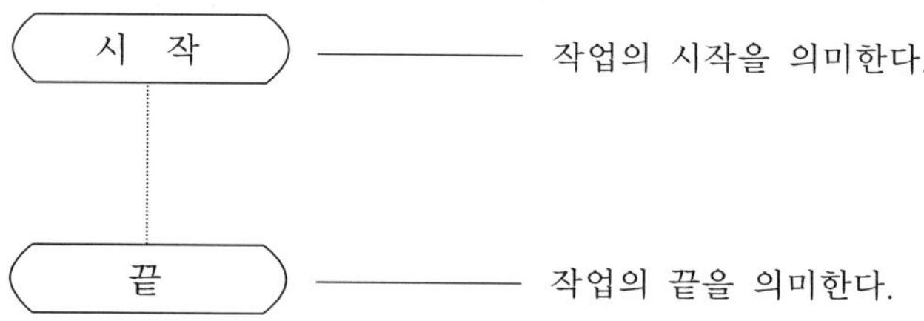

· 준비(preparation) 작업을 하기 위한 준비로 필요한 기억 장소의 확보 및 배열(array) 확보 또는 초기치를 정해주는데 사용된다.

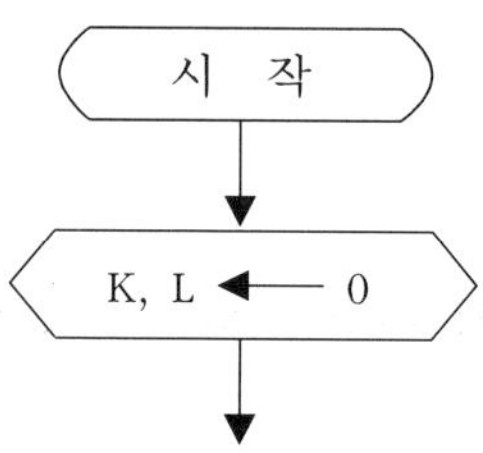

작업을 하기 위해 K라는 기억장소를 확보하고 L이라는 기억장소도 확보하는데, L의 초기치는 0이다.

- 입출력(I/O symbol)

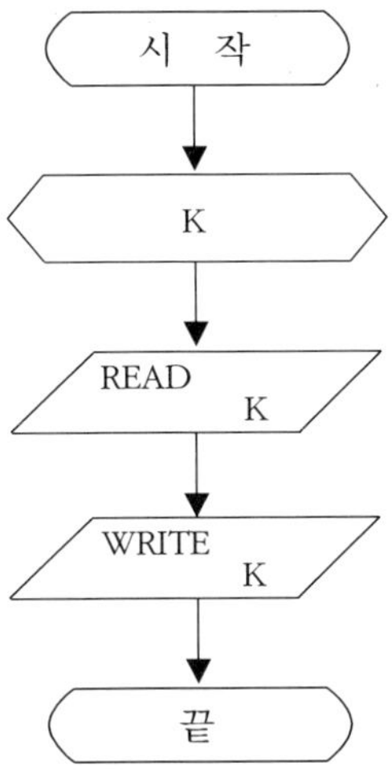

외부로부터 자료를 입력하여 기억 장소 K에 기억시키고, 기억장소 K의 내용을 출력시킨다.

- 처리(process) 자료의 이동 또는 연산 내용을 기호 내에 서술한다.

예)

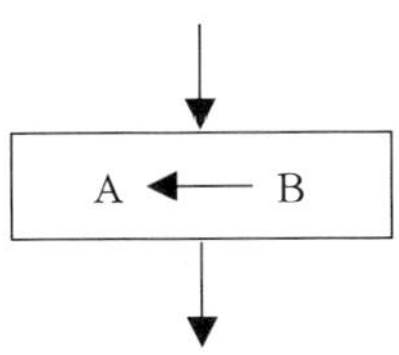

기억장소 B의 내용을 기억장소 A에 옮긴다. 이때 수행 결과 A는 B값을 갖게 되며, B의 내용은 변화되지 않는다.

- 비교 판단(decision)

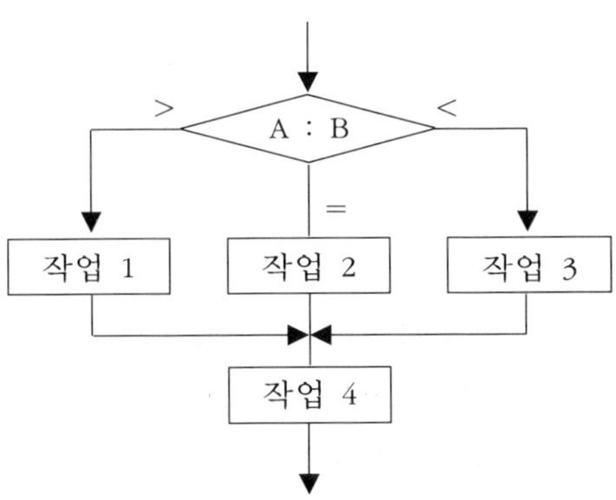

기억장소 A의 내용과 B의 내용을 비교하여
A>B이면 작업 1 후 작업 4로
A=B이면 작업 2 후 작업 4로,
A<B이면 작업 3 후 작업 4로
진행된다.

예)

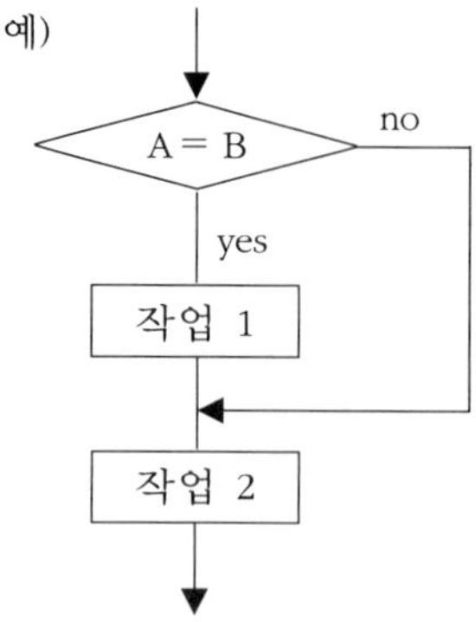

A와 B가 같으면 작업 1을 실행 후 작업 2로 가고, 같지 않으면 작업 1은 실행하지 않고 작업 2로 진행된다.

2.4.3.3 몇 가지 알아두면 좋은 사항

▶ *기억 장소 내용의 교환*

기억 장소 A의 내용과 B의 내용을 바꾸려 할 경우 예 1)의 경우는 결과적으로 A, B 모두 B의 초기치를 갖게 된다. 그 결과를 보완한 것이 예 2)와 같다.

기억 장소 A의 내용을 1씩 증가시키는 요령

예 1)

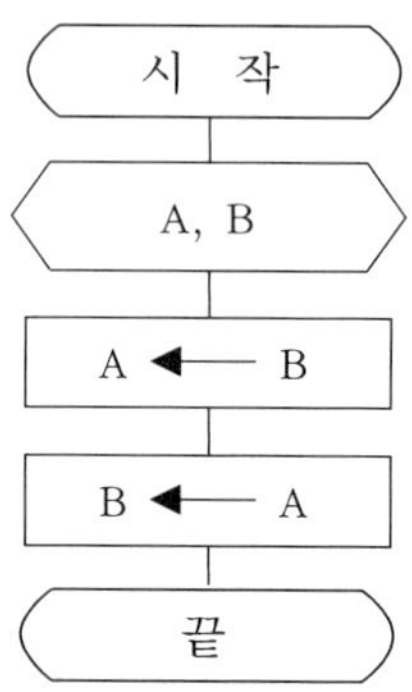

예 2)

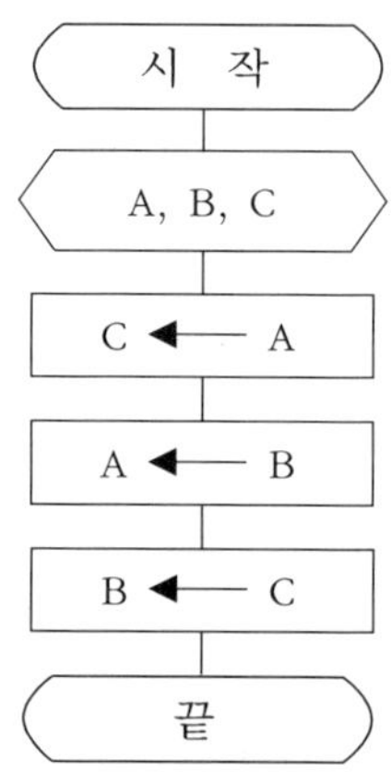

A+1의 정의는 기억 장소 A의 값과 1을 합하여 얻어진 값을 다시 기억 장소 A에 저장시킴을 의미한다. 즉 A의 값이 기존값에 비해 1 증가된 결과가 된다. 이를 반복 수행하면 A는 1씩 증가하기를 한없이 수행한다. 이를 무한 루우핑(looping)이라 한다. A가 초기치 0을 갖고 있었다면 A값은 1부터 계속 증가될 것이다. 또한 순서도는 시작과 끝이 반드시 존재해야 하기 때문에 위의 형태는 옳지 않다.

A값을 1부터 100까지 변화시키기 위한 기본 형태는 다음과 같이 보완될 수 있다.

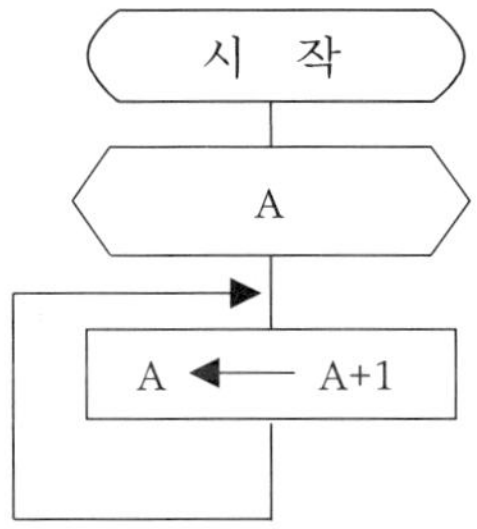

위의 순서도는 단지 A값을 변화시켜 본 것에 불과하나 변화되는 A값을 찍기 위해 출력 명령을 다음 a, b와 같이 추가했을 때 결과는 어떤가를 생각해 보자.

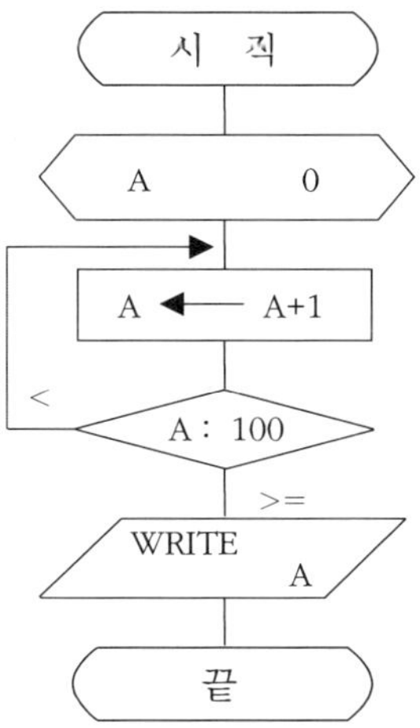

순서도 a

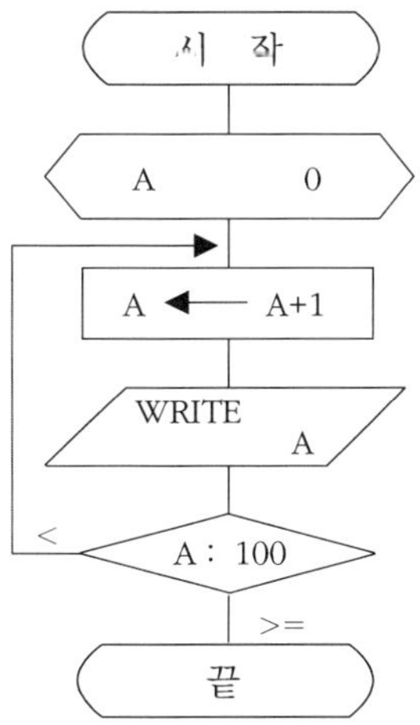

순서도 b

순서도 a에서 출력 지시는 단 1회에 국한되나 b의 경우 A값을 출력하는 명령은 조건을 만족할 때까지 반복함을 알 수 있다.

두 가지 작업의 교대 수행

지금 한 번은 작업 a를 다음번에는 작업 b를 하기를 반복하려고 한다. 다음 순서도는 조건을 만족할 때까지 이를 수행할 것이다.

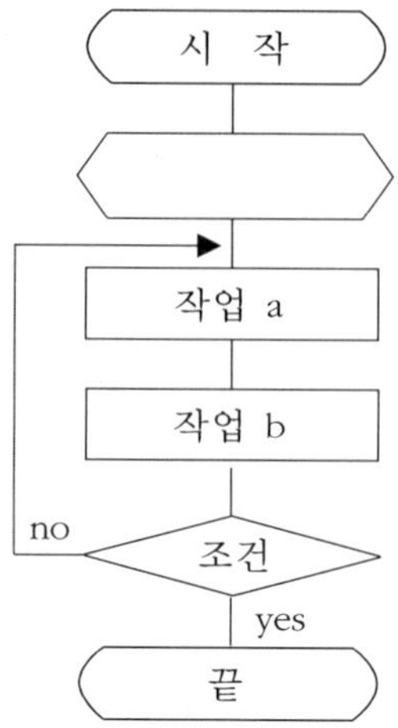

그러나 이를 수행하기 위한 다음 방식은 오히려 복잡하여도 그 기법을 알고 있으면 응용 범위는 넓힐 수 있다.

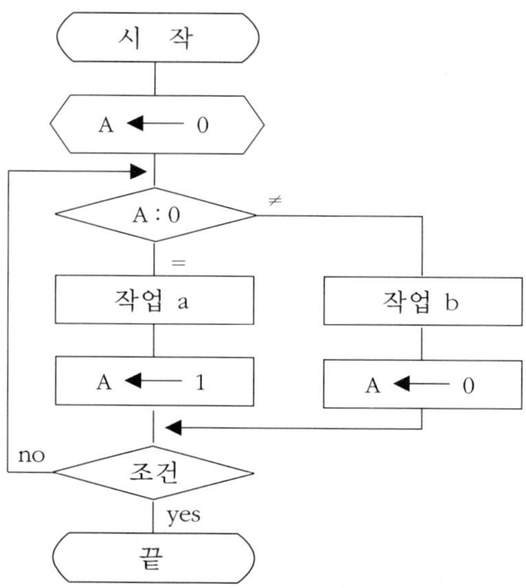

위와 같은 방식을 스위칭 방식이라고 한다.

(출처: http://contents.edu-i.org/gongmo/2000/785/deep_learn/basic/flow_mean.htm)

2.5 Alice와 알고리즘

2.5.1 Function

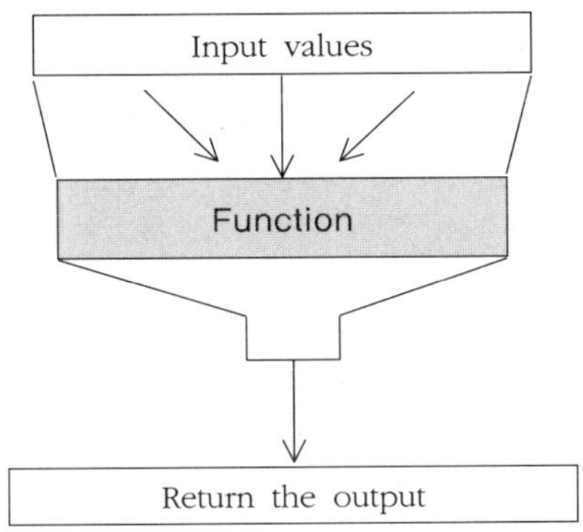

function은 argument로서 보내진 값을 받는다. 그리고 몇몇의 값을 계산하고 output으로 값을 반환한다. function은 생각하는 방식에 비추어볼 때 ATM 기계와 같이 생각할 수 있다. 당신의 bankcard나 password를 집어넣고 적절한 button을 누르게 되면 당신의 계좌 정보에 대해 보여주게 된다.

그림 2-15 | function의 작동 방식의 관점

2.5.2 IF/Else Boolean function

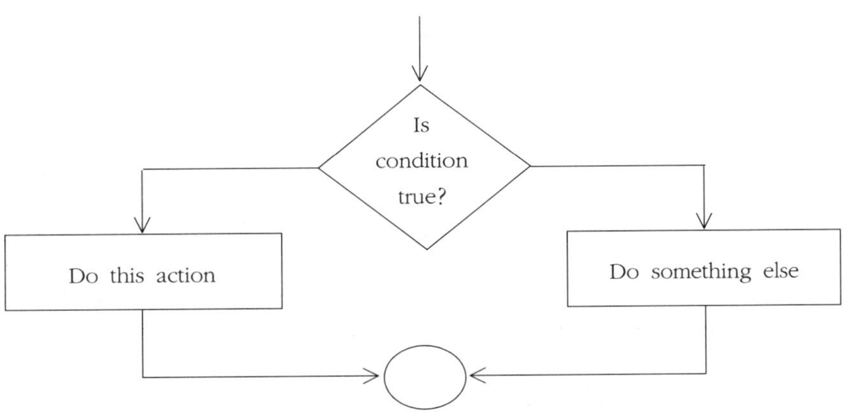

그림 2-16 | If 진술문의 과정

if/else 구문은 프로그램이 작동되고 있을 때 조건의 값에 기초하여 결정을 내릴 때 사용된다. 위의 그림은 조건이 true인지를 check하고 있다. 만약 조건이 false이면 프로그램의 분리되어진 집합이 작농된다.

▶ 〈if else문의 예〉

```
avoidCollision

Parameters : aircraftOne, aircraftTwo

If aircraftOne is avove aircraftTwo
   Do together
       aircraftOne move up
       aircraftTwo move down
Else
   Do together
       aircraftOne move down
       aircraftTwo move up
```

왼쪽의 storyboard를 해석해보면 제목은 avoidCollision이고, Parameter로는 aircraftOne과 aircraftTwo가 있다. if/else 진술문을 이용하고 있다.

만약에 aircraftOne이 aircraftTwo보다 위에 있다면 aircraftOne이 위로 올라가고 동시에 aircraftTwo가 아래로 내려온다.

그렇지 않으면(즉, aircraftOne이 aircrateTwo보다 아래에 있다면) aircraftOne은 내려가고 동시에 aircraftTwo는 올라가게 된다.

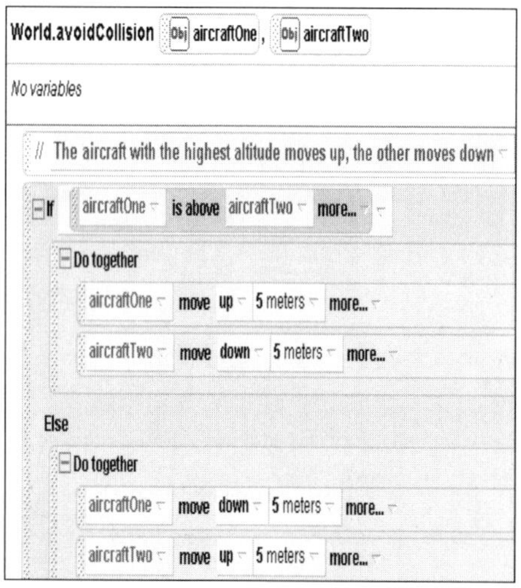

왼쪽의 그림은 IF/Else문을 Alice프로그램으로 나타낸 모습니다. 여기에서 IF 진술문은 function을 호출하게 되면 위의 aircraft가 그 다른 aircraft의 위에 있는지를 결정하게 된다. 만약 aircraftOne이 aircraftTwo의 위에 있게 되면 aircraftOne은 위로 올라가게 되고 aircraftTwo는 아래로 내려가게 된다. 만약 그렇지 않으면 그 Else part는 aircraftOne이 아래로 내려가고 aircraftTwo가 위로 올라가게 된다. 각각의 방식으로 aircraft는 또 다른 aircraft와 서로 멀리 떨어지게 된다.

그림 2-17 | The avoidCollision method

2.5.3 Loop문

Loop문

Loop 문 안에 위치한 수행할 명령을 주어진 회수만큼 반복 실행하도록 하는 반복문

Loop [반복할 회수] times
[움직임을 나타내는 행동문장]

bunny가 broccoli를 먹기 위해 뛰어 가는 동작을 표현한 왼쪽의 Alice 화면을 보면 bunny가 broccoli 쪽으로 고개를 돌린 후에 8번을 계속해서 뛰는 동작을 표현하고 있다. 물론 이렇게 코딩을 하여야 되지만 Loop문을 쓰면 더 간단하게 할 수 있다.

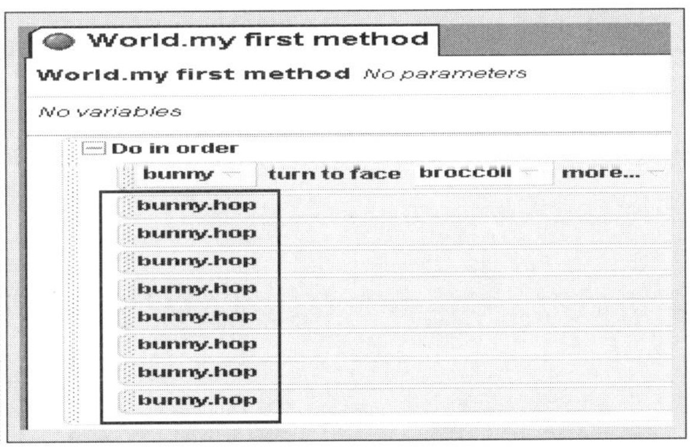

그림 2-18 Eight hops

위에처럼 8번의 똑같은 코딩을 반복하지 않고 아래의 제어타일 중에 Loop를 작업창으로 끌어와 나타나는 팝업창에서 Other...를 선택하여 적용하려는 숫자 8을 선택하면 개별적인 똑같은 코딩 8번을 일일이 하는 것과 똑같은 결과를 가져오게 된다.

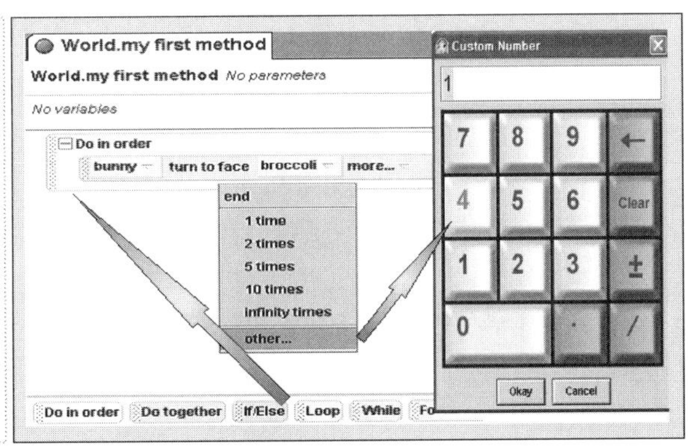

그림 2-19 Selecting a count

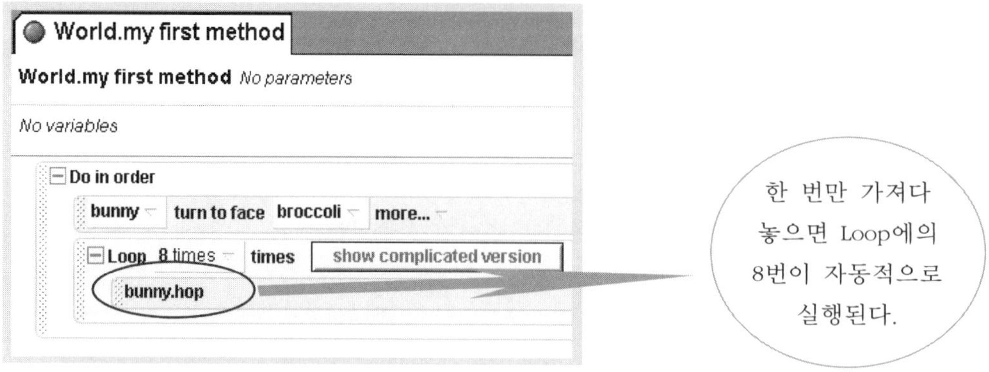

그림 2-20 Using the Loop statement to call a method repeatedly

2.5.3.1 연결된 Loop 문

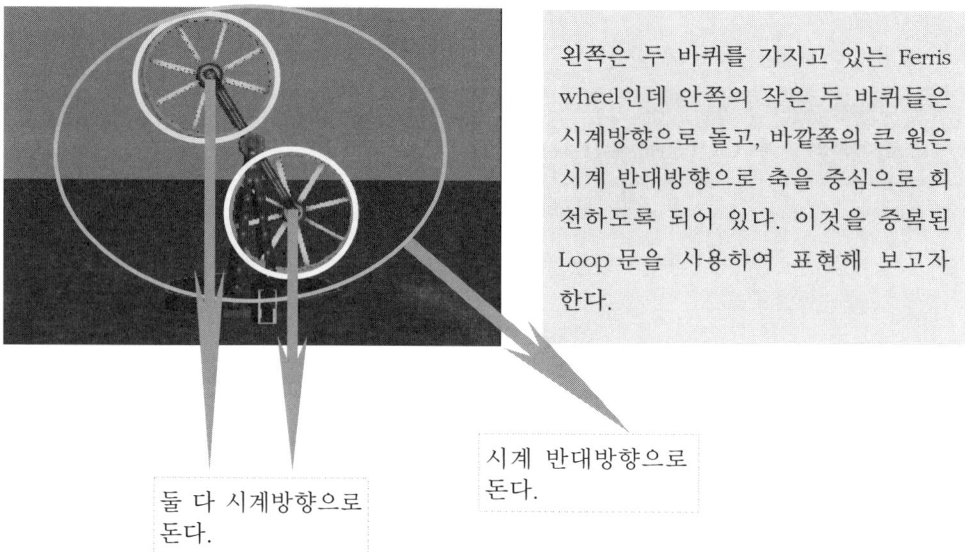

그림 2-21 Using the Loop statement to call a method repeatedly

```
Loop 10 times  times  [show complicated version]
  Do together
    ferrisWheel.doublewheel  roll  right  1 revolution  style = abruptly  duration = 2 seconds  more...
```

위의 그림은 바깥쪽의 큰 원이 회전을 하는데 2초 동안에 1번 회전하는 속도로 10번을 반복하도록 Loop문을 사용하였다.

그림 2-22 Rotating the double wheel 10times

```
Loop 2 times  times  [show complicated version]
  Do together
    ferrisWheel.doublewheel.wheel1  roll  left  1 revolution  style = abruptly  more...
    ferrisWheel.doublewheel.wheel2  roll  left  1 revolution  style = abruptly  more...
```

위의 그림은 안쪽의 두 바퀴를 두 번 회전시키기 위해 Loop문과 Do together를 사용하였다.

그림 2-23 Rotating the inner wheels two times

```
Loop 10 times  times  [show complicated version]
  Do together
    ferrisWheel.doublewheel  roll  right  1 revolution  style = abruptly  duration = 2 seconds  more...
    Loop 2 times  times  [show complicated version]
      Do together
        ferrisWheel.doublewheel.wheel1  roll  left  1 revolution  style = abruptly  more...
        ferrisWheel.doublewheel.wheel2  roll  left  1 revolution  style = abruptly  more...
```

중복적인 Loop문을 사용하여 Ferris wheel의 코딩을 완료한 모습이다.

그림 2-24 The complete code for the Ferris wheel

전체적으로 10번을 실행함.
ferrisWheel의 바깥쪽 큰 바퀴가 시계방향으로 2초 동안에 1번 회전하는 동안 ferrisWheel의 안쪽 두 개의 작은 바퀴들은 시계반대방향으로 2번을 회전하도록 한다.

2.5.4 또 다른 예들

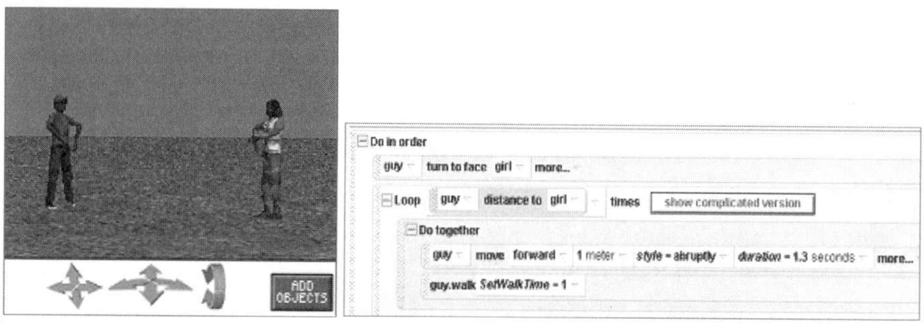

위의 그림은 Loop문의 반복 횟수를 바로 숫자로 지정하지 않고 어떤 조건에 의해서 지정한 경우이다.
남자가 여자에게서 떨어진 거리(m)에 의해서 남자가 여자에게 걸어가는 회수가 결정된다.
(예) 남자가 여자에게서 5m 떨어져 있다면 남자는 5번을 걸어가게 된다.

그림 2-25 Using a function to determine a loop count

2.5.4.1 Infinite Loop

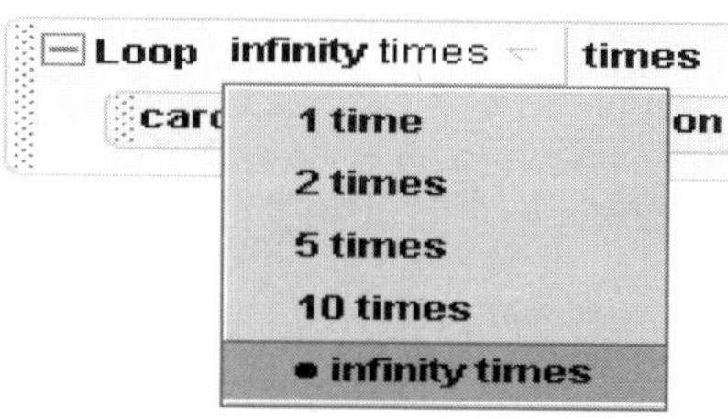

Loop문에서 infinity times를 쓰게 되면 어떤 숫자에 한정되지 않고 무한하게 실행문이 반복되게 되는 것을 말한다.

그림 2-26 Selecting infinity as the count

위의 그림은 놀이공원에서의 "회전 목마" 놀이기구의 모습인데 여기에서는 Loop문에 infinity times를 써서 무한하게 회전하도록 하도록 하였다.

그림 2-27 | Carousel in infinite motion

2.5.4.2 While문

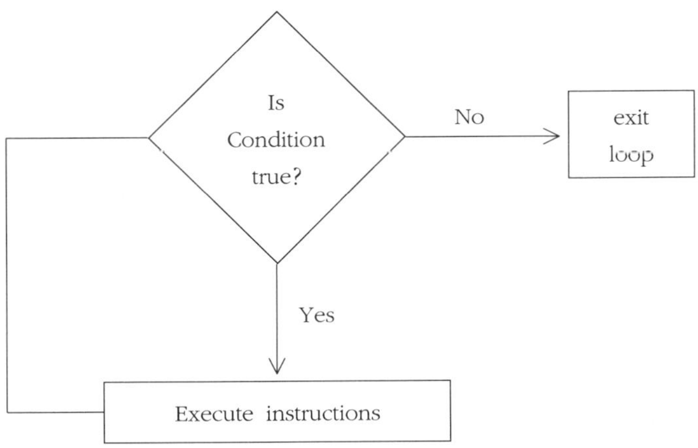

그림 2-28 | While문

위의 While문은 만약 조건이 true이면, 그 지시사항이 수행되어지고 그 조건은 다시 check되어진다. 만약 그 진술문이 여전히 true이면, 그 진술문들은 loop이내에서 반복되어진다. 만약 그 조건이 false가 되면 그 loop은 끝나고, Alice는 프로그램의 다음 진술문을 실행하게 된다. While 진술문은 우리가 loop이 얼마만큼 반복되어져야 하는지 알지 못하는 상황에 유용하다. 우리 모두가 꼭 알아야 할 필요가 있는 것은 그 loop이 반복되어질 것인지 아닌지를 결정하는 조건이다.

▶ While문의 예

```
chase
Do in order
while the goldfish is more than 0.5 meters away from the shark
        Do in order
            shark point at the goldfish
            Do together
                shark swim (toward the goldfish)
                goldfish flee (away from the shark)
shark eat (the goldfish)
```

```
swim
Do in order
   turn torso left and move forward
   turn torso right move forward
   turn torso left and move forward
```

```
flee
Do together
   wiggle tail
   move to random location
```

```
eat
Parameter : what
Do in order
   shark points at what
   shark opens jaw and moves forward
shark closes jaw
```

추적

Do in order(차례대로 실행)

goldfish가 shark로부터 0.5미터보다 더 멀리 떨어져 있으면(true를 만족할 때까지)
shark가 goldfish를 향하고 Do together(동시에 실행)
shark가 goldfish쪽으로 간다.
godlfish는 shark로부터 멀리 도망쳐간다.
→ 위의 조건이 false가 되면 shark가 goldfish를 먹는다.

2.5.4.3 Recursion 문

Recursion

Recursion은 이것을 Programming 언어로서 식별해 낼 수 있는 특별한 프로그램 진술문이 아니다. 대신에 recursion은 메서드가 자기 자신을 호출하는 것으로 잘 알려진 프로그래밍 기술이다. Recursion은 프로그래머가 얼마나 여러 번 Loop문이 반복되어지는가에 대해 알지 못하는 상황을 다루는데 사용되어질 수 있다.

〈carnival game〉

carnival game은 말들이 타원형의 경기장에서 서로 안쪽으로 다른 말들을 침범하며 하는 기존의 전통적인 경주와는 달리 각자 정해진 기계적인 트랙을 직선으로 달리도록 되어 있다. carnival 게임에서 좋은 말들 선택한다면 이길 것이지만 여기에서 프로그래머가 하는 일은 그저 레이스가 끝났을 때 승리한 말이 "I won!!!"이라고 말할 수 있도록 해주는 것이다.

그림 2-29 Initial scene for a three-horse race

〈생각해 보아야 할 문제들〉

① 어떻게 말들이 계속적으로 앞으로 질주하게 해서 마침내 결승선에 다다를 수 있도록 하는 carnival game을 시뮬레이트할 수 있을까?

② 각각의 말들을 움직임에서 각 말들이 서로 다른 속도로 앞으로 나아가게 할 수 있을까?

③ 어떻게 하면 각 말들에게 우승할 수 있는 동등한 확률을 부여할 수 있을까? 하는 문제들이다.

〈해결책〉

① 짧은 거리를 앞으로 달리는 말들 중에 랜덤하게 한 말을 선택하게 하는 것이다. 만약에 말들 중에 finish line에 다다르는 말이 없다면 우리는 다시 앞으로 질주하는 말들 중에 한 말을 선택하여야 할 것이다. 이러한 과정은 말들 중에 한 말이 finish line을 결국 지나서 경주에서 승리할 때까지 계속하여야 할 것이다.

② 또한 필수적인 단계가 race가 끝났을 때를 어떻게 결정하느냐의 문제이다. 만약 말들중에 한 말이 결승선을 통과했을 때 그 말은 승리하게 되고 게임을 끝나게 된다. 말들 중에 어떤 말이 승리하였는지를 판별하기 위해 If문이 사용되어질 수 있다. 만약에 한 말이 결승선을 통과하게 되면 그 게임은 끝나게 되고, 아니면 우리는 다시 앞으로 질주하는 또 다른 말들 중에 한 말을 랜덤하게 선택하게 된다. 이러한 메커니즘을 보여주는 스토리보드는 아래와 같다.

```
race

If one of the horses has won
          the winner says, " I won!!!"
Else
          randomly choose one horse and move it forward a small amount
          do everything again
```

위의 스토리보드에서, "do everything again"은 전 메서드가 다시 반복되어져야 하는 것을 의미한다. 그러면 어떻게 우리가 "do everything again?"을 프로그램 상에 구현할 수 있을까? 그것의 간단한 대답은 바로 자기 자신을 다시 호출하는 것이다. recursive call을 보여주는 수정된 스토리보드가 아래에 제시되어져 있다.

```
race

If one of the horses has won
          the winner says, " I won!!!"
Else
          randomly choose one horse and move it forward a small amount
          call the race method
```

이러한 위의 스토리보드를 프로그램 코드로 변환시키기 위해서는 아래의 세 가지 문제들을 가지고 있다.

① race가 끝났을 때를 결정하는 방법
② loop의 각 실행동안 말들 중에 하나를 랜덤하게 선택하는 방법
③ 말이 race에서 이긴 것을 어떻게 계산하고, 그때 "I won"이라고 표시해 줄 수 있는 방법

이러한 문제들은 서서히 계단식으로 refinement, function들과 and/or 메서드들을 만들어냄으로써 해결되어질 수 있다.

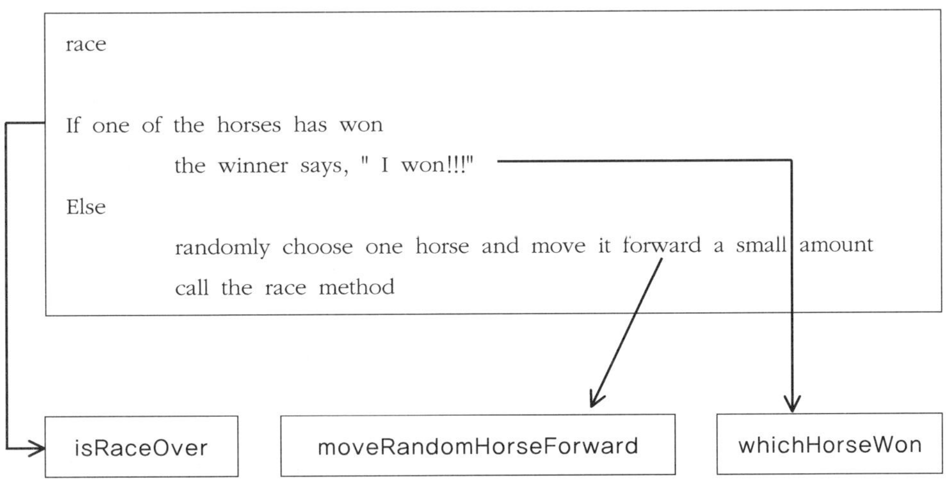

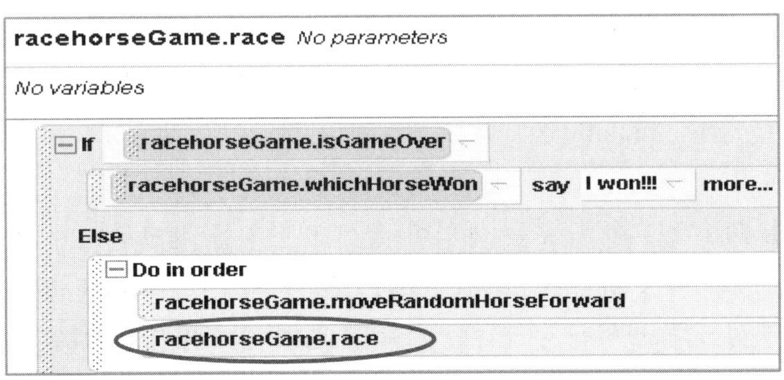

그림 2-30 | The racehorseGame.race method uses recursion(calls itself)

앞의 그림에서 IF 파트는 그 게임이 끝났는지의 여부를 체크 한다. 만약에 게임이 끝나면 그 게임은 승리한 말이 "I Won!!!""이라고 말을 하고 끝나게 된다.

반면에 Else 파트에서는 짧은 거리를 앞으로 움직이게 할 말 한 마리가 랜덤하게 선택되어져야 하고, 마지막 문장 racehorseGame.race에서는 회귀적으로 race 메서드를 부른다. recursive call의 전체적인 효과는 어떤 method의 실행이 끝나게 하는 몇몇의 조건이 일어날 때까지 반복하게 하는 것이다.

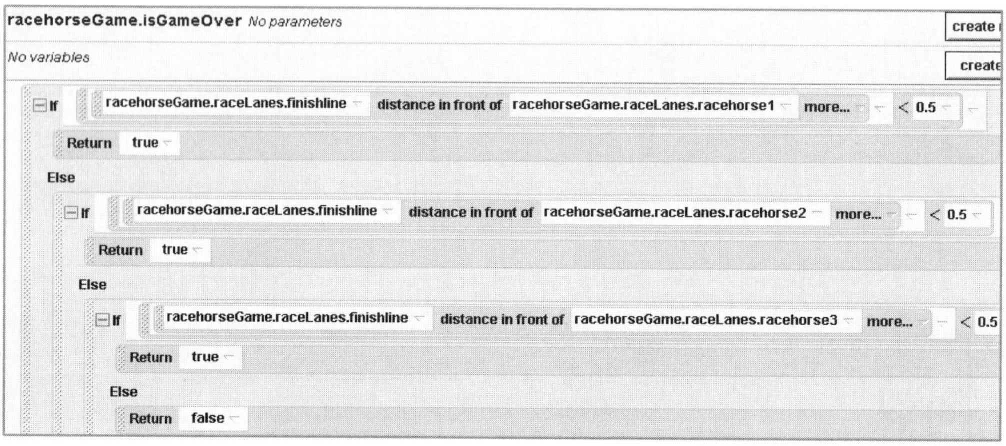

그림 2-31 | The isGameOver function

isRaceOver function으로 시작해보면, 그 레이스는 말들 중에 한 말이 최종 승리말로 선언되기 위해 결승라인에 다다르게 되었을 때 끝나게 된다. 그 레이스가 끝이 나거나 또는 끝나지 않거나 - 그래서 그 isRaceOver function은 Boolean function이다. 이러한 isRaceOver function 이내에서 우리는 built-in function을 사용할 수 있다.

이 function에서 우리가 가질 수 있는 의문은 "finishline이 말 앞에서 0.5미터보다 더 짧습니까?"일 것이다. 그 이유는 우리가 지정한 0.5m는 Alice에서 말과 그 finish line 사이의 거리가 finishline과 말의 중심과의 거리이지 말의 코 끝과의 거리가 아니기 때문이다.

분기의 If/Else 컨트롤 구조는 게임이 끝이 났는지를 체크하는데 사용되어진다. 만약 세 말들 중의 어느 하나가 finish line과 0.5미터의 거리 이내에 있다면 그 function은 true로 돌아온다. 반면에 결국 세 말들이 체크되어지고 finish라인과 밀접하게 붙어있는 말이 없으면 그 function은 false로 돌아온다.

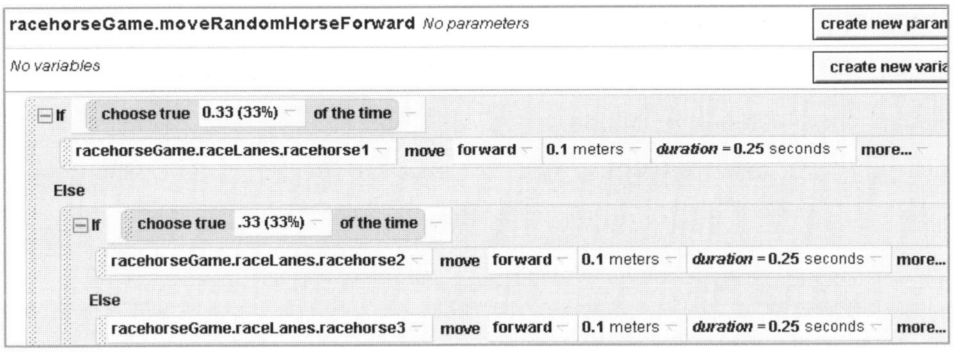

그림 2-32 | Randomly choose one horse and move it forward

게임이 끝이 나지 않는다면, 우리는 랜덤하게 말을 선택할 필요가 있고, 짧은 거리를 움직이게 하여야 한다. 이러한 문제는 우리는 각 말에게 레이스에서 승리하는 "fighting chance"를 주어야 할 필요가 있다. 이 function은 true 값이 돌아오게 될 확률을 총 시간의 수의 %로 나타내는 것이다. 예를 들어 "choose true 0.5 for the time" 이란 말은 그 function이 true 값으로 돌아올 확률이 총 시간의 50%를 차지하고 있다는 것을 말하고, 다른 시간의 50%는 false로 되돌아올 것이라는 말이다.

위의 그림에서 각 말에게 33%의(3분의 1) true 예상 시간값을 지정하였다. 각 말은 나머지 3분의 2의 시간에는 움직이지 않을 것이다. 위의 racehorse1은 3분의 1시간이 선택되어질 것이다. 그러나 racehorse1이 선택되어지지 않는다면? 그 Else-part로 넘어가게 되어서 racehorse2나 racehorse3가 선택되어질 것이다.

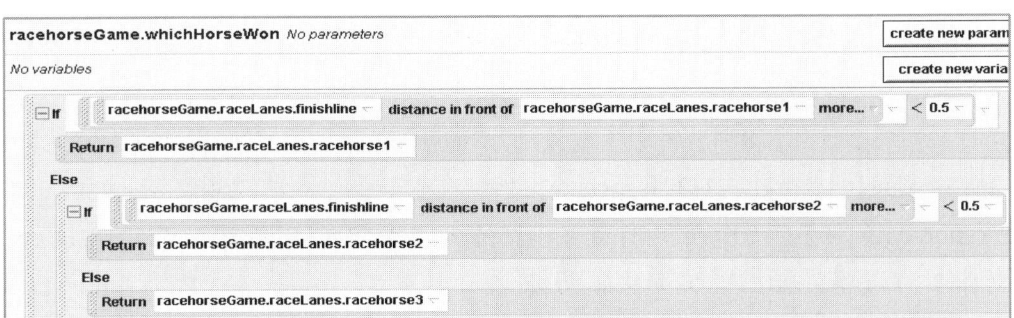

그림 2-33 | The whichHorseWon function

각 time에 race method는 실행되어지고, 각 말 중의 한 말은 finish line에 더 가까이 다가간다. 결국 말들 중의 하나가 finishline에 들어서게 되고 game은 끝나게 된다. 여기에서 우리는 "horse가 finishline과 경주에서 이기기 위해 충분히 가까운가?"라는 물음을 던질 수 있다. 여기에서 우리는 isGameover function에서 우리는 분기형의 IF/Else 구조를 생각할 수 있는데 만약 racehorse1이 승리말이 안된다면, 우리는 racehorse2를 생각할 수 있고, 만약 race1이나 race2 모두 승리말이 안되면, 우리는 racehorse3가 최종 승리말로 추측할 수 있다.

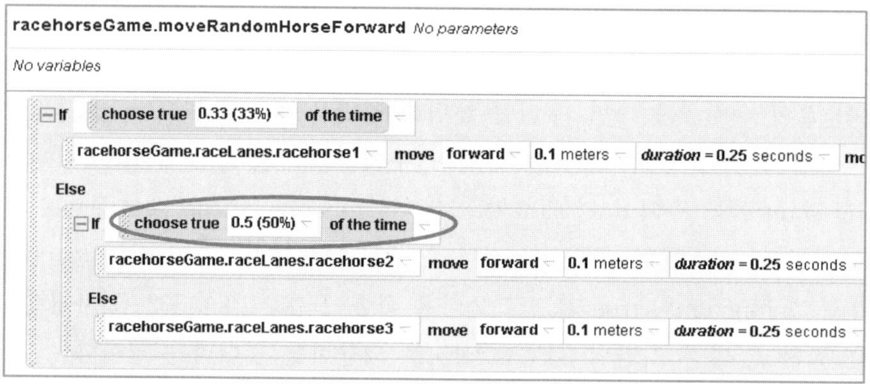

그림 2-34 | The corrected random selection percentage

앞의 그림 [2-33]과 같이 코딩을 하였을 때 실제로 프로그램을 20번 실행해 보았을 때 놀랍게도 racehorse1은 7번 승리를 거두었고, race2는 3번을 이겼고, racehorse3은 10번을 이겼다! 무엇인가 잘못된 것을 알 수 있다. racehorse1은 적절한 비율의 승리를 하였다. 그러나 racehorse2는 거의 이기지 못했고, racehorse3는 너무 자주 이겼다.

우리는 각 말에게 33%의 선택시간 배분을 하였다. 우리가 여기에서 생각하지 못한 것은 만약에 race1이 선택되어지지 않았다면, 우리는 racehorse2와 racehorse3를 선택하여야 한다는 것이다. 그래서 racehorse1이 제거되어진 후에 우리는 racehorse2와 racehorse3를 동등한 50%의 비율로 지정해야 한다는 것이다. 위의 그림 [2-34]는 이렇게 다시 수정한 코드를 보여주고 있다.

제 3 장

앨리스(Alice)는?

3.1 교육용 프로그래밍 언어 앨리스

객체지향형 EPL(Education Programming Language) Alice는 스토리텔링, 상호작용 게임 또는 웹상에서 공유하는 비디오를 위한 애니메이션을 만들기 쉬운 3D 프로그래밍 환경이다. Alice는 애니메이트 되어진 무비나 간단한 비디오 게임을 만들어가는 문맥 안에서 기본적인 프로그래밍 개념을 학생들이 자연스럽게 배울 수 있다. Alice의 상호작용 인터페이스에서 학생들은 그래픽 tile들을 드래그 앤 드롭하여 프로그램을 쉽게 만들 수 있고 학생들이 만든 프로그램이 어떻게 동작하는지를 창을 통해 즉시 볼 수 있어서 프로그래밍의 행동문장과 애니메이션 안에 있는 오브젝트 행동과의 관계를 쉽게 이해할 수 있다.

Alice의 가장 큰 특징은 웹 갤러리, 로컬 갤러리에서 많은 클래스, 오브젝트들을 선택할 수 있어서 이야기를 구성하는 데 있어 많은 소재를 제공하고 동작을 나타내는 method를 작업창에 드래그 드롭할 때 연속된 하위메뉴가 생성되어 한 번에 object의 많은 동작들을 지정할 수 있다는 것이다. 따라서 이러한 method의 연속성을 이용하여 프로그램상이 아닌 행동문장표에 직접 표현할 수 있다.

그림 3-1 | 클래스들이 들어 있는 웹 갤러리

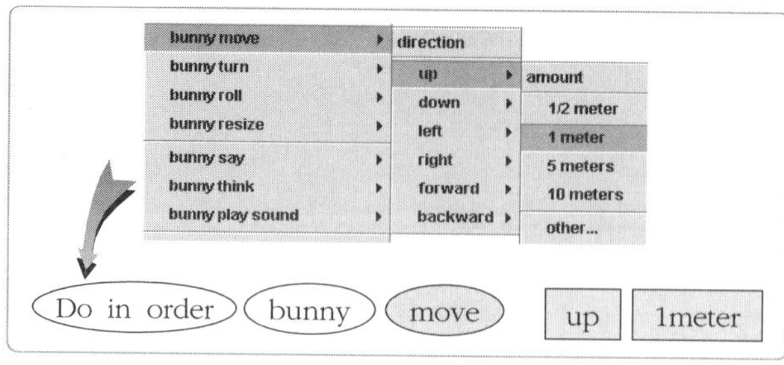

그림 3-2 | 하위메뉴들을 행동문장표로 나타낸 그림

이러한 Alice의 특징들은 학생들로 하여금 알고리즘 관련 이야기에 제시된 문제를 해결함에 있어 문제에 제시된 문제 상황 이외의 상황에도 알고리즘의 개념을 적용해 볼 수 있도록 하고, 자신이 작성한 알고리즘 프로그램 코딩에 따른 변화과정을 시각적으로 확인해보면서 즉각적인 feedback을 받을 수 있어 알고리즘을 학생들이 이해하는데 적합한 프로그래밍 언어라고 할 수 있다.

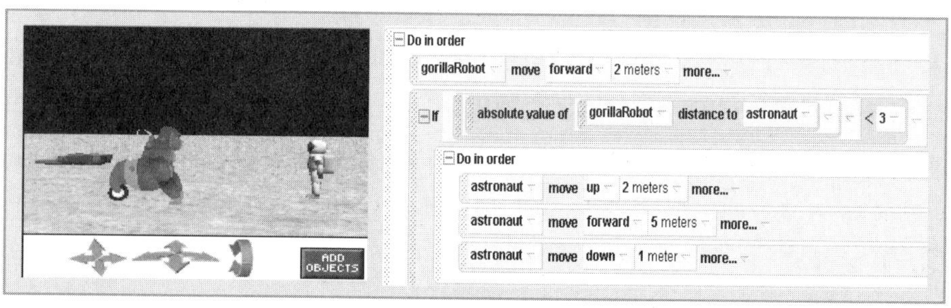

그림 3-3 | Alice 화면 창과 작업 창

3.2 앨리스(Alice)의 특징

① 카메라 샷이 거북이와 토끼의 달리기 운동하는 모습을 앞과 뒤에서 잡고 있다. 3D virtual world에 있는 object들인 tortoise와 hare은 넓이, 높이 그리고 깊이의 개념을 가지고 있다. 그래서 카메라 샷은 실제 주어진 object들을 다른 각도에서 캡처할 수 있는 기능을 가지고 있다.

그림 3-4 | 3D world with the tortoise and hare, front and back view

② Alice virtual world는 시작 scene을 아래의 그림과 같이 template로 시작한다.

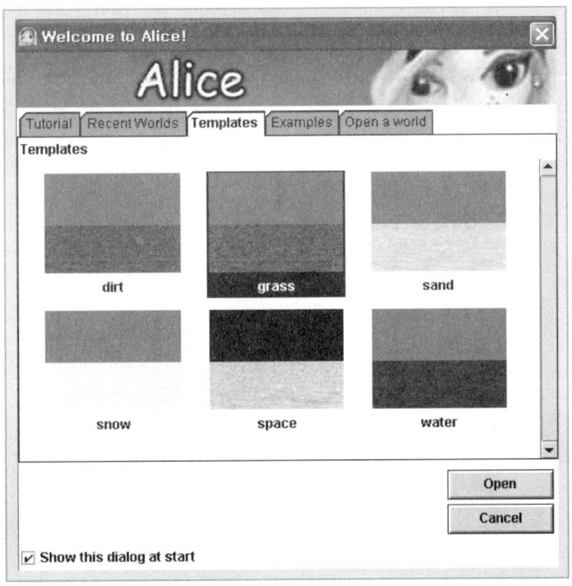

그림 3-5 | Selecting a template for an initial scene

③ Alice를 여러분의 컴퓨터에 인스톨레이션하게 되면 다양한 3D 모델들을 포함하고 있는 Locale gallery를 포함하게 된다.

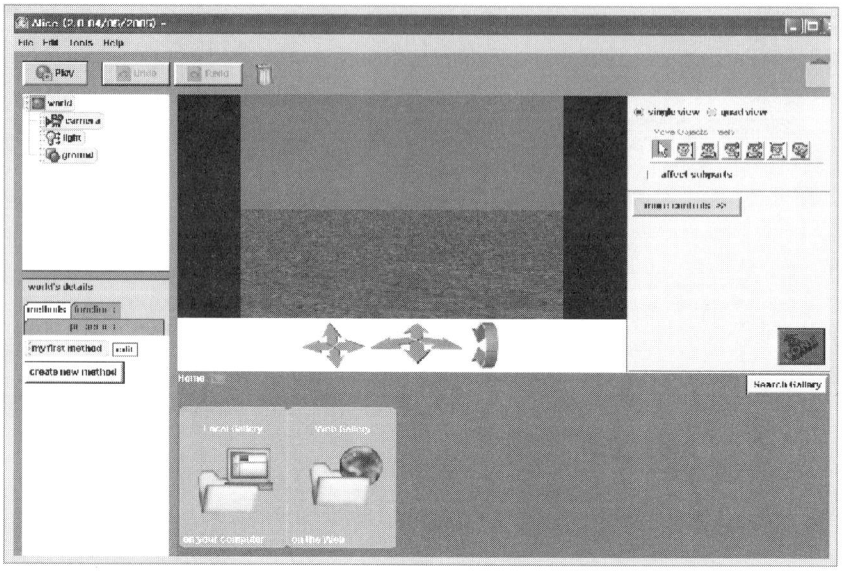

그림 3-6 Scene editor with Local and Web gallery folders

④ Alice의 오브젝트들은 아래와 같이 세 가지의 방향성을 가지고 있다.

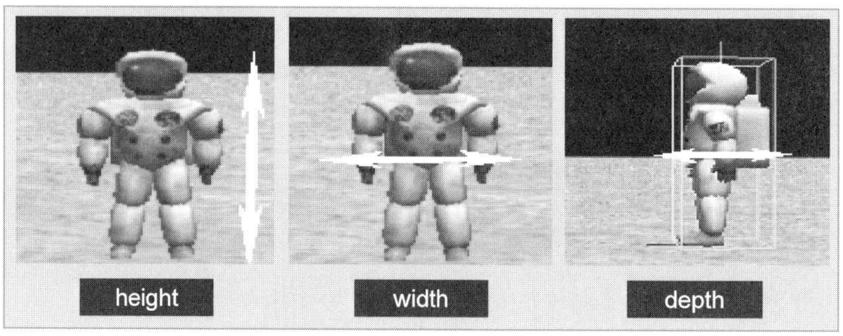

그림 3-7 Three dimensions

⑤ 아래 그림처럼 object는 left와 right 그리고 forward와 backward의 의미를 이해한다.

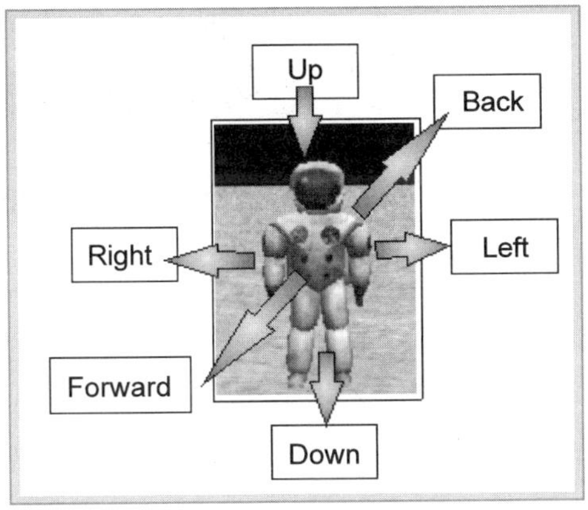

그림 3-8 Object orientation: six degree of freedom

⑥ 아래 그림은 새의 object의 중심을 묘사하고 있다. 새의 중심을 표현하기 위해 사용되어진 와이어 프레임은 새의 몸통의 안쪽에 위치되어진다.

그림 3-9 Center at the center of mass

⑦ 모든 object의 중심이 가운데에 위치되어지는 것은 아니고 다음과 같이 사람의 경우에는 center point가 사람의 발 사이에 위치하게 된다. 왜냐하면 사람의 발은 땅위에 위치되어져 있고, 지면과 사람과의 거리가 0이기 때문이다.

그림 3-10 | Center of an object that stands on the ground

⑧ 어떤 object는 center point를 가지고 있지 않은 경우도 있다. 야구 bat 같은 경우는 실제로 휘둘렀을 때에 그 center point가 정해진다.

그림 3-11 | Center of an object that is held

⑨ 한 object와 또 다른 object와의 거리는 그 object들의 center로부터 측정되어진다. 아래의 새의 땅으로부터의 거리는 새의 중심으로부터 측정되어진다.

그림 3-12 | Distance downward to the ground is measured from the center

⑩

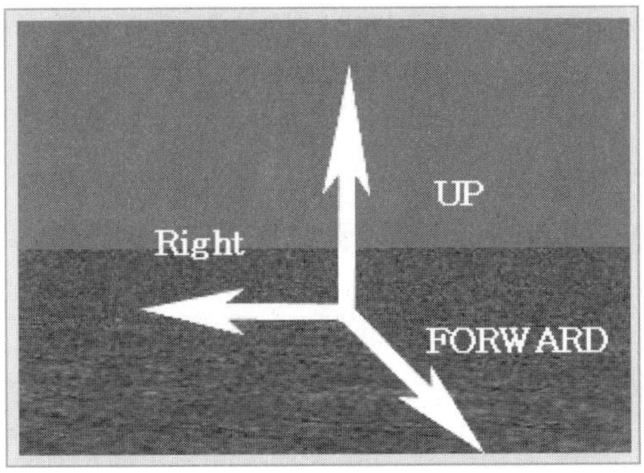

그림 3-13 | The center of the ground is located at the center of the world

⑪ object의 중심은 world 안에서 "position"에서 정의되어진다.

그림 3-14 | The bird's position relative to the center of the world

⑫ Alice는 모든 프레임들의 일련의 과정들을 만들어낸다. 여러분들은 Alice에게 object들이 수행하는 동작을 알려주면 된다.

그림 3-15 | A sequence of frames to creat an animaition

⑬ World 안에 3D text object들을 삽입하기 위해서는 아래와 같이 Locale Gallery 안에 있는 3D TEXT thumbnail을 클릭해주면 된다.

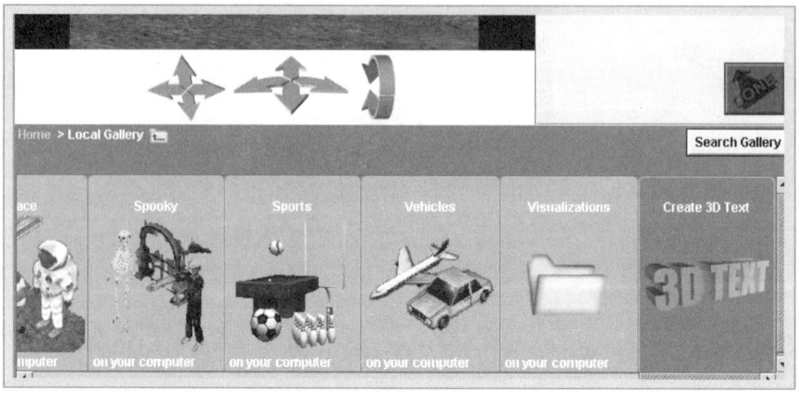

그림 3-16 3D text in the Local Gallery

⑭ 텍스트를 입력하기 위해 text dialog pop up 창이 나타난다.

그림 3-17 A text dialog box

⑮ Okay 버튼을 누르면 Alice는 world에 text object를 삽입하게 된다.

그림 3-18 The name of text object remains the same

⑯ object string을 다시 수정하고자 할 때는 세부항목 panel에 있는 properties 항목에 있는 text 버튼을 클릭한다.

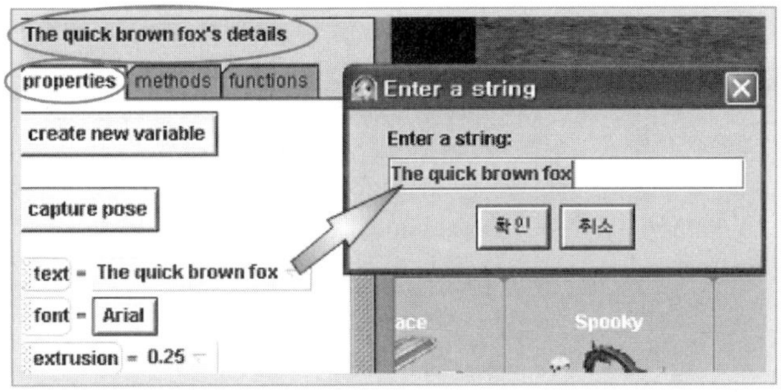

그림 3-19 The name of text object remains the same

⑰ text를 수정하였다 하더라도 object의 name은 기존의 이름으로 그대로 남게 된다.

그림 3-20 The name of text object remains the same

⑱ 2D(GIF, JPG or TIF) 이미지를 World에 포함시키기 위해서는 File-Make Billboard를 선택하여 dialog box에서 이미지를 선택하여 Import 버튼을 누른다.

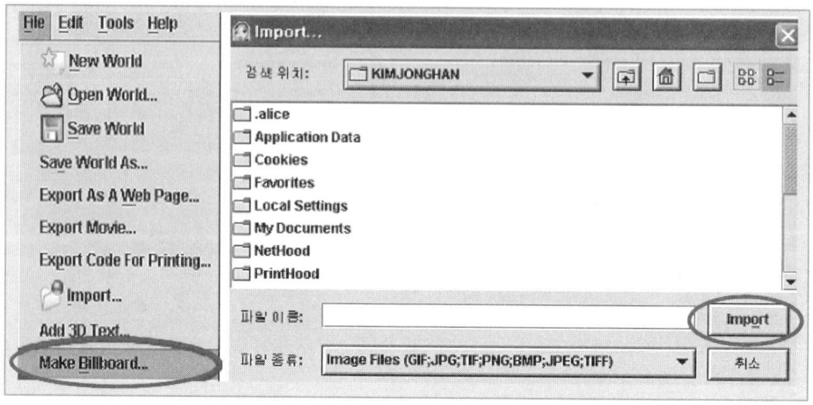

그림 3-21 | Importing a billboard

⑲ Alice의 billboard에서는 game이나 simulation의 사용 방법에 관한 정보를 준다.

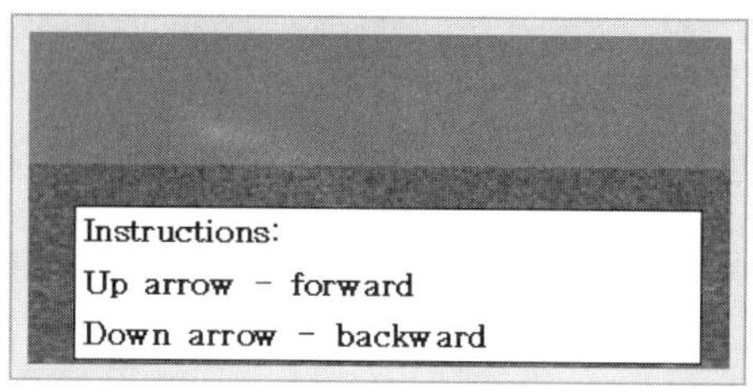

그림 3-22 | A billboard to provide information

3.3 앨리스(Alice) 메뉴얼

① Alice를 처음 시작할 때 아래와 같은 선택 dialog box가 나타난다. "Show this dialog at start"를 체크하지 않으면 dialog box 왼쪽 하단에 위치하게 된다.

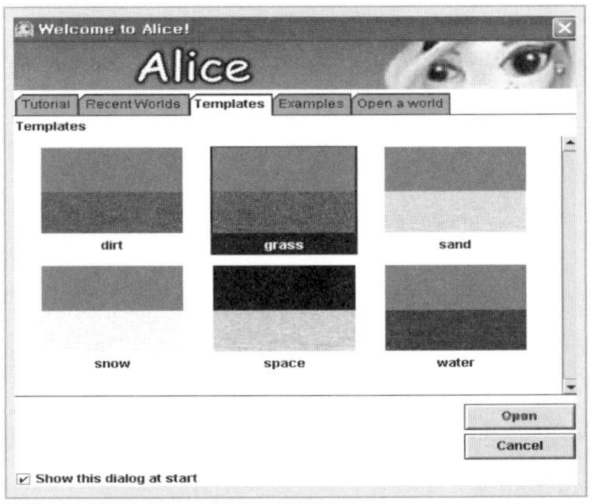

그림 3-23 Stratup dialog box

② Alice의 메인 화면은 아래와 같이 Object Tree, World View, Events Editor, Details Panel, Editor로 구성되어져 있다.

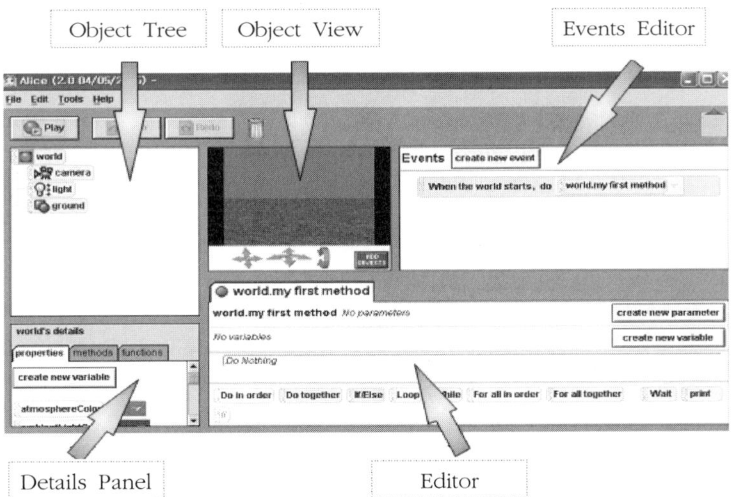

그림 3-24 The Alice interface

③ world를 시작할 때 아래와 같이 'Open World...'를 클릭한다.

그림 3-25 | File open world menu

④ AppendixA_Dancing Bee, Open 버튼을 차례대로 클릭하면 화면에 보이는 것처럼 벌과 토끼 object로 이루어진 textbook 프로그래밍이 실행된다.

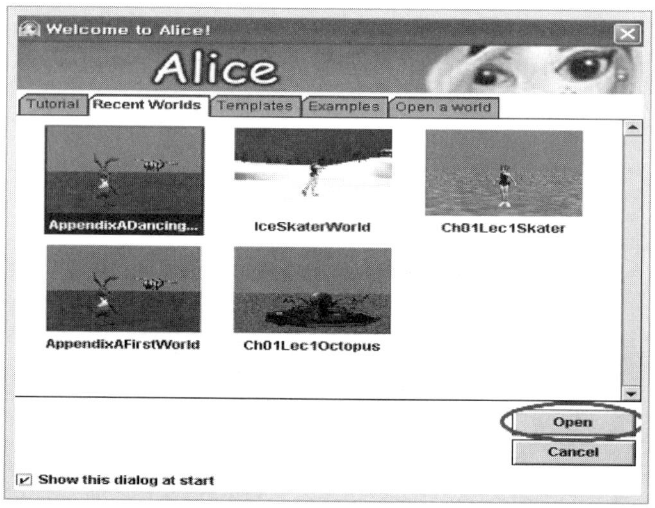

그림 3-26 | Opening AppendixA_DancingBee from Textbook examples in the dialog box

⑤ 다음의 Object 트리는 World 안에 있는 object들을 보여준다.

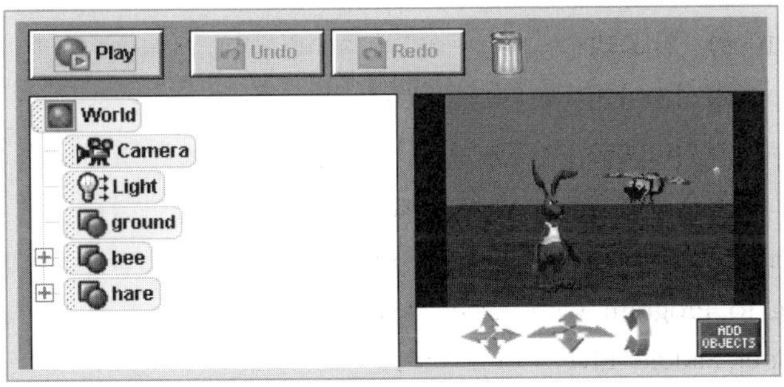

그림 3-27 Play button at tip, Object tree on left, First World initial scene on right

⑥ 애니메이션 윈도우 위에 있는 버튼들 중에서 'Take Picture' 버튼은 애니메이션의 단일 장면을 캐치하여 그래픽 이미지 파일로 저장해준다. 또한 왼쪽의 Speed slide 컨트롤은 애니메이션의 진행속도를 조절해준다.

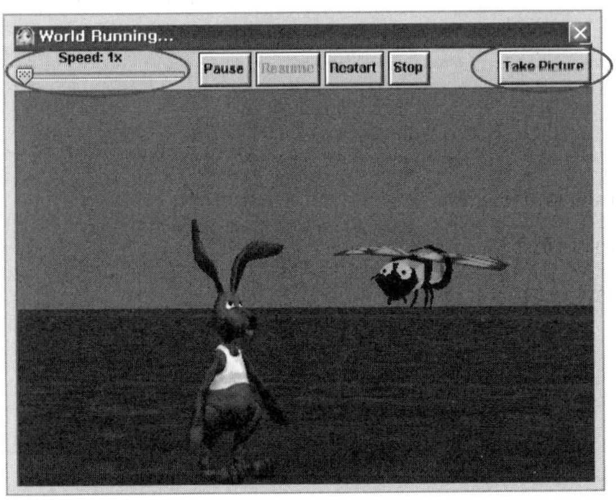

그림 3-28 The animation window

참고문헌

1. 정인정(1999). 알고리즘. 서울 : 홍릉과학출판사.
2. 조유근, 홍영식, 이지수, 김 명(2002). 알고리즘. 이한출판사.
3. 김순근, 웰기획(2005). 속전속결 알고리즘 입문. (주)영진닷컴.
4. 이태욱, 박정호, 백선련(2006). 컴퓨터교과교육론. 이한출판사.
5. Wanda Dann, Stephen Cooper, Randy Pausch(2006). Learning to Program with Alice. Pearson Prentice Hall, Pearson Education, Inc, Upper Saddle River, NJ 07458.

참고 URL

http://www.codesos.com/book/algori/sort_algo4.htm
http://dblab.co.kr/entry/힙-정렬
http://yatoyato.tistory.com/1050
http://yatoyato.tistory.com/1050
http://www.dal.pe.kr/lecture/db_stru/ch07_sort.htm
http://bk21.sch.ac.kr/professor/p_introduce/pro_html/kong/data_structure03.xml
http://internet512.chonbuk.ac.kr/project/datastructure/Search/AVL/avl.html
http://contents.edu-i.org/gongmo/2000/785/deep_learn/basic/flow_mean.htm

II 알고리즘(실전편)

제 4 장

Alice로 풀어보는 알고리즘

공부할 문제

①

알고리즘과 순서도의 개념 파악하기

②

알고리즘에 맞는 순서도의 작성 및 Alice로 표현하기

- 순서도(직선형)
- 순서도(분기형)
- 순서도(반복형)

② 의 각 주제별 전개 방식

1 생각열기 ▶ 2 순서도로 작성하기 ▶ 3 Alice로 표현하기 ▶ 4 적용 및 평가

4.1 알고리즘과 순서도

다음 글을 읽고, 문제를 어떻게 해결할 수 있을 지 생각해 보세요.

토끼가 좋아하는 잎을 먹기 위해 앞으로 가려고 하는데 갑자기 고양이, 닭, 펭귄이 앞을 가로막고 있습니다. 단, 토끼는 한 번에 한 사물만 뛰어 넘을 수 있습니다. 옆의 그림을 보고 어떤 순서대로 넘어야 무사히 잎을 먹을 수 있을까요?

토끼가 어떤 순서대로 넘어야 잎을 먹을 수 있을까요?

(자신의 생각을 자유스럽게 적어보세요)

(　　　　　) → (　　　　　) → (　　　　　)

만약에 토끼가 올바른 순서대로 넘지 않는다면 어떤 일이 일어날까요?

위와 같이 우리 일상생활에서 순서(규칙)에 맞게(계획을 세워) 행하는 일들에는 어떤 것들이 있을까요?

예) -'책꽂이 만들기' 과정

다음 글을 읽고, 문제를 어떻게 해결할 수 있을 지 생각해 보세요.

4명의 친구들이 머지않아 있을 배구대회를 대비해서 배구 연습을 하고 있습니다. 반대 코트에서 공을 던져 주면 받아서 넘기는 연습을 하려고 합니다. 상대 코트에서 공이 넘어왔을 때 어떤 과정에 의해서 공을 넘겨야 할까요? (단 3번에 넘겨야 함)

여러분의 생각을 적어 보세요.

다음 글을 읽고, 문제를 어떻게 해결할 수 있을 지 생각해 보세요.

사막에 사는 거북이가 열기를 피해 나무그늘로 가려고 합니다. 거북이는 1시간에 앞으로 4미터 전진하고 모래바람 때문에 다시 뒤로 1미터 밀려납니다. 나무까지의 거리가 12m이면 거북이 몇 시간을 가야할까요?

앞의 문제를 그림형식의 스토리 보드를 이용하여 해결해 보세요.

[장면번호] [장면그림] [설명]	[장면번호] [장면그림] [설명]

▶ 알고리즘(Algorithm)에 대해 알아봅시다.

◇ 알고리즘(algorithm)의 사전적 의미는 "어떤 문제를 해결해 나가는 특별한 방법", 또는 "문제의 해결을 위해 컴퓨터로 이용될 수 있는 명확한 방법"이다. 즉, 알고리즘은 주어진 입력으로부터 원하는 결과를 유도해내는 정의된 규정이나 규칙들의 집합으로 특정한 작업을 수행하기 위한 유한 명령들로 구성되며 컴퓨터의 수행에 적합한 문제 해결을 위한 방법이라고 할 수 있다.

◈ 문제를 파악한 후 바로 프로그램을 작성하는 방법은 간단한 문제를 제외하고는 정확하고 효율적인 프로그램 작성이 쉽지 않다. 문제해결 방안을 이리저리 구상하여 어떤 방안이 좋은 지 결정한 후에 프로그램을 작성하는 것이 좋다. 이 해결방안이 "알고리즘"이다.

◈ 알고리즘의 사용 예 1 (일상 생활에서의 예) - 금붕어 물갈아주기 -

① 물고기를 다른 그릇에 옮겨 놓는다.
② 어항 벽에 끼어 있는 이끼를 수세미로 닦는다.
③ 방충망을 대고 사이펀으로 오물을 물과 함께 1/2 이상 빼낸다.
④ 새 물과 어항 물의 온도를 맞춘 후, 사이펀으로 새 물을 넣는다.
⑤ 옮겨 놓았던 물고기를 다시 어항 속으로 넣는다.

◈ 알고리즘의 사용 예 2 (컴퓨터 상에서의 예)
- 프로그램을 이용하여 문제를 해결하는 프로그램 작성방법 -

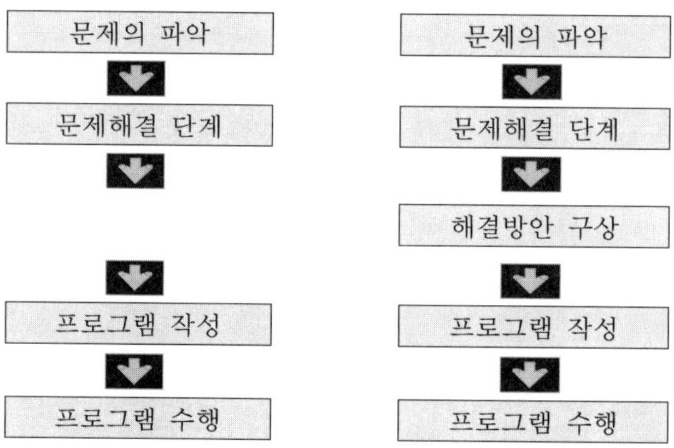

(a) 어려운 접근법 (b) 쉬운 접근법

◈ 알고리즘은 다음과 같은 5가지 조건을 만족해야 한다.

① 조건 1: 외부에서 0개 이상 입력을 받아 1개 이상 출력을 생성한다. (입력, 출력)
② 조건 2: 각 단계가 단순해야 하며, 모호하지 않아야 한다. (명확성)
③ 조건 3: 한정된 수의 작업 후에는 반드시 끝나야 한다. (유한성)
④ 조건 4: 모든 명령이 수행 가능해야 한다.
⑤ 조건 5: 알고리즘이 효율적이어야 한다.

※ 조건 1부터 조건 4까지 만족하는 알고리즘이 존재하면 그 문제가 해결 가능하다. 그러나 알고리즘은 궁극적으로 컴퓨터에서 수행하는 것을 목표로 하므로 실용성이 있어야 하고 효율성도 필요하다.

◇ 알고리즘 생성절차

알고리즘 설계 ▶ **표현** ▶ **정확성 검증** ▶ **효율성 분석**

▶ 순서도에 대해 알아봅시다.

(순서도)는 컴퓨터에 의해 처리하고자 하는 문제를 분석하여 그 처리 순서를 단계화시켜 상호 간의 관계를 일정한 기호를 사용하여 일목요연하게 나타낸 그림을 말한다.

◇ 순서도의 정의

컴퓨터로 처리해야 할 작업 과정을 약속된 기호를 사용하여 순서대로 일관성 있게 그림으로 나타낸 것을 말한다.

◇ 순서도의 역할

① 프로그램 작성의 직접적인 자료가 된다.
② 업무의 내용과 프로그램을 쉽게 이해할 수 있고, 다른 사람에게 전달이 쉽다.
③ 프로그램의 정확성 여부를 판단하는 자료가 되며, 오류가 발생하였을 때 그 원인을 찾아 수정하기가 쉽다.
④ 프로그램의 논리적인 체계 및 처리 내용을 쉽게 파악할 수 있다.
⑤ 프로그래밍 언어에 관계없이 공통으로 사용할 수 있다.

◇ 순서도의 기본 유형

① 직선형 : 어떤 조건에 의해 분기 또는 반복이 없이 위에서 아래로 순서적으로 진행되는 형태이다.

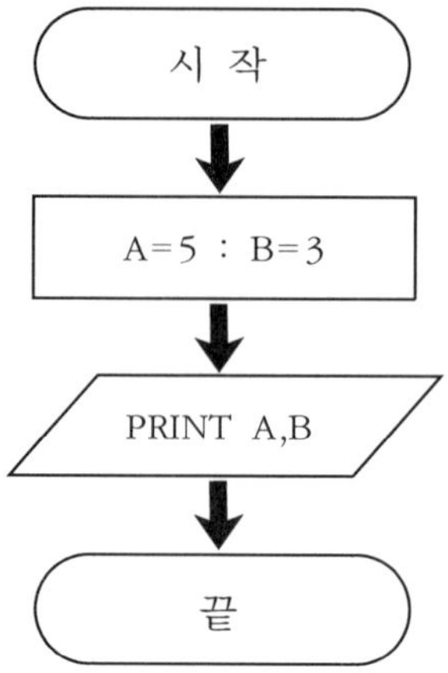

② 분기형 : 주어진 조건의 성립여부에 따라 실행내용이나 순서를 달리하고자 할 때에 작성하는 형태이다.

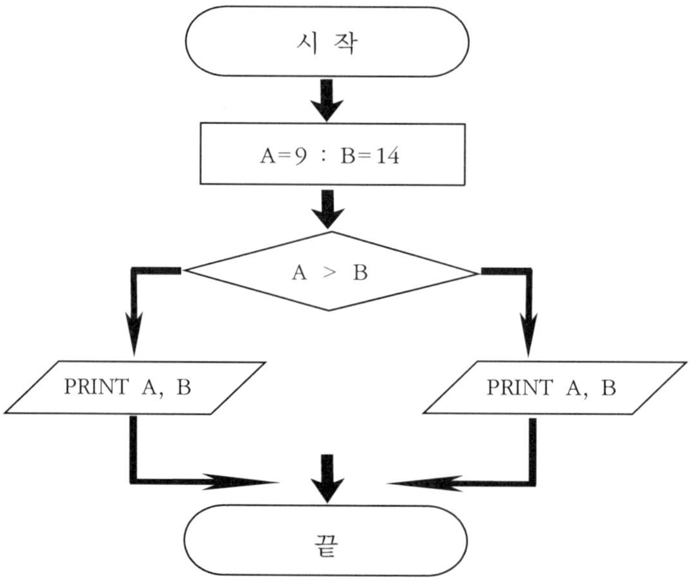

③ 반복형 : 특정 조건이 만족될 때까지 일정한 내용을 반복, 실행할 때에 사용되는 형태이다.

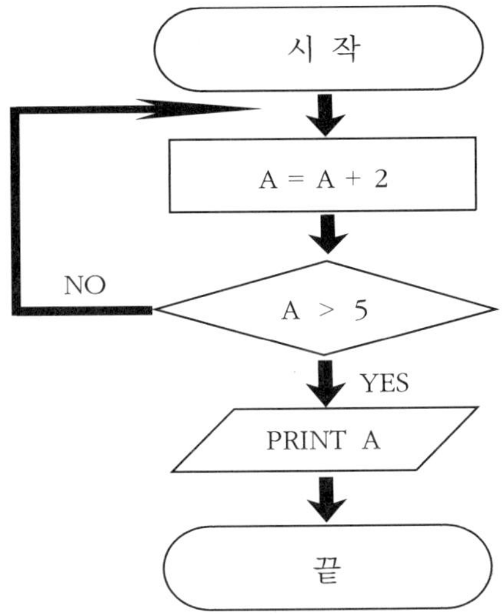

◇ 순서도 기호

기호	명칭	사용 용도	기호	명칭	사용 용도
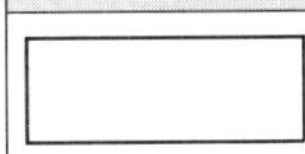	처리	각종 연산, 데이터 이동 등의 처리		터미널	순서도의 시작과 끝 표시
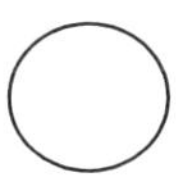	연결자	흐름이 다른 곳과 연결되는 입출구를 나타냄	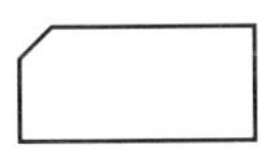	천공카드	천공카드의 입출력
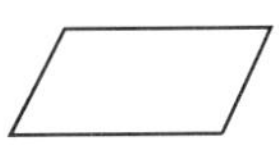	입출력	데이터의 입력과 출력		서류	서류를 매체로 하는 입출력 표시
	흐름선	처리의 흐름과 기호를 연결하는 기능	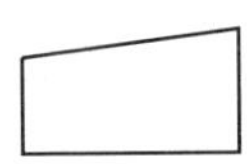	수동입력	콘솔에 의한 입력
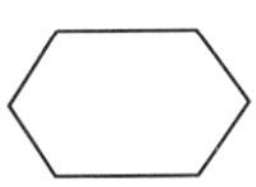	준비	기억장소, 초기값 등 작업의 준비 과정		자기테이프	자기테이프 장치 입·출력 장치
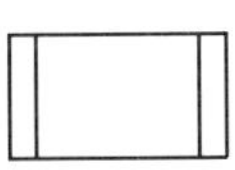	미리 정의된 처리	미리 정의된 처리로 옮길 때 사용	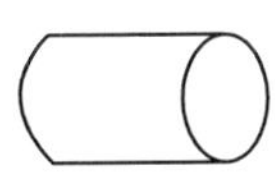	자기드럼	자기 드럼 장치 입·출력 장치
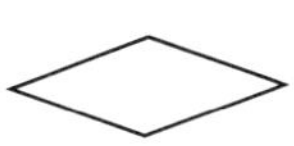	판단·조건	여러 개의 경로 중 하나의 경로 선택		종이테이프	종이테이프 입·출력 매체를 표시

4.2 앨리스(Alice) Tutorial

4.2.1 'IceSkater'

1. 앨리스는 3D 오브젝트들을 이용하여 가상세계를 만들어가는 프로그램이다. Alice안에 있는 object들은 움직이고, 돌고, 색깔을 바꾸는 등 여러 기능을 할 수 있다.

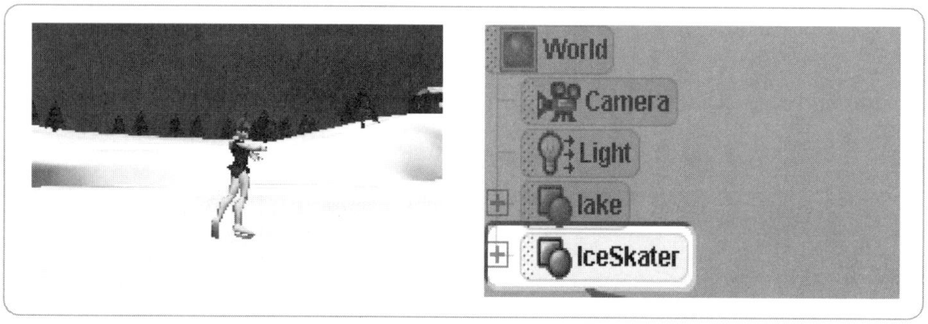

2. 아래는 world의 window로써 여러분들이 만들어가는 world를 보여주게 된다.

3. 아래는 object tree로서 world의 오브젝트 리스트들을 담고 있다.

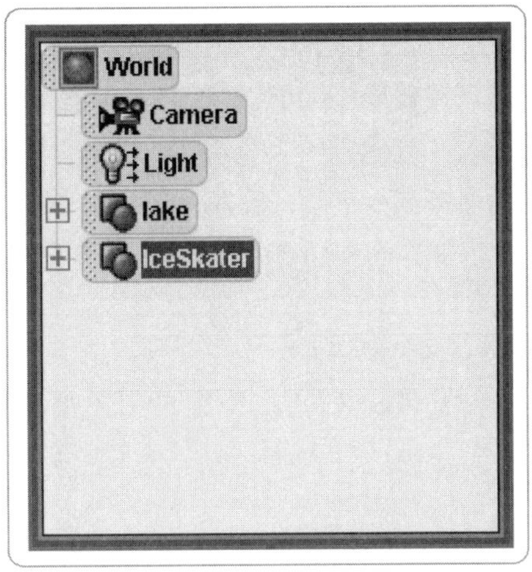

4. 아래는 세부 영역으로 World나 World 안에 있는 object들에 대한 더 많은 정보를 제공한다.

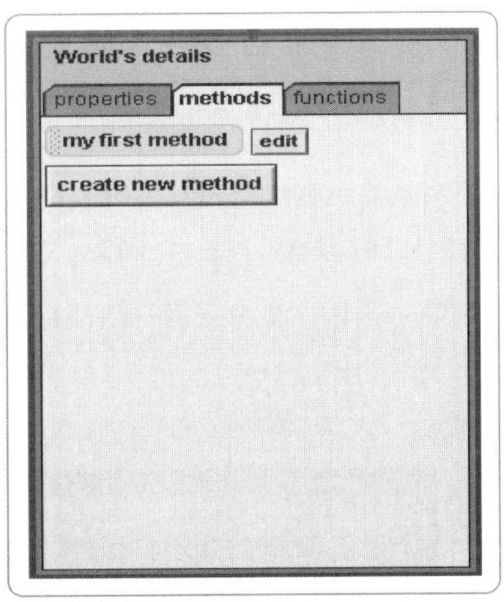

5. 다음은 edit area로 여러분들의 world에서 move나 spin처럼 objcet들에게 새로운 동작을 주기 위한 공간이다.

6. 아래는 event area로써 object들이 어떤 특정한 event들을 행할 수 있도록 하는 area이다.

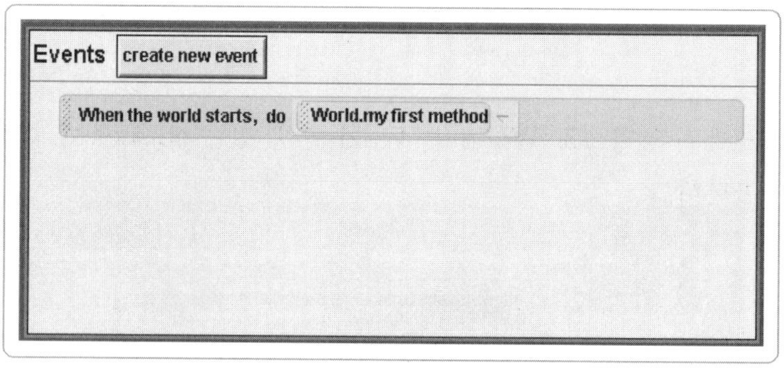

7. 

버튼을 누르게 되면 여러분들이 만든 world의 움직임이 보여지게 된다. 참고로 여기에서는 아래와 같이 실행창이 나타나서 Iceskater가 도는 동작을 표현하게 될 것이다. (실행창의 오른쪽 상단의 ☒를 누르게 되면 실행창이 사라지게 된다.)

8. 좀 더 자세한 동작의 표현으로 들어가서 아래의 edit area를 보면 skater가 지금 하려는 동작들을 알 수 있는데 그녀는 먼저 IceSkater.prepare to skate의 동작을 하고나서 IceSkater.do simple spin의 동작을 하게 된다.

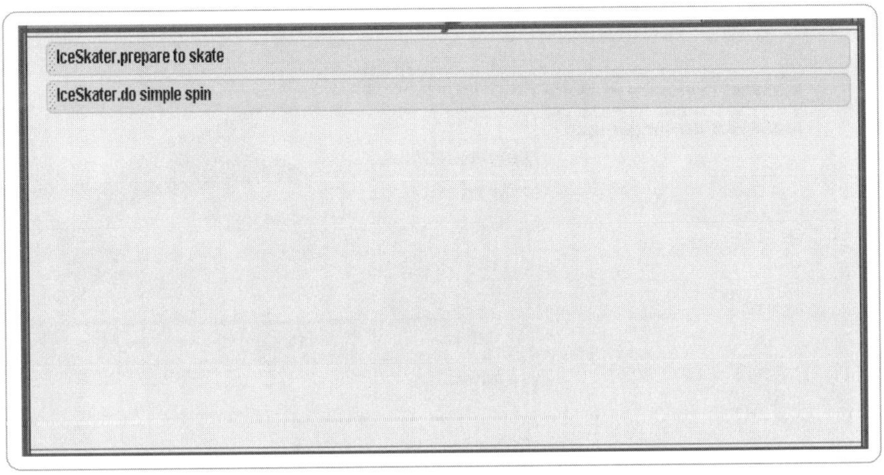

9. object의 동작표현에 있어 먼저 object의 타일을 클릭하게 되면 object들의 더 자세한 정보를 알 수 있다.

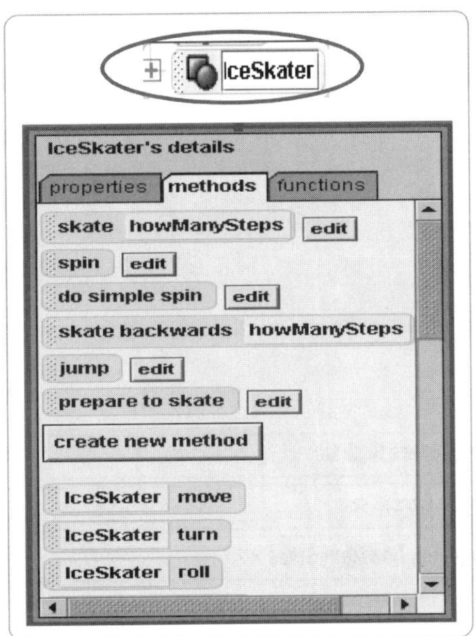

10. 특히 methods 는 IceSkater가 동작을 하는 방법을 지정하는 곳이다. 예를 들어 처음에 있는 skate howManySteps 를 edit area에 있는 IceSkater.do simple spin 에 끌어다 놓으면 회전 회수를 지정할 수 있는데 여기에서 선택메뉴에서 2를 선택하게 되면 다음과 같이 나타나게 된다.

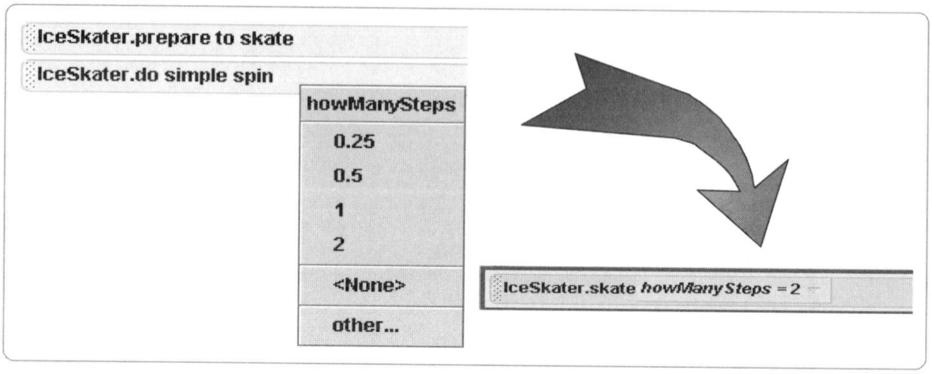

11. Play 버튼을 눌러보면 지정한대로 동작을 함을 알 수 있다.

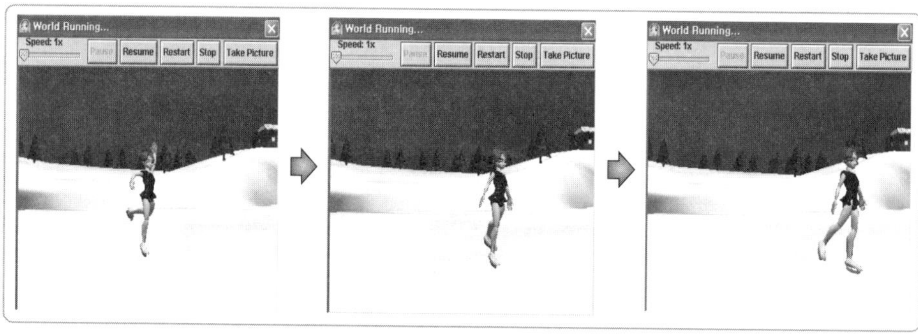

12. edit area 안에 있는 명령의 순서를 위 아래로 드래그 하여 바꿀 수 있다.

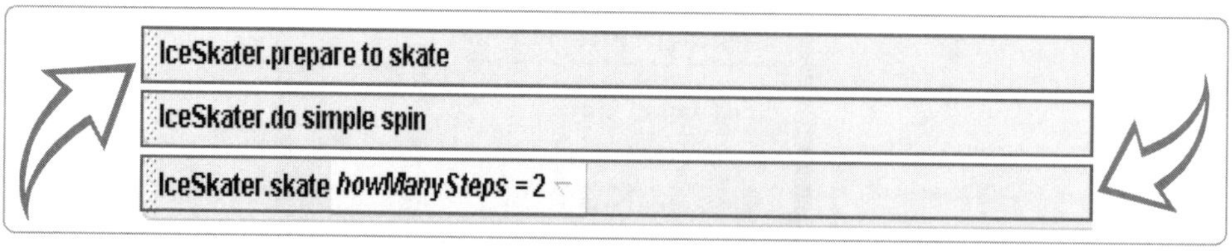

13. 왼쪽의 method에서 skate howManySteps 를 edit area에 드래그 앤 드롭한 후 팝업메뉴의 2를 선택한다.

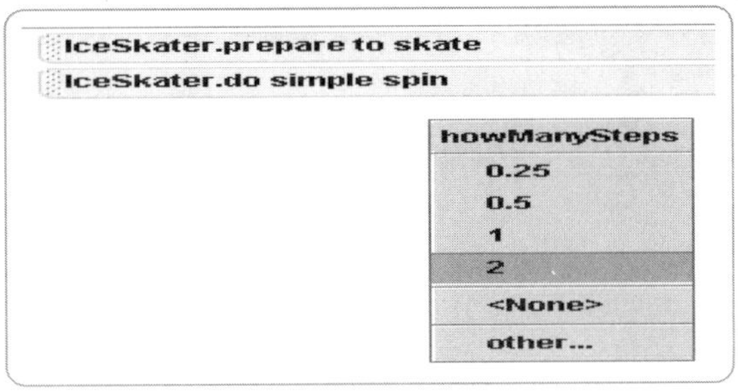

14. play 버튼을 눌러 실행해보면 IceSkater가 회전을 한 후에 앞으로 스탭을 2번 연속해서 하게 된다.

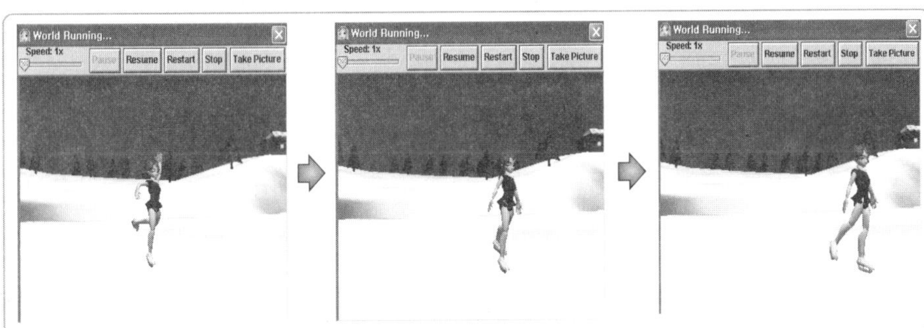

15. IceSkater.do simple spin을 IceSkater.skater(howMany steps =2)의 아래로 드래그 앤 드롭 한다.

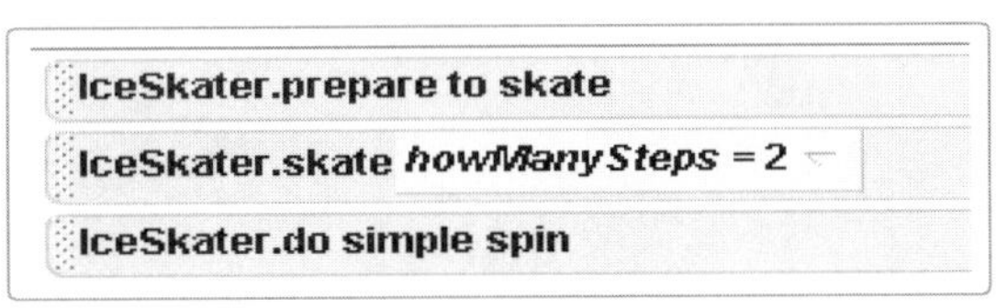

16. 그러면 먼저 스탭을 2번 동작하고 난 후에 회전을 하게 된다.

17. spin 후에 뒤로 가게 하기 위해서 왼쪽의 method에서 skatebackwards (howmanysteps)를 edit area의 IceSkater.do simple spin 아래에 드래그 앤 드롭하여 팝업메뉴에서 1을 선택한다.

```
IceSkater.skate backwards howManySteps = 1
```

18. 마지막의 단계로 jump를 하도록 하기 위해 method 탭에서 jump탭을 edit area로 드래그 앤 드롭하여 IceSkater.skate backwards의 아래에 위치시킨다.

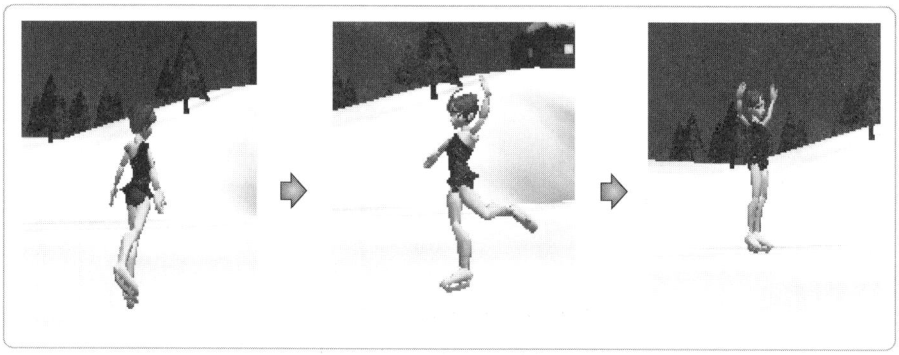

19. 나름대로 순서를 바꾸어서 멋있는 동작을 만들어 보자.

```
IceSkater.prepare to skate
IceSkater.skate howManySteps = 2
IceSkater.do simple spin
IceSkater.skate backwards howManySteps = 1
IceSkater.jump
```

20. 지금까지 만들어본 동작들을 한 번 실행해 보자.

4.2.2 'Defending naptime'

1. 여기에서의 World에서는 토끼의 낮잠이 cell phone에 의해 심하게 방해받는 장면으로 되어 있다. 이 튜토리얼에서 우리는 여기의 이야기에 새로운 이야기를 덧붙여 만들어가도록 할 것이다.

2. 아래의 edit area에 있는 method에 새로운 method를 덧붙여가며 새로운 이야기를 만들어갈 것이다.

3.  를 누르면 지금까지 만들어 놓은 이야기가 실행된다.

4. 토끼가 Cell phone이 울려서 잠이 깨자 화가 나서 Cell phone을 으깨는 장면을 새로운 method로 만들려고 한다. create new method를 누르면 나오는 Name 창에 “bunny squashes phone”을 입력한다.

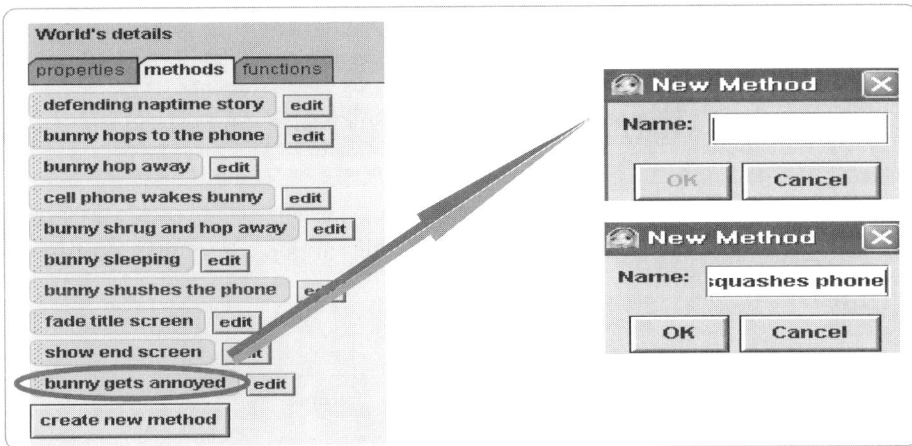

5. 방금 만들어 놓은 "bunny squashes phone" method가 왼쪽 창에 보인다.

6. 방금 만든 method의 작업창이 edit area에 표시된다.

7. 이제 bunny가 jump를 해서 Cell phone을 밟는 장면을 만들어 볼 것이다. 먼저 왼쪽의 method 탭의 bunny.move를 오른쪽 edit area안의 Do nothing 영역에 드래그 앤 드롭해 넣는다.

8. 아래의 행동문장표는 bunny가 위로 1m 점프를 뛰도록 한다.

9. 왼쪽의 bunny move method를 오른쪽 edit area에 drag and drop한 후 down 1m를 선택한다.

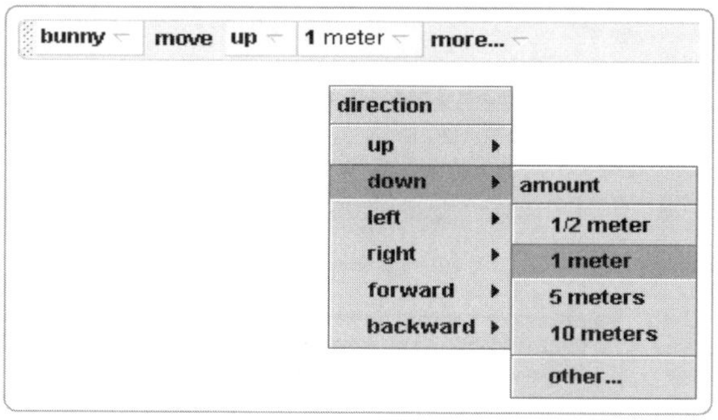

10. 아래에서 보면 "World.bunny squashes phone"에서는 bunny가 위로 1m, 아래로 1m를 동작하도록 행동문장을 구성하고 있다.

11. 다시 "World.defending naptime story"을 클릭하면 main story를 볼 수 있다.

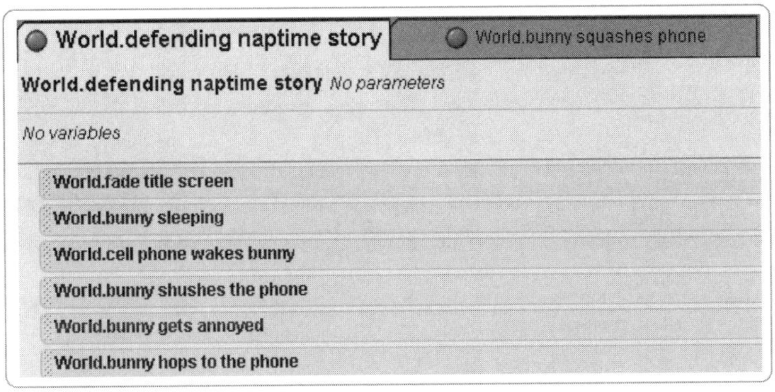

12. 왼쪽의  를 클릭하게 되면 아래의 World의 method 들을 볼 수 있다. 여기에서 bunny squashes phone을 World.bunny hops to the phone 아래에 드래그 앤 드롭 한다.

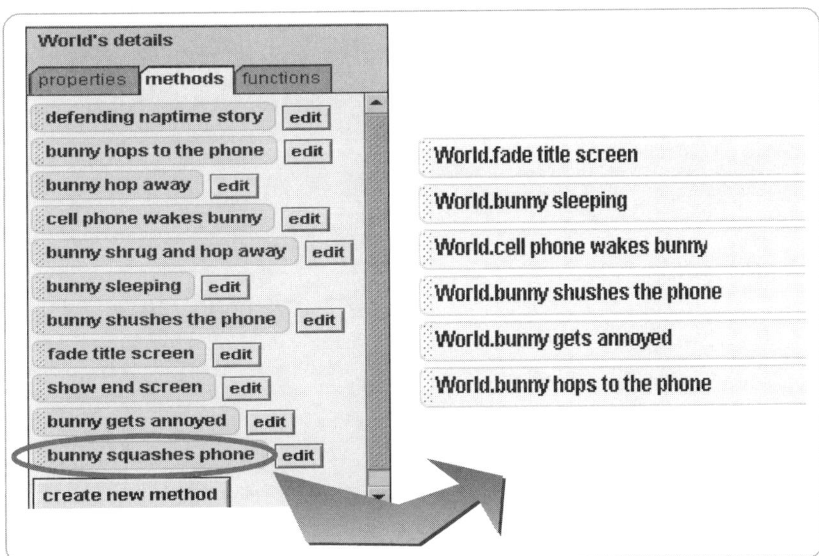

13. Play를 실행해보면 새로 첨부된 “World.bunny hops to the phone”이 실행되는 것을 볼 수 있다.

14. edit area에서 이번에는 World.bunny squashes phone 를 클릭하여 World.bunny squashes phone으로 들어가서 보면 bunny가 위 아래로 1m씩 움직이도록 되어 있는데 뒤의 more... 부분을 클릭하여 시간을 조정할 수 있다.

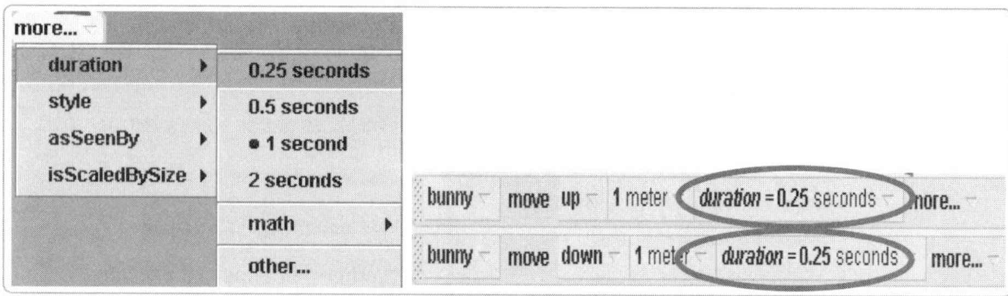

15. 그러면 위에서 적용한대로 실행되는 것을 볼 수 있다.

16. 이번에는 bunny가 phone 위를 점프하였을 때 phone이 으스러지는 동작을 표현해 보도록 하자. 먼저 왼쪽의 Cellphone 을 클릭하면 아래의 method들이 나오게 된다.

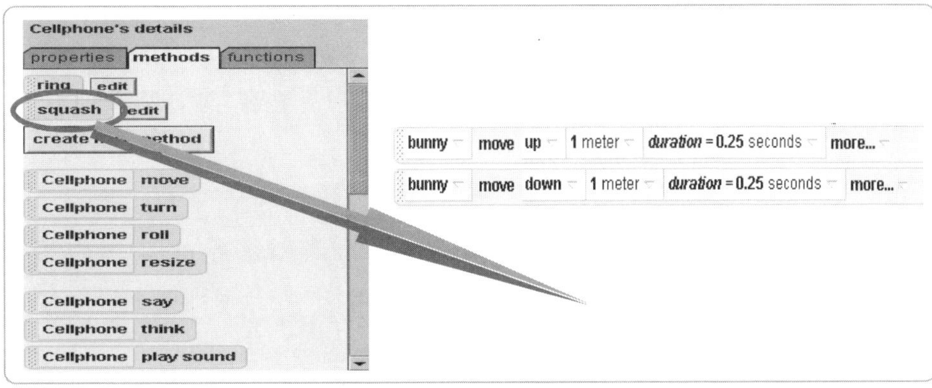

17. 그러면 bunny가 점프를 하고 나서 Cellphone이 부서지는 장면이 첨부되어 동작하게 된다.

18. World에 더 많은 method들을 넣어보도록 하겠다. 왼쪽의 method에서 bunny shrug and hop away 를 드래그 앤 드롭하여 오른쪽의 edit area의 맨 마지막에 갖다 놓는다.

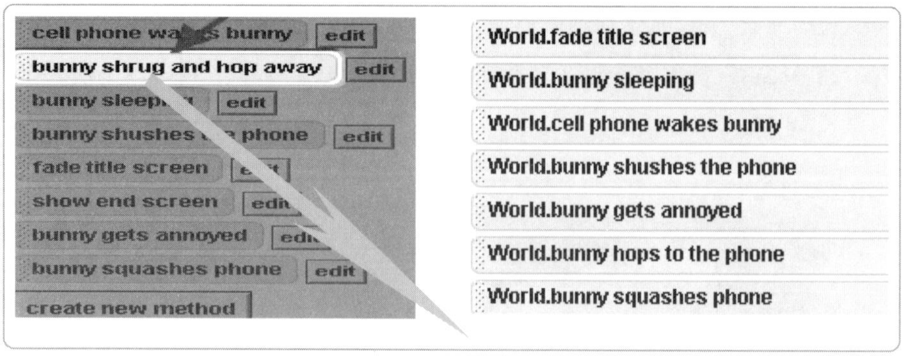

19. 이제는 method 탭에서 show end screen 탭을 오른쪽 edit area 안의 World. bunny shrug and hop away 아래에 드래그 앤 드롭해 넣는다.

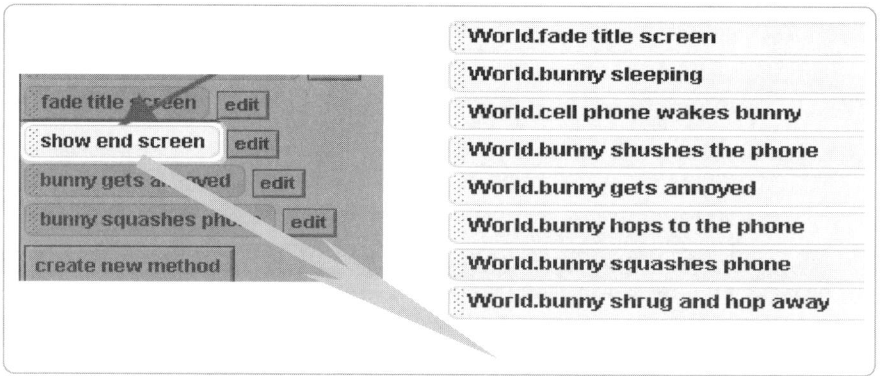

20. 위에서 첨부한 method들을 실행한다.

21. 이번에는 window에 나오는 글자들에게 표현을 덧붙이는 것을 해보도록 하겠다. 먼저 왼쪽 method 탭에서 bunny shushes the phone edit 의 edit탭을 누르면

World.bunny shushes the phone의 method들이 열리게 된다.

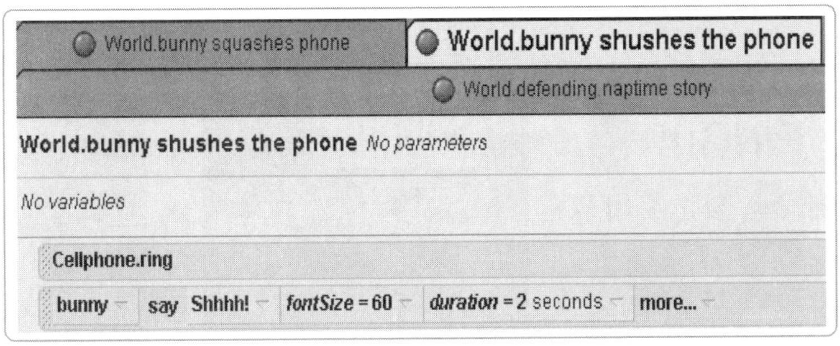

22. 왼쪽의 object tree에서 +기호를 클릭하면서 bunny의 하위메뉴 중에 armR 을 선택한다. 아래의 method 탭에서 armR/turn method를 edit area 안의 "Cellphone.ring" 아래에 드래그 앤 드롭하여 넣고, 팝업메뉴에서 backward - 1/4을 자례로 선택한다.

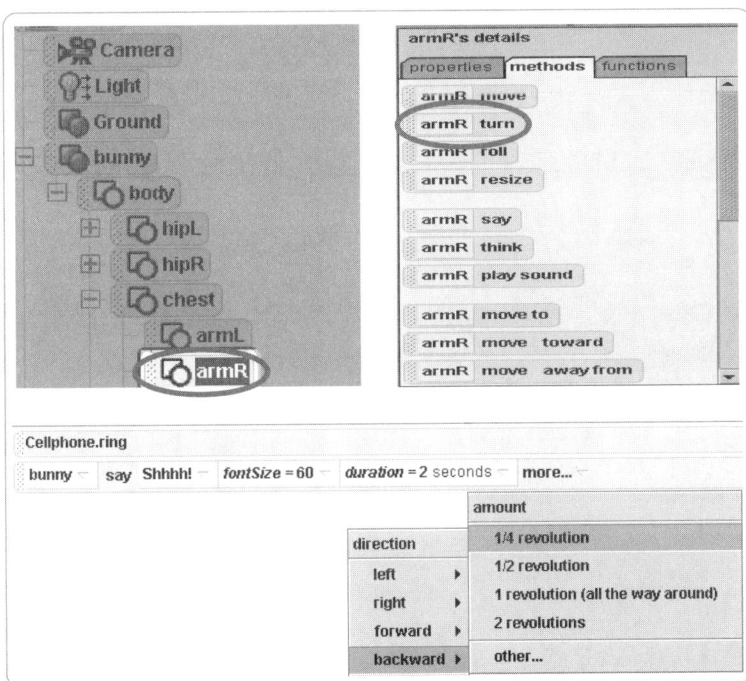

23. 다시 armR/turn method를 edit area 안의 "bunny say Shhhh!" 아래에 드래그 앤 드롭하여 나오는 팝업메뉴에서 forward - 1/4를 차례로 선택한다.

4.2.3 'penguinChorus'

이번 tutorial에서는 Alice World가 mouse click이나 key press에 어떻게 반응하는지에 관하여 알아볼 것이다.

1. 

버튼을 누르면 이 World가 어떻게 작동하는지 보여주게 된다.

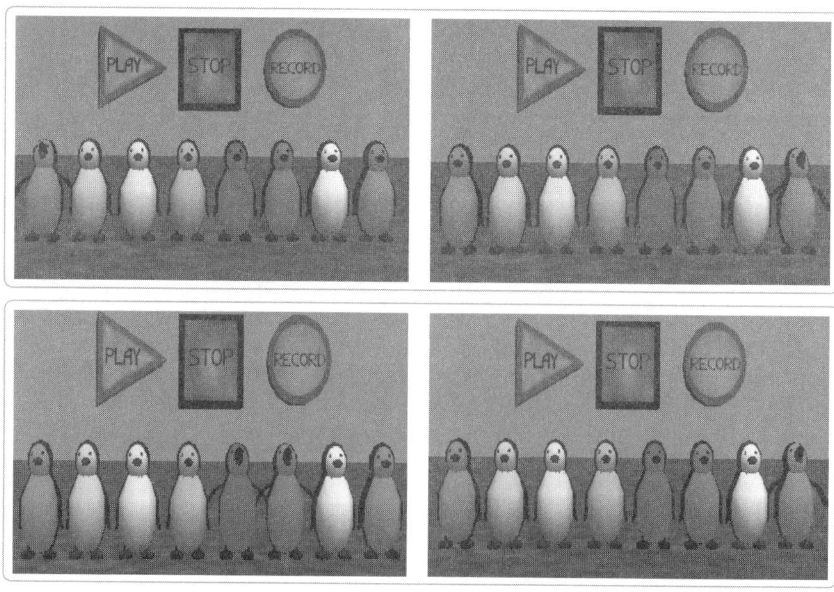

2. 아래의 event area는 penguin이 노래를 부르는 것과 같은 행동을 언제 하여야 하는지를 Alice에게 알려주는 역할을 한다.

3. 아래는 event를 보여주고 있다. 이것은 World가 시작될 때 Alice가 "World.penguins sing song" method를 실행해야만 한다는 것을 보여준다.

4. 아래의 details area는 World의 method들을 보여준다.

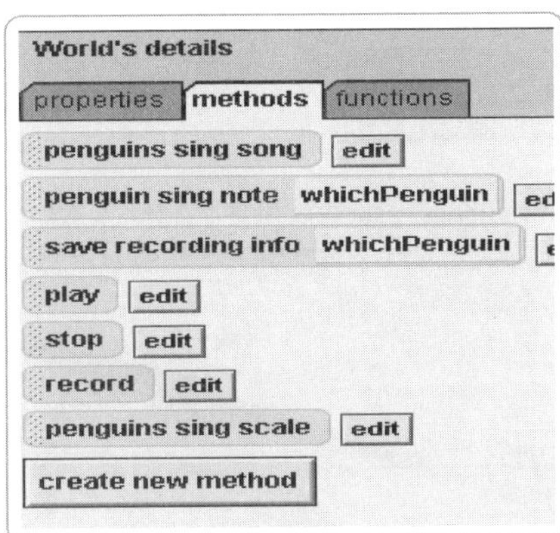

5. 다음 단계에서 World가 시작될 때 “Penguins sing scale”을 실행하도록 할 것이다.

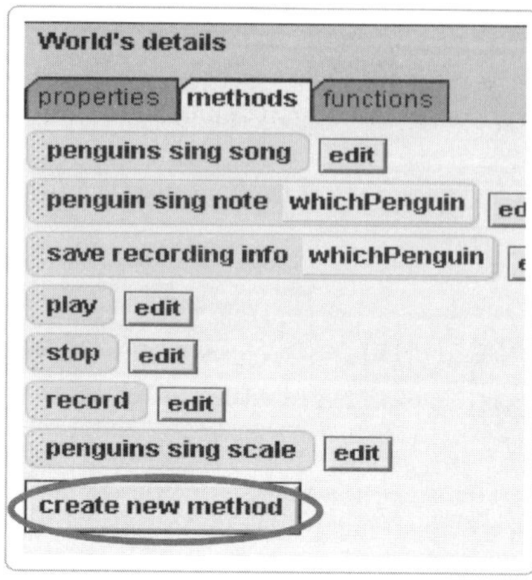

6. 아래의 “Penguins sing scale” method를 오른쪽의 event area에 드래그 앤 드롭한다.

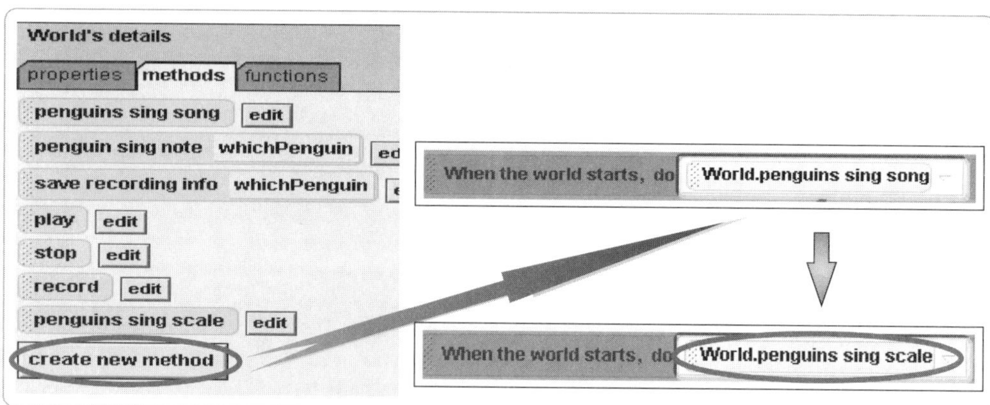

7. 

를 누르면 "World.penguins sing scale"이 실행된다.

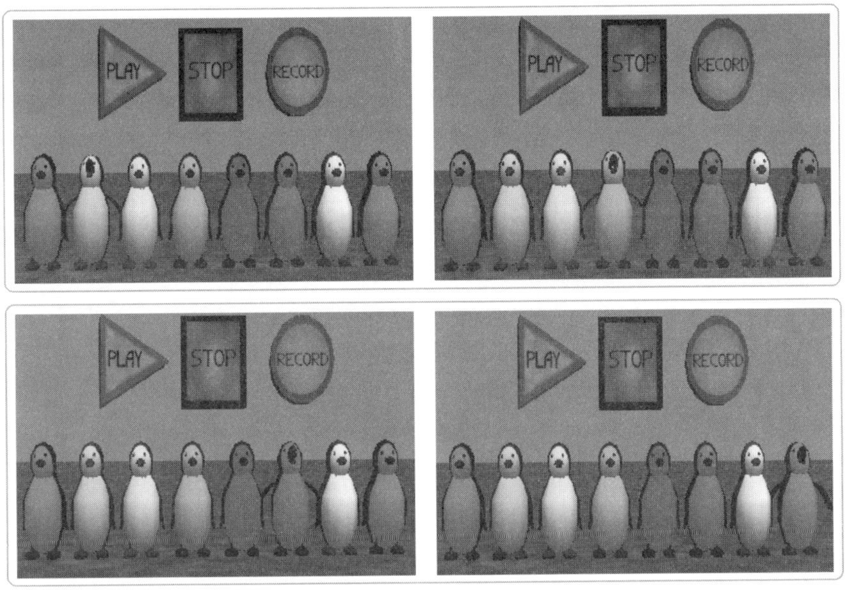

8. 만약 키보드의 어떤 키를 눌렀을 때 penguin이 노래를 부르도록 하기 위해서는 먼저 event area에 있는 create new event 버튼을 누른다.

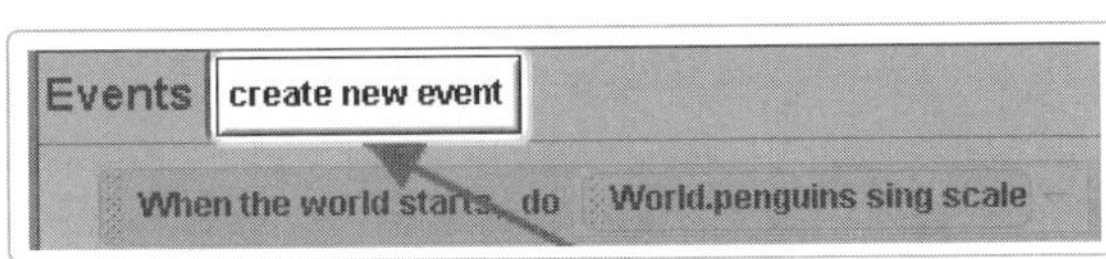

9. 나오는 팝업메뉴에서 "When a key is typed"를 선택한다.

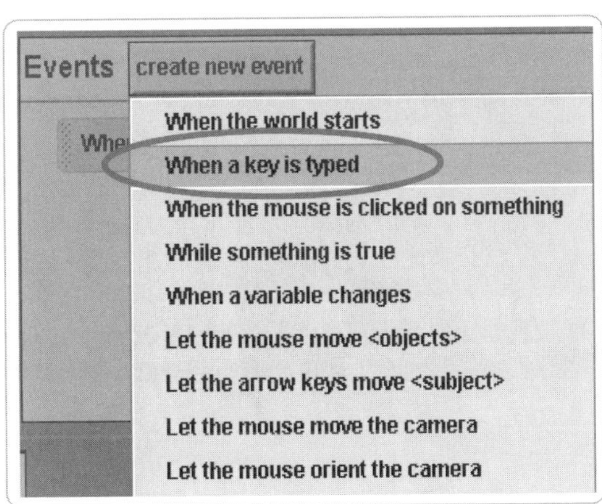

10. 선택하면 아래와 같이 나오게 되는데 어떤 키를 눌렀을 때 지금은 아무것도 실행이 되지 않게 된다.

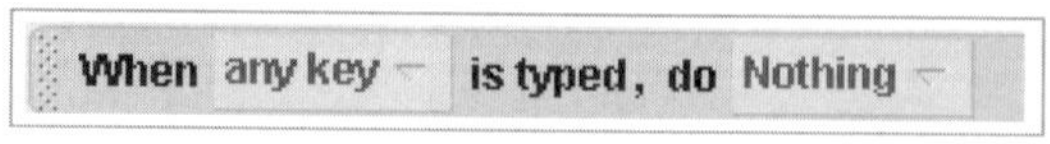

11. 왼쪽의 penguins sing song method를 오른쪽의 Nothing영역에 드래그 앤 드롭한다.

12. World가 시작될 때는 "World.penguins sing scale"이 실행되고 어떤 key를 눌렀을 때는 "World.penguins sing song"을 실행하게 된다.

13. penguin singing scale이 끝난 후에 키보드의 어떤 키를 누르게 되면 penguins sing song을 실행하게 된다.

14. 다음에는 각 penguin들마다 자신의 note로 노래를 부르게 하는 event를 만들어 볼 것이다. 먼저 creat new event 버튼을 누른다.

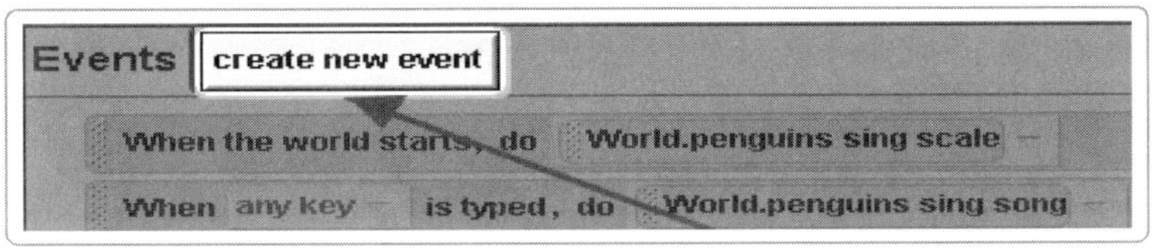

15. 누르면 나오는 events area 팝업메뉴에서 "When the mouse is clicked on something"을 선택한다.

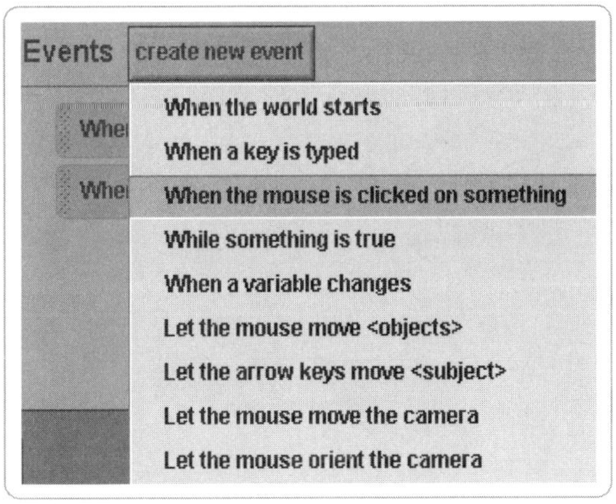

16. 위에서 만든 event는 어떤 object를 클릭했을 때 어떤 동작을 취하게 하는 것을 확인할 수 있다.

17. 파란색 팽귄을 선택했을 때 자신의 키로 노래를 부르게 하는 event를 만들어보게 하려면 다음과 같이 한다.

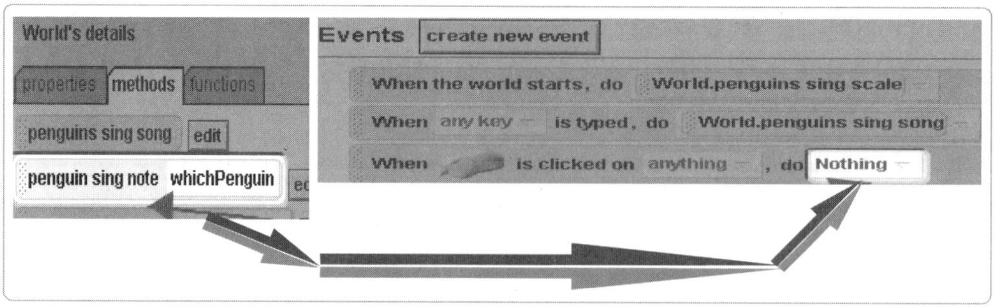

18. 드래그 앤 드롭 하였을 때 나타나는 팝업메뉴에서 “Blue penguin”-"the entire Blue penguin”을 차례로 선택한다.

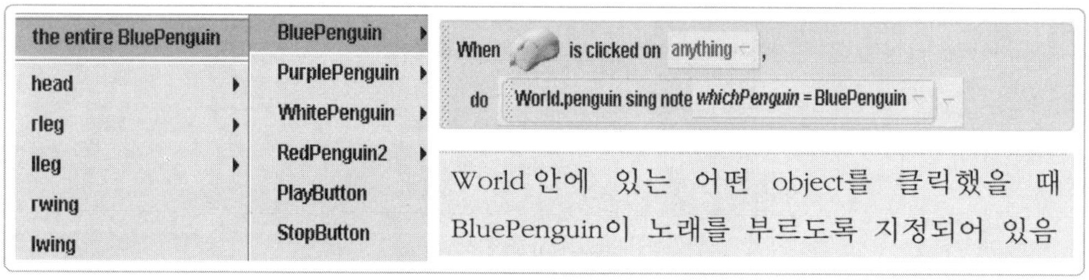

19. 처음 팽귄들이 모두 노래를 부르고 난 후에 임의의 object를 클릭하면 파란색 팽귄이 노래를 부르게 된다.

20. 이제는 선택한 팽귄이 노래를 부르게 하도록 event를 만들어 보도록 하겠다. whichpenguin = BluePenguin을 클릭하면 나오는 팝업메뉴에서 expressions - object under mouse cursor를 선택한다.

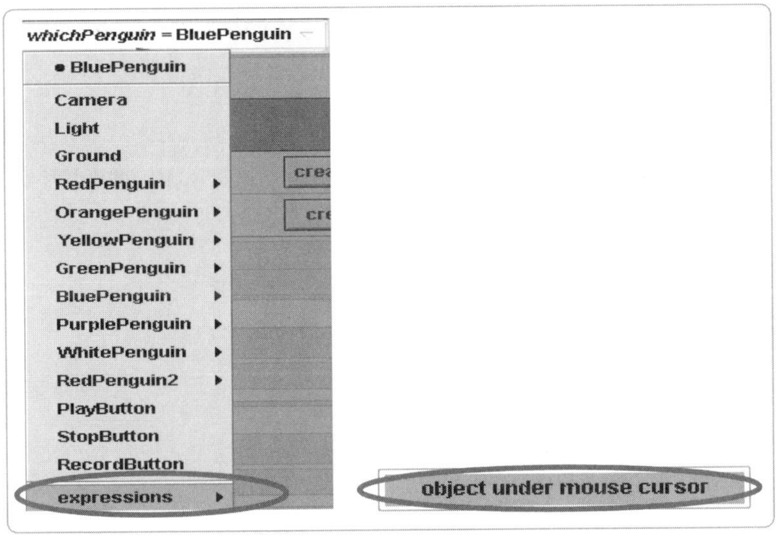

21. 이 event는 임의로 클릭을 하는 것이 아니라 클릭한 object만이 노래를 부르게 하는 event이다.

22. 이번에는 아래 그림의 Play, Stop, record 버튼에 접속할 수 있도록 하는 event를 만들어 보겠다. 먼저 create new event 버튼을 클릭하고 "When the mouse is clicked on something"을 선택한다.

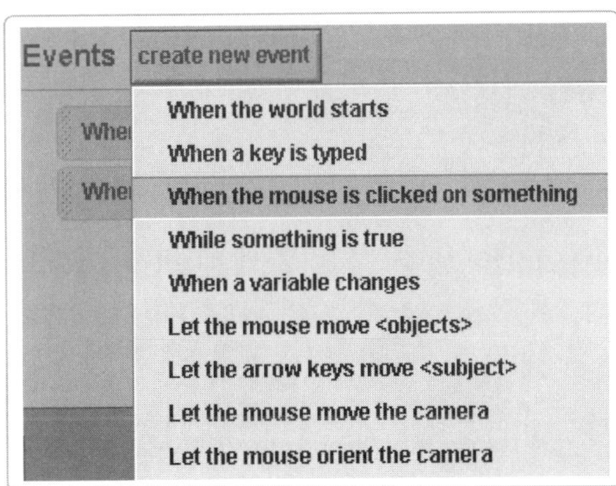

23. event에서 anything을 클릭하면 나오는 팝업메뉴에서 Record button을 선택한다.

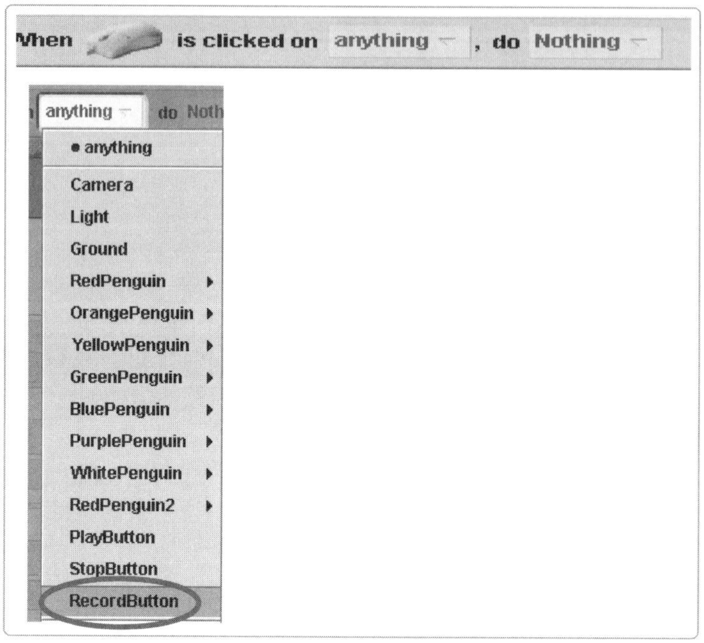

24. record 버튼을 눌렀을 때 실행의 내용을 지정하기 위해서 왼쪽 record method를 오른쪽의 event area의 nothing에 드래그 앤 드롭 한다.

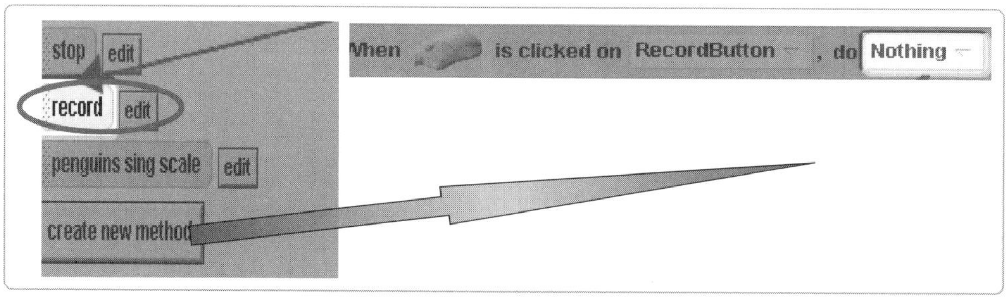

25. 이 event는 RecordButton을 눌렀을 때 우리가 원하는 World.record method를 실행하게 된다.

26. 이제 play버튼 event를 만들어 보겠다. 먼저 creat new event버튼을 누른다.

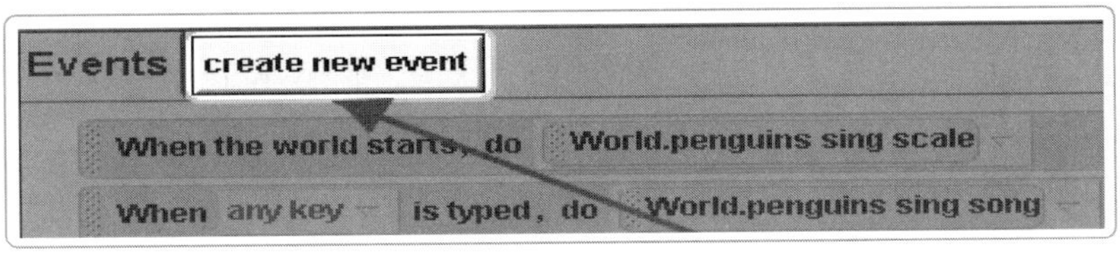

27. "When the mouse is clicked on something"을 선택한다.

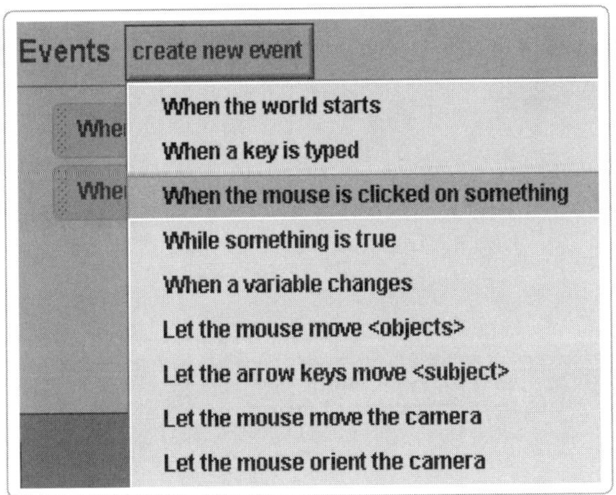

28. event area의 anything의 팝업메뉴에서 playButton을 선택하고 위와 같은 방법으로 왼쪽의 play method를 오른쪽 do nothing 영역에 드래그 앤 드롭하면 다음과 같이 나타나게 된다.

PlayButton을 눌렀을 때 World.play method가 실행되게 된다.

29. 다음은 마지막으로 stopbutton의 event를 만들어 보겠다. create new event 버튼을 클릭한다.

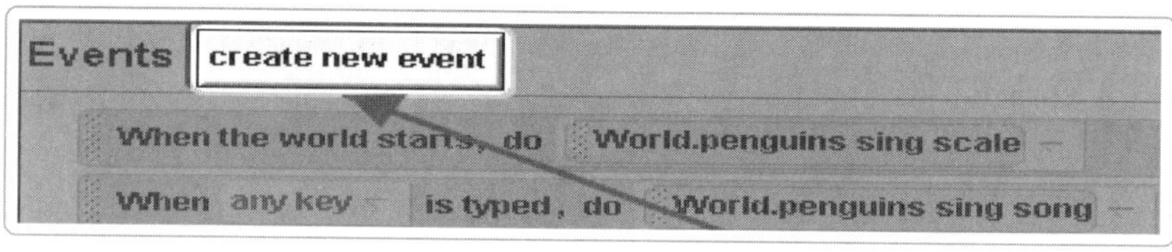

30. “When the mouse is clicked on something”을 선택한다.

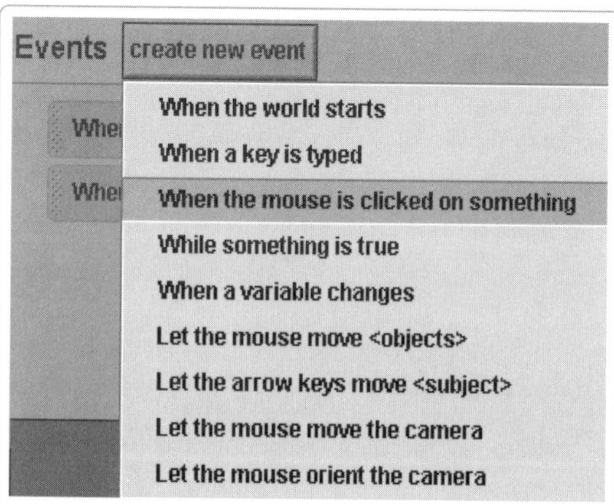

31. event area의 anything의 팝업메뉴에서 stopButton을 선택하고 위와 같은 방법으로 왼쪽의 play method를 오른쪽 do nothing 영역에 드래그 앤 드롭하면 아래와 같이 나타나게 된다.

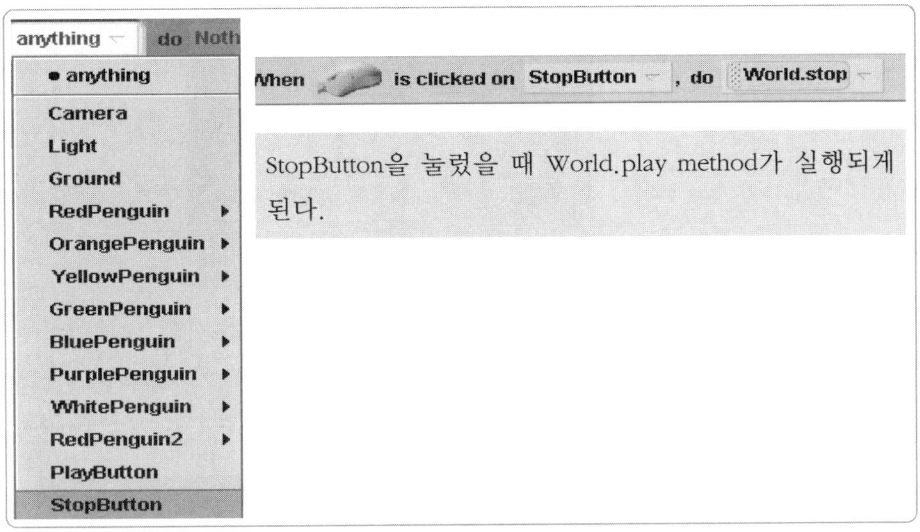

32. 지금까지 몇 개의 event를 만들어 보았다. penguin을 클릭하면 노래를 부르게 할 수 있고, play, record, stop의 기능을 할 수 있게 되었다.

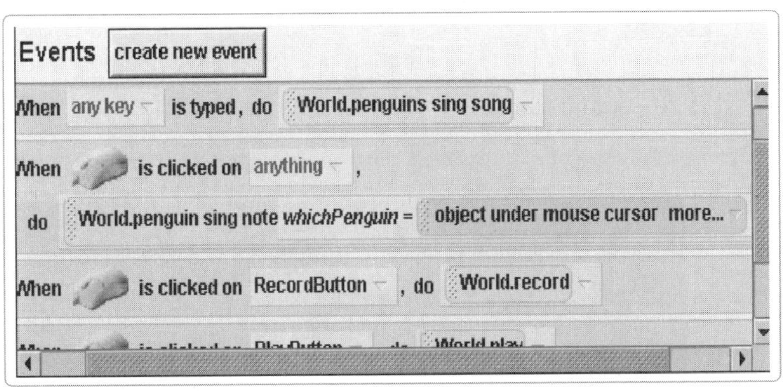

4.2.4 'space'

1. 

버튼을 클릭한다.

2. 아래는 object가 어떻게 움직이는가를 3D 화면으로 잘 보여주고 있다.

3. 위의 화면에서 lunar lander를 화면의 정면으로 드래그 앤 드롭해 온다.

4. 아래에 있는 방향화살표를 이용해서 가운데 화면에 있는 lunar lander에 근접하게 할 수 있다.

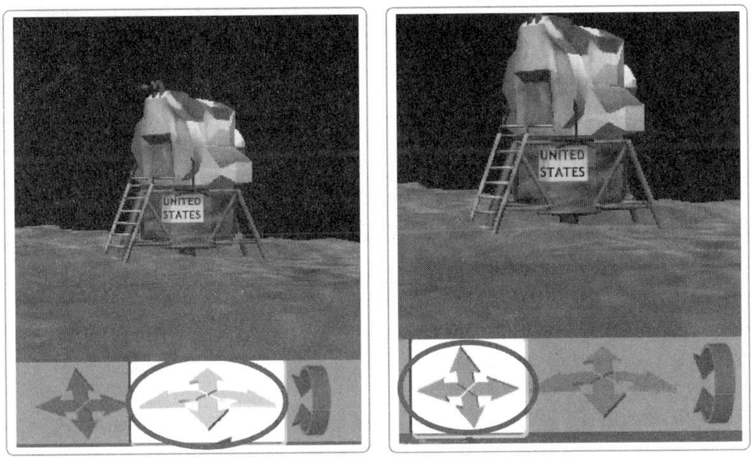

5. 만약에 여태까지 사용자가 임으로 이동시켰던 object를 처음의 위치로 되돌리기 위해서는 다음의 undo 버튼을 클릭한다.

6. 다음은 어떻게 새 World를 만들고 object들을 배열시키는 방법에 대하여 알아보자. 먼저 메뉴에서 File - New World를 클릭한다.

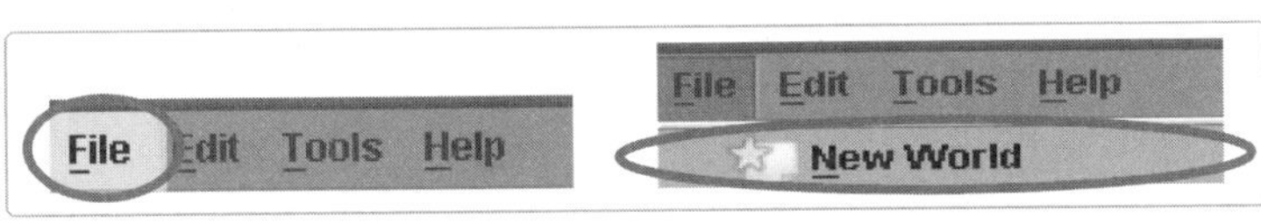

7. template에서 "grass" - "Open"을 선택한다.

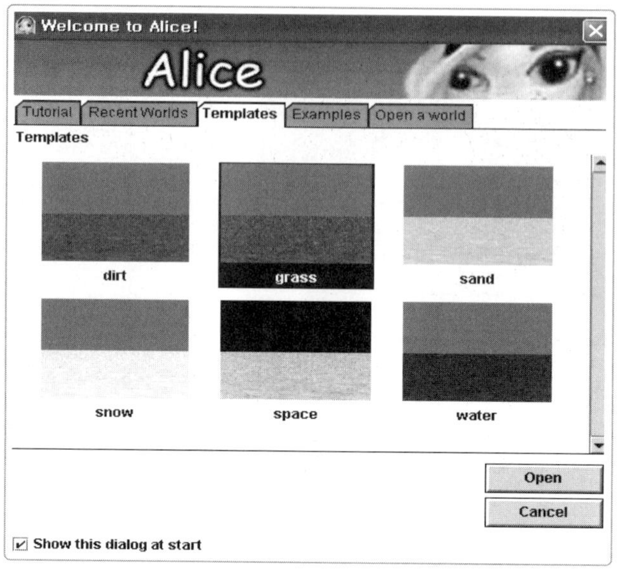

8. 그러면 main window에 grass의 배경화면이 들어가게 된다.

9. 다음에는 3D window의 확장의 기능을 가지고 있는 ADD OBJECTS 버튼을 누른다.

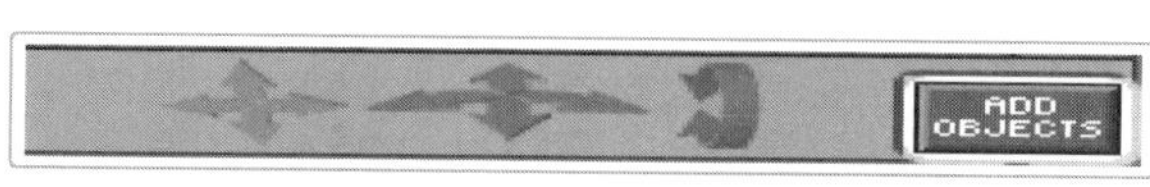

10. window 3D gallery에 있는 많은 object들을 world에 다 넣을 수 있다.

11. gallery에서 많은 object들 중 Beach를 클릭하여 들어간다.

12. 그러면 Beach 안에 있는 많은 object들이 보여지게 된다.

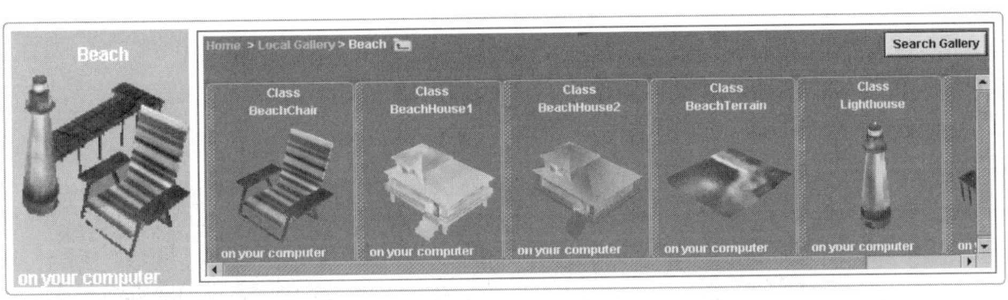

13. object들 중에 BeachChair을 선택하여 Window 안에 삽입한다.

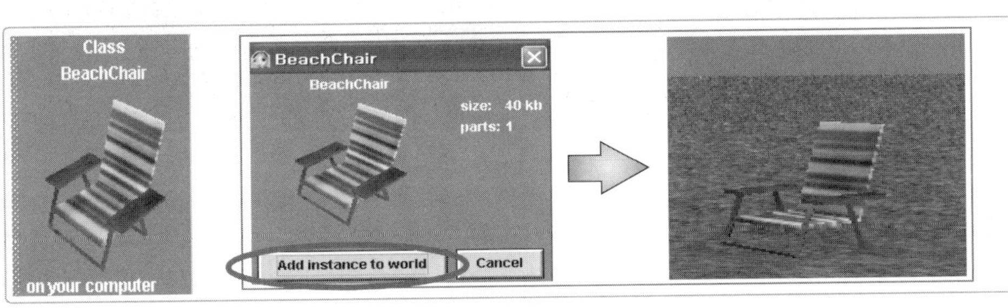

14. local gallery 안에서 하나의 object "Buildings"를 클릭하여 window안에 삽입한다.

15. window 안에 있는 object들을 쉽게 copy하는 방법은 아래와 같다. 먼저 이 copy tool의 버튼을 클릭한다.

16. 대상을 클릭한 후 드래그하면 그 횟수만큼 copy가 된다.

17. 다음은 object를 회전하기 위한 rotate 툴을 선택한다.

18. 대상을 클릭한 후 드래그 하면 옆으로 회전이 이루어진다.

19. 다음은 정상적인 오브젝트 이동에 사용하는 the arrow icon을 클릭한다.

20. the arrow icon을 이용하여 각 object들을 원하는 곳으로 이동한다.

제 5 장

알고리즘에 맞는 순서도의 작성 및 Alice로 표현하기

5.1 순차형 순서도

▶ 교차로 이야기

1 생각열기

다음 글을 읽고, 문제를 어떻게 해결할 수 있을 지 생각해 보세요.

교차로에서 세 대의 차량(Car, convertible_corvette, tank)이 마주보고 섰다.
각 차량은 신호등의 지시에 따라 길을 건널 수 있다. 아래의 화살표 방향에서부터 시계방향으로 차례로 한 대씩 갈 수 있도록 교통경찰이 맞추어 놓았다. 어떤 순서에 의해서 세 대의 차량 통행이 이루어지겠는가?

앞의 문제를 그림형식의 스토리 보드를 이용하여 해결해 보세요.

[장면번호] [장면그림] [설명]	[장면번호] [장면그림] [설명]

2 순서도로 작성하기

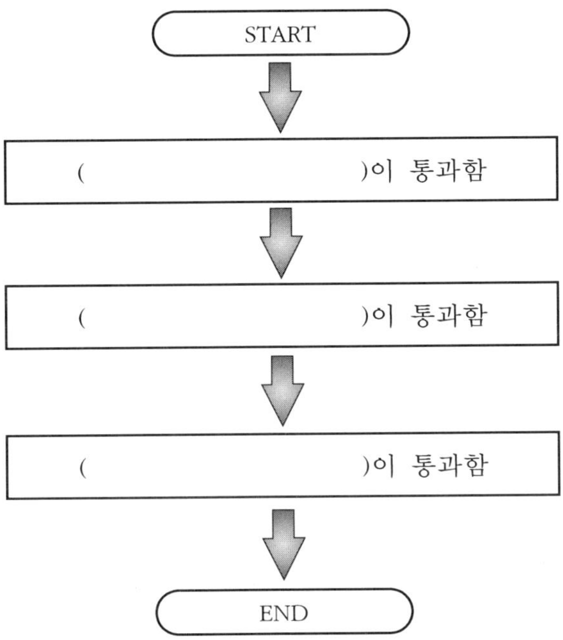

3 **Alice로 표현하기**

1. Alice를 시작하면 나오는 배경 선택 창에서 dirt를 선택한다.

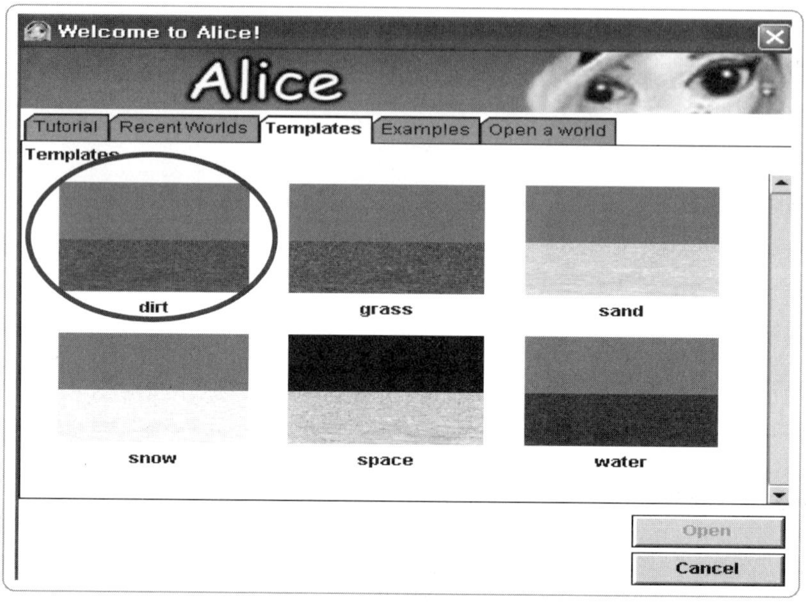

2. 작업 창에서 순차적인 동작을 표현할 때 쓰이는 Do in order를 Do Nothing 영역에 드래그 하여 갖다 놓는다.

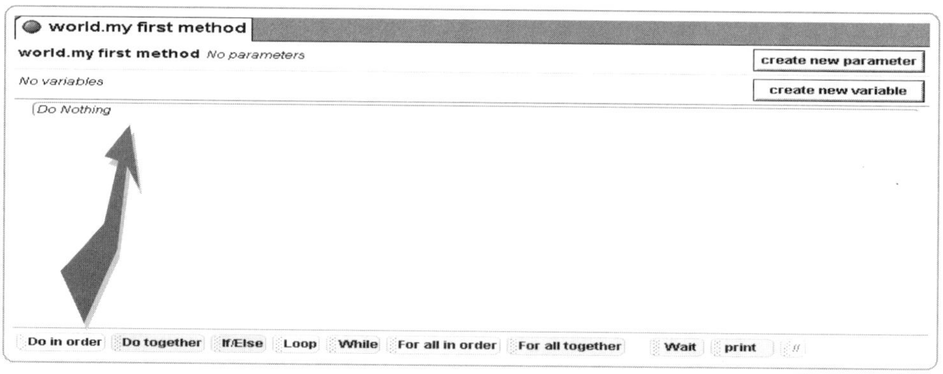

▶ *Do in order와 Do together*

Do in order는 순차적인 동작을 표현하고, Do together는 동시 동작을 표현할 때 쓰인다.

3. ADD OBJECT 버튼을 클릭하면 나오는 Gallery(Local, Web)에서 위의 Car, Convertable_corvette, tank를 선택하여 갖다 놓는다.

4. 부수적으로 환경을 꾸미기 위해 다음의 object들도 선택하여 배열한다.

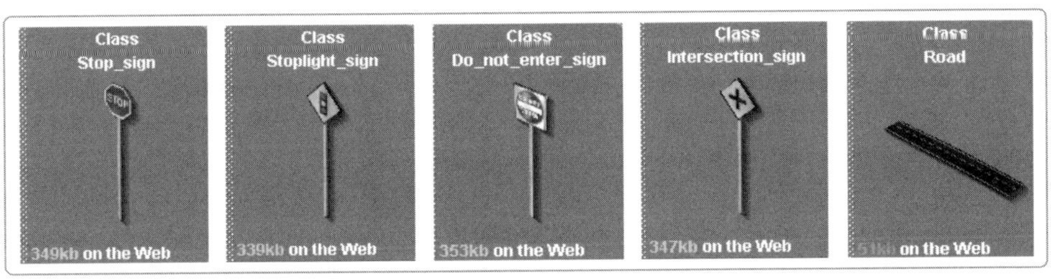

▶ 클래스(Classes)와 오브젝트(Objects)

◇ 클래스(Classes)

클래스는 특정한 종류의 오브젝트를 정의한다. 엘리스에서 클래스는 gallery에서 3D모델로 선언되어지고, Animals, people, Buildings, Sets와 Scenes, Space 등으로 범주화시킨다. 클래스의 이름은 대문자로 시작된다. 아래의 그림에서는 Animals 폴더에 있는 몇몇의 클래스들을 보여주고 있다.

◇ 오브젝트(Objects)

오브젝트는 클래스의 구성요소들이다. 엘리스에서 오브젝트 소문자로 시작되고 같은 클래스의 모든 오브젝트들은 몇몇의 공통점을 가지고 있으며 자신만의 독특한 성질을 가지고 있기도 하다.

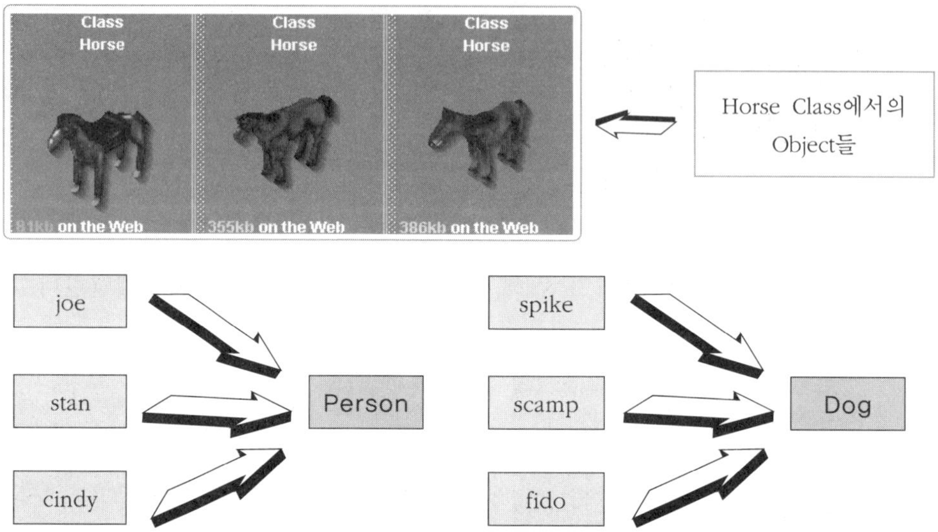

– 클래스에서의 오브젝트 조직 –

5. 화면상 배열이 끝났을 때의 왼쪽의 World level(메인) 순서도이다.

6.  버튼을 누르면 나오는 작업창에 ㉤에서의 순서도 상의 각 object들을 드래그하여 아래의 작업창에 끌어다 놓으면 나오는 하위 메뉴들을 선택한다.

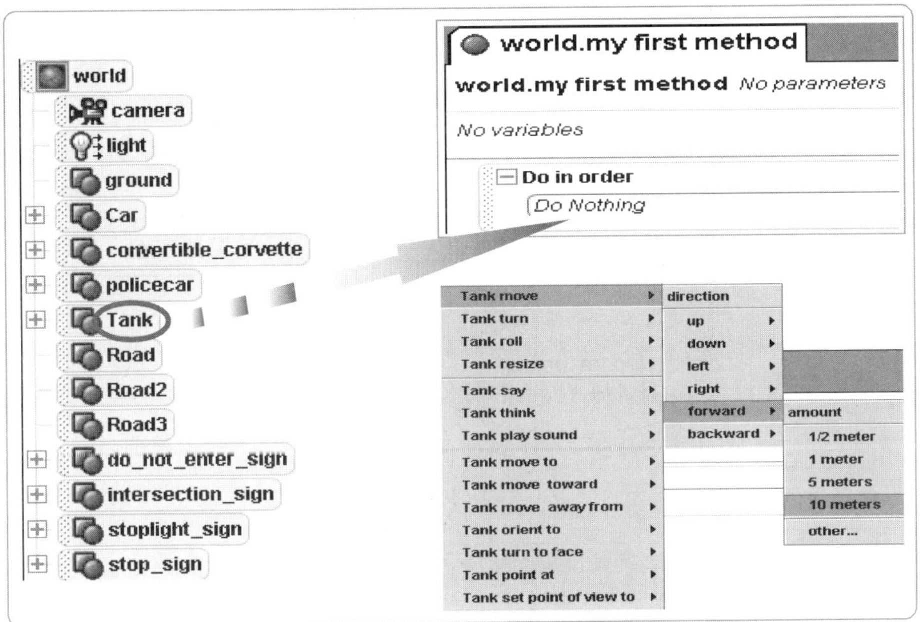

▶ object들을 작업창에 드래그 하였을 때 나오는 하위메뉴들을 선택하는 방법

아래의 프로그래밍 낱말 맞추기 규칙에 맞게 선택하도록 한다.

제 1 선택 → 제 2 선택 → 제 3 선택 → 제 4 선택 → 제 5 선택

- 제 1 선택: Do in order / Do together
- 제 2 선택: Object
- 제 3 선택: 3선택 낱말표
- 제 4 선택: 4선택 낱말표
- 제 5 선택: 5선택 낱말표

(3선택 낱말표, 4선택 낱말표, 5선택 낱말표: 동일한 색상)

제 1 선택

Do in order (시간차에 따른 동작) | Do together (동시 동작)

제 2 선택

대상선택 (object)

제 3 선택

move 움직이다	turn 돌리다	roll 구르다
resize 크기를 바꾸다	say 말하다	think 생각하다
play sound 소리내다	move to ~로 움직이다	move toward ~로 움직이다(수량포함)
move away from ~부터 떨어지다	turn to face 얼굴을 돌리다	point at ~를 향하다
set pose 자세를 취하다	set color to 색을 지정하다	set opacity to 불투명도를 지정하다
stand up 일어서다	set skin texture to 피부 질감을 지정하다	set filling style to ~한 스타일로 채우다
orient to ~쪽에 등지다	set point of view to ~로 강조되어 움직이다	set vehicle to ~을 타다

제 4 선택

- no color
- black
- red
- green
- blue
- yellow
- purple
- orange
- pink
- brown
- cyan
- magenta
- gray
- light gray
- dark gray

- pose

- 0(0%)
- 0.1(10%)
- 0.2(20%)
- 0.3(30%)
- 0.4(40%)
- 0.5(50%)
- 0.6(60%)
- 0.7(70%)
- 0.8(80%)
- 0.9(90%)
- 1(100%)

- chicken
- doorbell
- drip
- gong
- pop
- splash
- thud1
- thud2
- whoosh1
- whoosh2
- import sound file...
- record new sound...

- I wander
- other...

- 1/4meter
- 1/2meter
- 1meter
- 2meter

- up
- down
- left
- right
- forward
- backward

- left
- right

- camera
- light
- ground
- 대상이름

- left
- right
- forward
- backward

- 1/2(half as big)
- 2(twice as big)
- other...

- solid
- wireframe
- points

- hello
- goodbye
- other...

- ground.GrassTexture
- 대상이름.texture

제 5 선택

- 1/4 revolution
- 1/2 revolution
- 1 revolution
- 2 revolution
- other...

- 1/2meter
- 1meter
- 5meter
- 10meter
- other...

- camera
- light
- ground
- 대상이름

동일한 색상

♣ 결과 예시) 토끼 한 마리가 위로 1미터 움직인다.

Do in order	bunny	move	(◯) up ▶	(◯) 1meter
제 1 선택	제 2 선택	제 3 선택	제 4 선택	제 5 선택

7. 각 object들의 하위메뉴들을 선택하여 순차적으로 진행하도록 Alice로 표현하면 다음과 같게 나타낼 수 있다. (단, 순서는 화살표부터 시계방향)

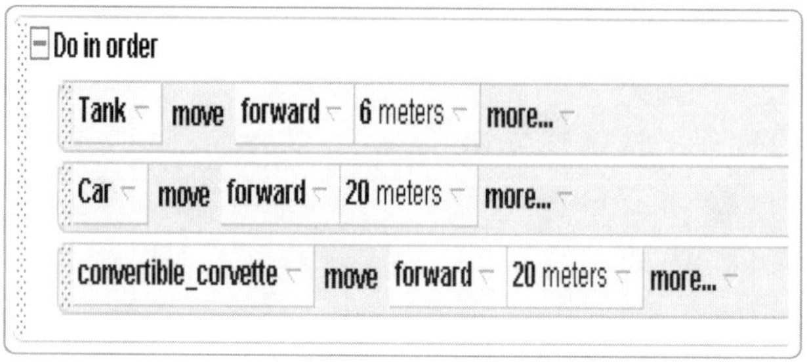

▶ 숫자 선택 화살표 하위 목록의 other 항목을 선택하면 숫자 선택 계산기가 나와 임의대로 숫자를 선택할 수 있다.

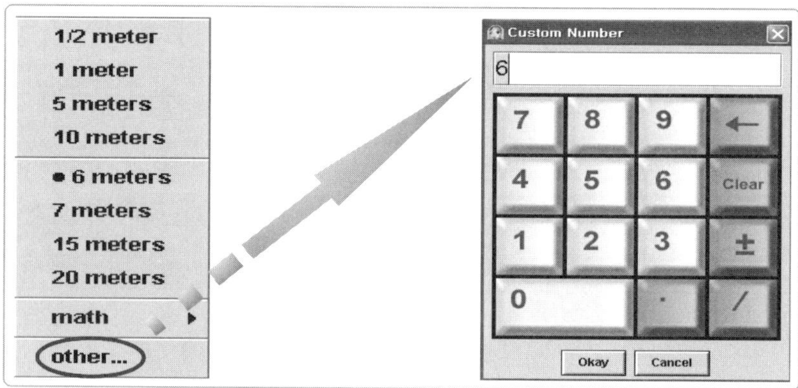

8. 화면 좌측 상단에 있는  버튼을 클릭하면 순차적으로 위에서부터 실행이 된다.

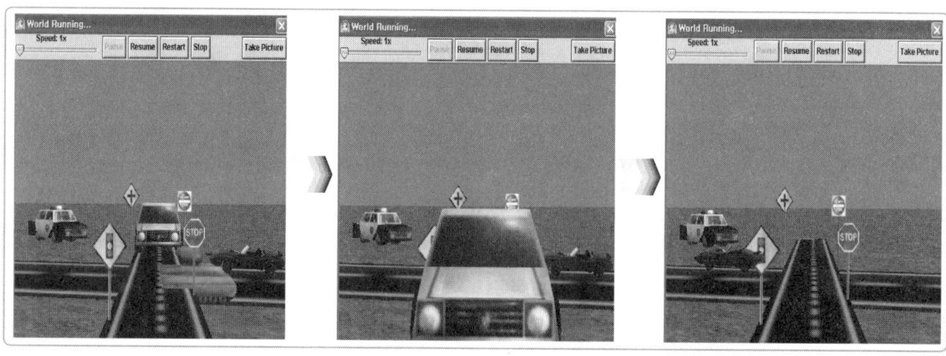

5.2 순차형 순서도 예제 2

▶ 토끼 이야기

1 생각열기

다음 글을 읽고, 문제를 어떻게 해결할 수 있을 지 생각해 보세요.

토끼가 앞에 있는 풀을 발견하였다. 토끼는 오랫동안 먹이를 먹지 못해 몹시 배가 고파 있다. 토끼가 풀 쪽으로 가서 풀을 맛있게 뜯어 먹고 다시 자신의 자리로 돌아오려면 어떤 순서로 움직여야 하겠는가?

위의 문제를 그림형식의 스토리 보드를 이용하여 해결해 보세요.

[장면번호] [장면그림] [설명]	[장면번호] [장면그림] [설명]

2 순서도로 작성하기

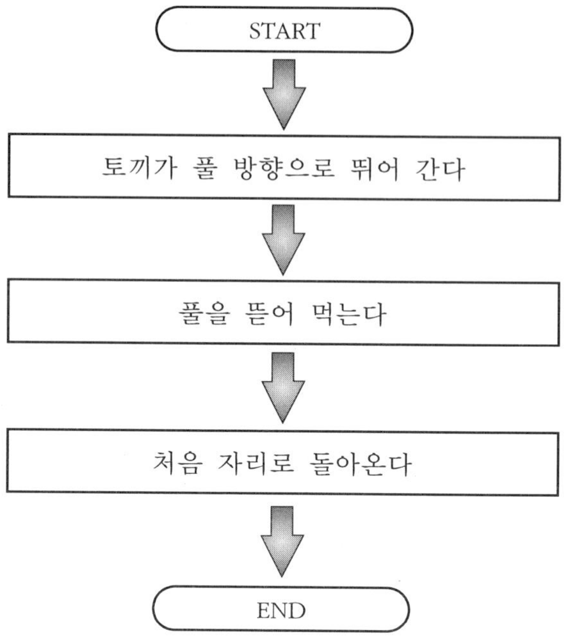

3 Alice로 표현하기

1. Alice를 시작하면 나오는 배경 선택 창에서 grass를 선택한다.

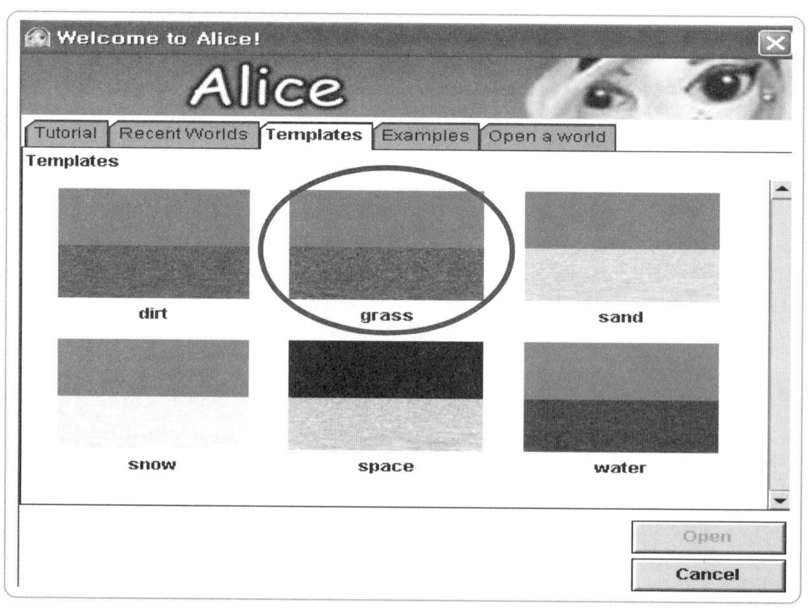

2. 작업 창에서 순차적인 동작을 표현할 때 쓰이는 Do in order를 Do Nothing 영역에 드래그 하여 갖다 놓는다.

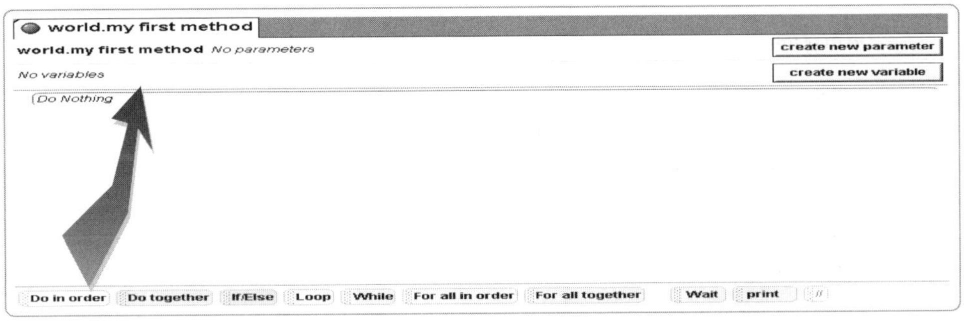

3. ADD OBJECT 버튼을 클릭하면 나오는 Gallery(Local, Web)에서 위의 rabbit과 fern을 선택하여 갖다 놓는다.

4. 토끼가 앞으로 한 번 뛰는 동작을 표현한다.

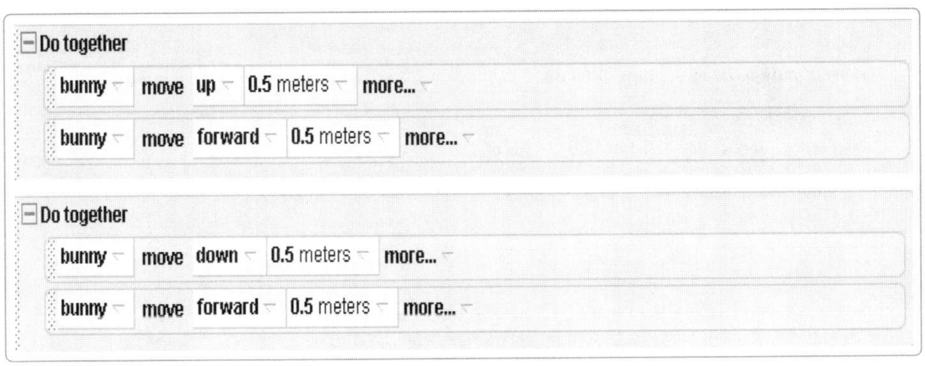

5. fern까기 이르기 위해서는 세 번 정도를 뛰어야 하므로 위의 동작을 세 번 반복한다.

```
Do in order
  Do together
    bunny move up 0.5 meters more...
    bunny move forward 0.5 meters more...
  Do together
    bunny move down 0.5 meters more...
    bunny move forward 0.5 meters more...
  Do together
    bunny move up 0.5 meters more...
    bunny move forward 0.5 meters more...
  Do together
    bunny move down 0.5 meters more...
    bunny move forward 0.5 meters more...
  Do together
    bunny move up 0.5 meters more...
    bunny move forward 0.5 meters more...
  Do together
    bunny move down 0.5 meters more...
    bunny move forward 0.5 meters more...
```

6. 토끼가 풀까지 접근하여 풀을 먹는 동작을 표현한다.

```
bunny.upperBody.head turn forward 0.1 revolutions duration = 1 second more...
Do together
  Fern move up 0.1 meters more...
  bunny.upperBody.head turn forward -0.1 revolutions more...
```

7. 토끼가 풀을 뜯어 먹고 다시 돌아갈 방향으로 도는 동작을 표현한다.

```
bunny turn right 0.5 revolutions more...
```

8. 다시 뛰는 동작 세 번을 반복하여 원래의 위치로 돌아가는 장면을 표현하다.

```
Do in order
  Do together
    bunny move up 0.5 meters more...
    bunny move forward 0.5 meters more...
  Do together
    bunny move down 0.5 meters more...
    bunny move forward 0.5 meters more...
  Do together
    bunny move up 0.5 meters more...
    bunny move forward 0.5 meters more...
  Do together
    bunny move down 0.5 meters more...
    bunny move forward 0.5 meters more...
  Do together
    bunny move up 0.5 meters more...
    bunny move forward 0.5 meters more...
  Do together
    bunny move down 0.5 meters more...
    bunny move forward 0.5 meters more...
```

9. 실행해 보면 아래와 같은 순서에 의해 실행됨을 확인할 수 있다.

4 새로운 상황에 적용 및 평가

▶ 새로운 이야기의 소재와 인물 선택 시 참고사항

Alice에는 gallary(local, web) 안에 많은 클래스와 오브젝트들을 포함하고 있다. 이러한 클래스들과 오브젝트들을 참고하여 다양한 소재와 인물을 일상의 상황들을 떠올리며 선택하도록 한다.

1. Window창에 있는 ADD OBJECT 버튼을 눌러서 Local Gallery와 Web Gallery를 선택하는 화면이 나오도록 한다.

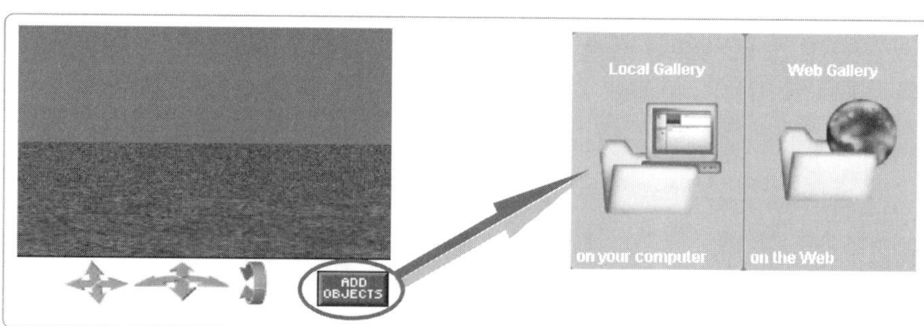

2. Local Gallery나 Web Gallery 둘 중 하나를 선택하여 안에 있는 여러 클래스들과 오브젝트들을 찾아보고 선택한다.

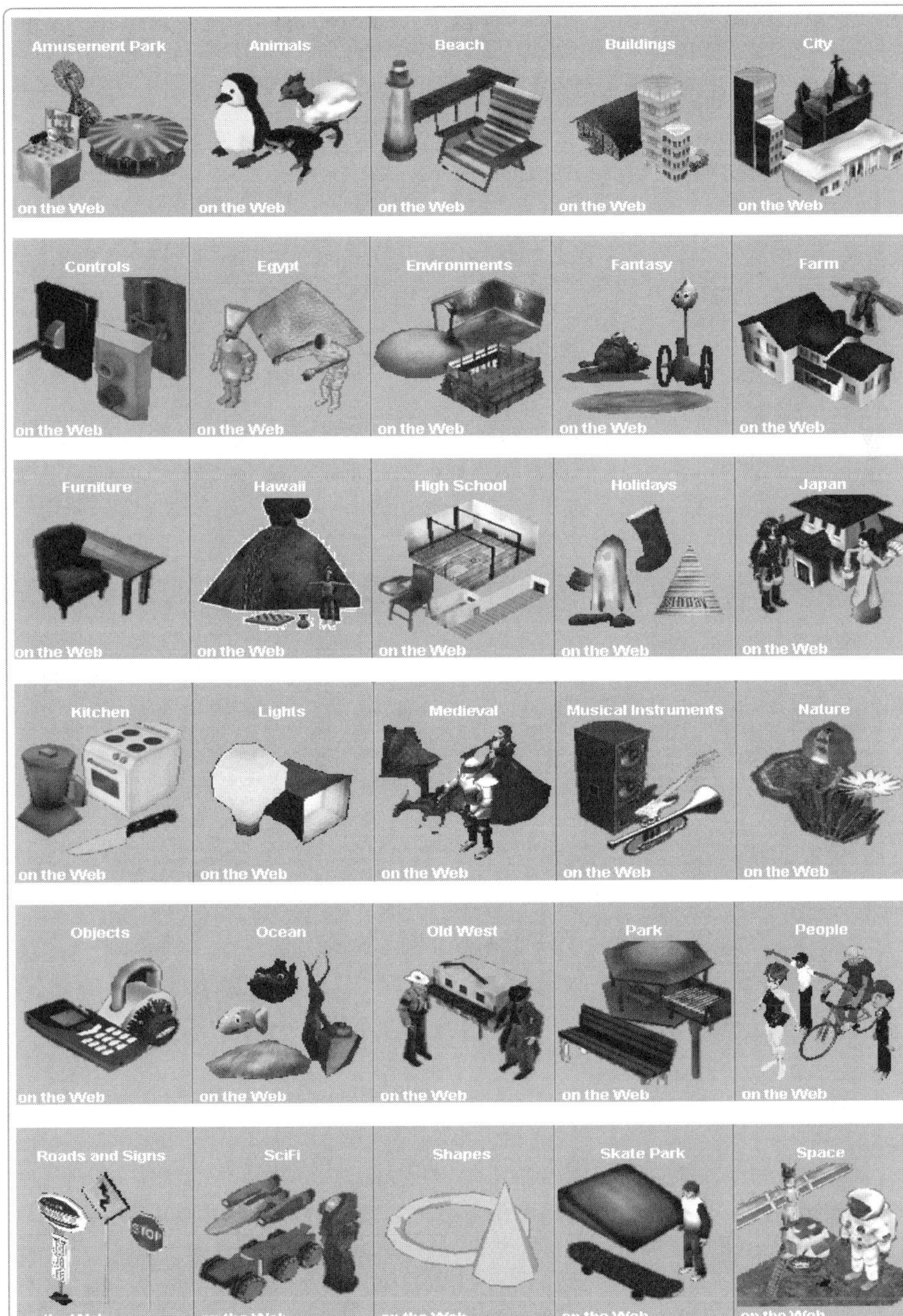

Special Effects
on the Web
Spooky
on the Web
Sports
on the Web
Vehicles
on the Web

◇ 예시

Animals
on the Web
Bugs
on the Web
Dinosaurs
on the Web
Class
Bigfish
2180kb on the Web
Class
BigFish2
411kb on the Web

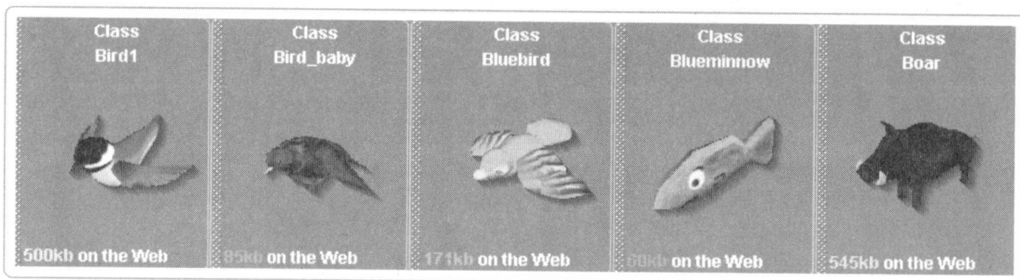
Class
Bird1
500kb on the Web
Class
Bird_baby
on the Web
Class
Bluebird
171kb on the Web
Class
Blueminnow
on the Web
Class
Boar
545kb on the Web

Class
Buffalo
492kb on the Web
Class
Buffalo
328kb on the Web
Class
Bunny
162kb on the Web
Class
Camel
388kb on the Web
Class
Cat
382kb on the Web

Class
CheshireCat
496kb on the Web
Class
Chicken
387kb on the Web
Class
Chicken
63kb on the Web
Class
Cow
on the Web
Class
Dragon
on the Web

▶ 스스로 해 보아요.

1. 순차적인 알고리즘이 적용되는 사례를 일상생활에서 찾아보자.

(예) 샌드위치 만들기 등...

2. 위의 사례를 그림과 설명으로 자세하게 묘사해 보자.

(그림)	(이야기 설명)

3. 이야기에서 중심이 되는 인물과 배경을 파악해 보자.

중심 인물	중심 배경

4. *3*에서 정한 중심인물과 배경을 Alice에 있는 gallary에서 선택하라.

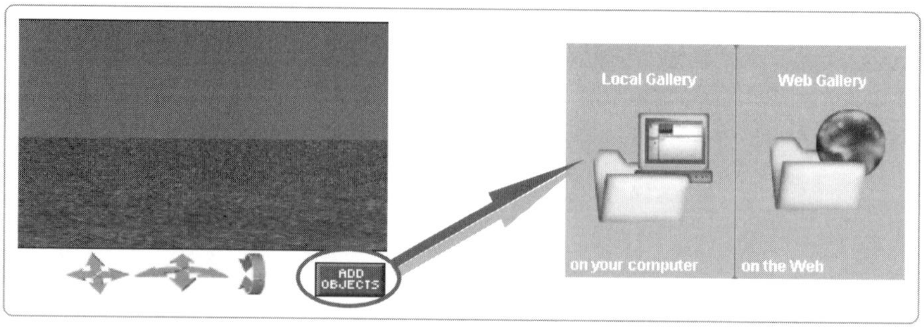

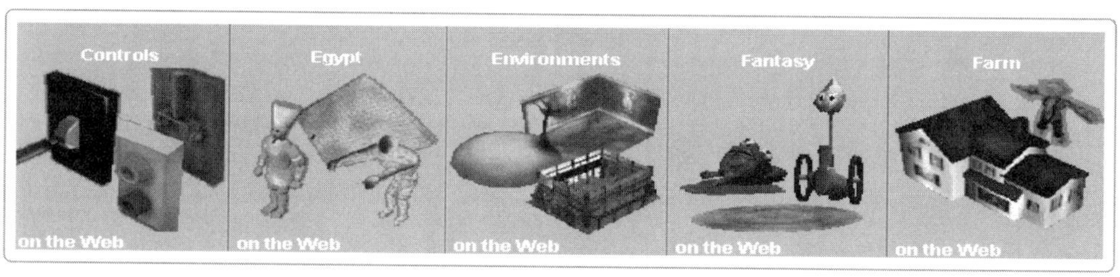

5. 위의 이야기를 순서도로 표현하기

(예시)	순서도 만들기
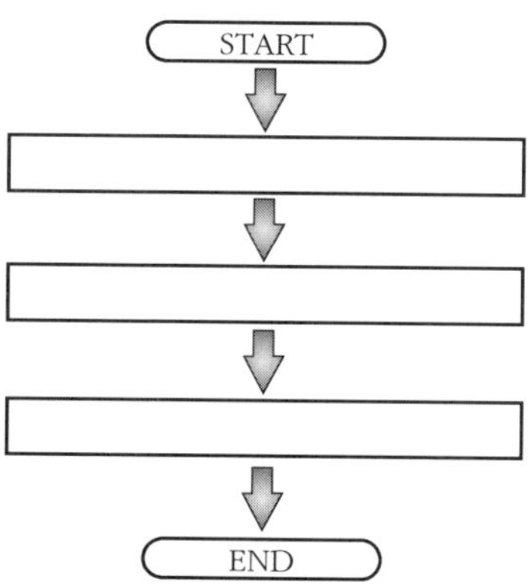	

6. Alice 프로그래밍 낱말 구성표를 참고하여 아래에 행동 문장표를 작성한 후 Alice로 프로그램 해보자.

[장면번호]__________

[순서도 상의 차례]

①______________________________

②______________________________

③______________________________

④______________________________

[행동문장]

①					
②					
③					
④					

[장면번호]__________

[순서도 상의 차례]

①______________________________

②______________________________

③______________________________

④______________________________

[행동문장]

①					
②					
③					
④					

7. 평가하기

다음 내용을 중심으로 공부한 내용을 스스로 평가해 봅시다.

▶ 평가기준

평가내용	자기 평가		
	잘함	보통	부족
1. 이야기의 내용을 쉽게 이해하는가?			
2. 주어진 이야기를 프로그래밍하기 위한 스토리 보드를 작성할 수 있는가?			
3. 반복문 IF ~ else를 사용할 수 있는가?			
4. recursion의 뜻을 이해하는가?			
5. 메서드가 자기 자신을 호출하는 방법을 알고 있는가?			
6. 수학에서의 A=B와 프로그래밍에서 A=B의 차이점을 알고 있다.			
7. recursion 메서드를 적용하여 간단한 프로그래밍을 할 수 있는가?			
8. recursion 메서드 호출을 친구에게 설명할 수 있는가?			

▶ 프로그래밍 하면서 좋았던 점

▶ 선생님 평가 및 조언

5.3 분기형 순서도

▶ 우주인 이야기

1 생각열기

다음 글을 읽고, 문제를 어떻게 해결할 수 있을 지 생각해 보세요.

우주인이 달에 착륙을 하여 달을 탐사하고 있는데 갑자기 처음 보는 고릴라 모양의 고릴라 로봇이 출현하여 우주인을 위협하고 있다. 우주인이 입고 있는 우주복의 센서가 고릴라 로봇과의 거리를 감지하여 거리가 3m보다 짧으면 위로 날아올라 비행선에 타도록 되어 있고, 그렇지 않으면 옆으로 구르도록 설정되어져 있다.

결과를 예상해 보고 그림형식의 스토리보드로 표현해 봅시다.

[장면번호] [장면그림] 3m 안에 로봇이 접근할 때 [설명]	[장면번호] [장면그림] 3m 밖에 로봇이 접근할 때 [설명]

2 순서도로 작성하기

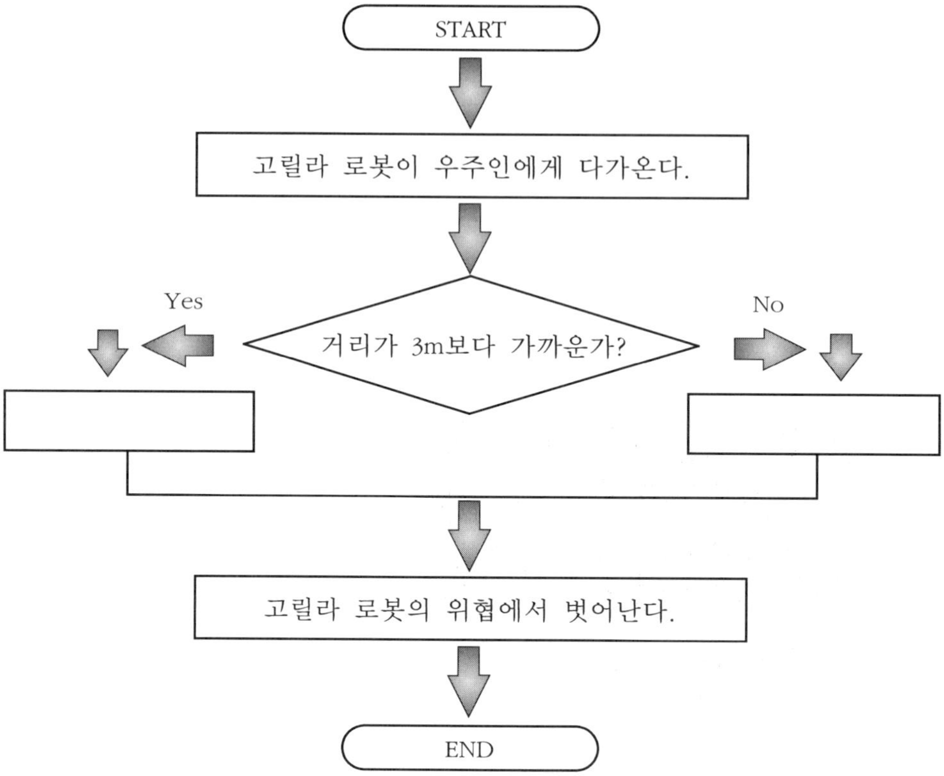

낱말 꾸러미를 순서에 맞게 사용하여 예상결과별 행동을 문장으로 나타내기

– 행동문장표 작성시 주의사항 –

① 위의 글에서 나오는 각 캐릭터를 모두 나타내야 한다.
② 로봇과 우주인과의 거리가 3m 이내에 있을 때를 생각하여 나타낸다.
③ 로봇과 우주인과의 거리가 3m 밖에 있을 때를 생각하여 나타낸다.
④ ②,③을 조건에 따라 같이 나타낼 수 있는 방법을 생각해 보자.

▶ 〈예시 행동문장표〉 - 로봇과 우주인과의 거리가 3m보다 멀리 떨어져 있을 때

[장면번호]________

[프로그래밍 할 내용]

① 우주인은 날 수가 없으므로 왼쪽으로 굴러 몸을 피한다.

[행동문장] Do in order

①	astronaut ▽	roll	left ▽	0.25 revolutions ▽	more... ▽

▶ 〈예시 행동문장표〉 - 로봇과 우주인과의 거리가 3m보다 가까울 때

[장면번호]________

[프로그래밍 할 내용]

① 우주인은 위로 2m 점프하여 올라간다. ② 우주인은 앞으로 5m 전진한다. ③ 우주인은 아래로 1m 내려와 우주비행선에 탄다.

[행동문장]

①	astronaut ▽	up ▽	2 meters ▽	more... ▽
②	astronaut ▽	forward ▽	5 meters ▽	more... ▽
③	astronaut ▽	down ▽	1 meter ▽	more... ▽

▶ 앞의 이야기에서 조건 작성 시 주의할 점은 고릴라 로봇이 우주인에게로 접근하여 멈춘 그 시점에서의 거리를 가지고 판별해야 한다는 점이다.

[장면번호]_________(우주인과 로봇의 거리가 3m 이내일 경우)

[프로그래밍 할 내용]

①____

②____

③____

④____

[행동문장]

①					
②					
③					
④					

[장면번호]_________(우주인과 로봇의 거리가 3m보다 더 멀리 떨어져 있을 때)

[프로그래밍 할 내용]

①____

②____

③____

④____

[행동문장]

①					
②					
③					
④					

If/else문에 대해 알아봅시다.

▶ *If/else 진술문 구조*

if (조건){
  행동진술문1
} else {
  행동진술문2
}

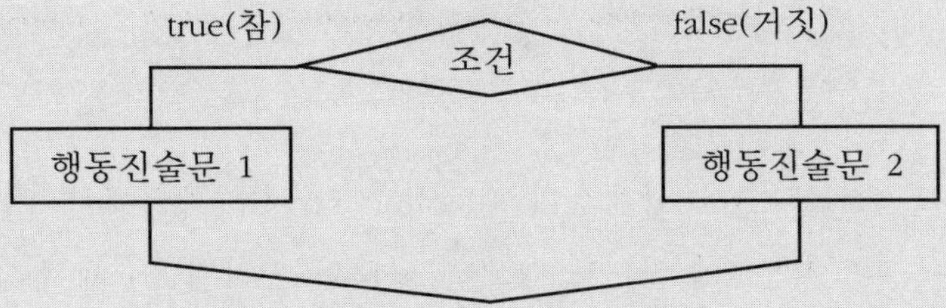

위의 그림에서 보는 바와 같이 만약 조건이 참이면, 바로 행동진술문 1이(행동진술문 2는 무시됨) 실행되고, 조건이 거짓이면 바로 행동진술문 2가(행동진술문 1은 무시됨) 실행된다.

3 Alice로 표현하기

1. 일단 거리를 측정하는 함수를 사용하기 전에 고릴라 로봇을 우주인에게 가까이 오도록 프로그래밍 한다. (거리는 임의의 거리를 지정한다.)

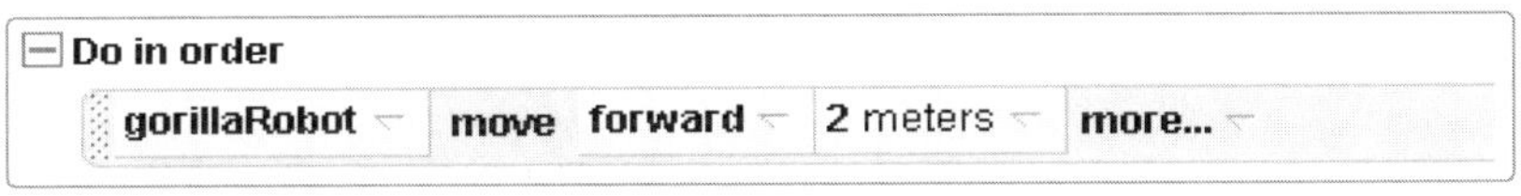

2. 편집창에 if/else 타일을 끌어다 놓는다.

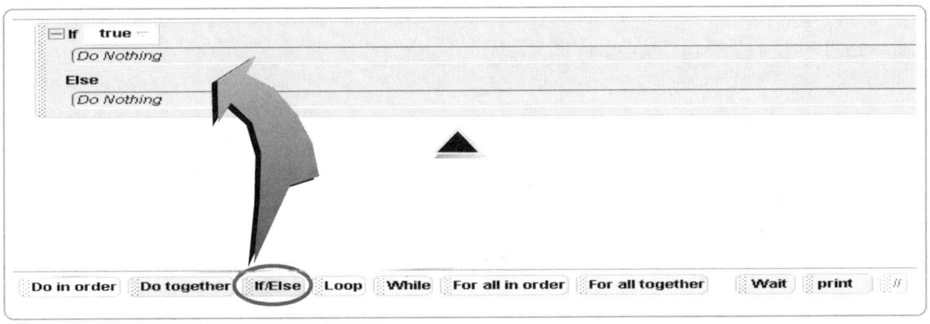

3. 조건을 지정할 때 쓰일 파라미터 3개(object-2개, number-1개)를 만든다.

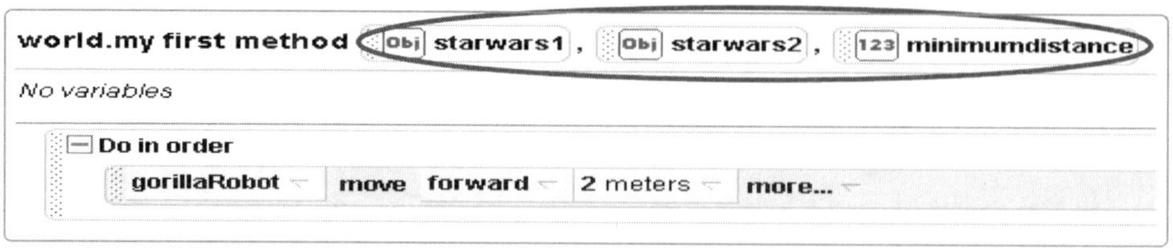

4. world level 클래스의 function - math 목록에서 a < b 를 드래그 하여 If true 에 가져다 놓으면 나타나는 하위메뉴에서 임의의 a, b 숫자를 선택 한다.

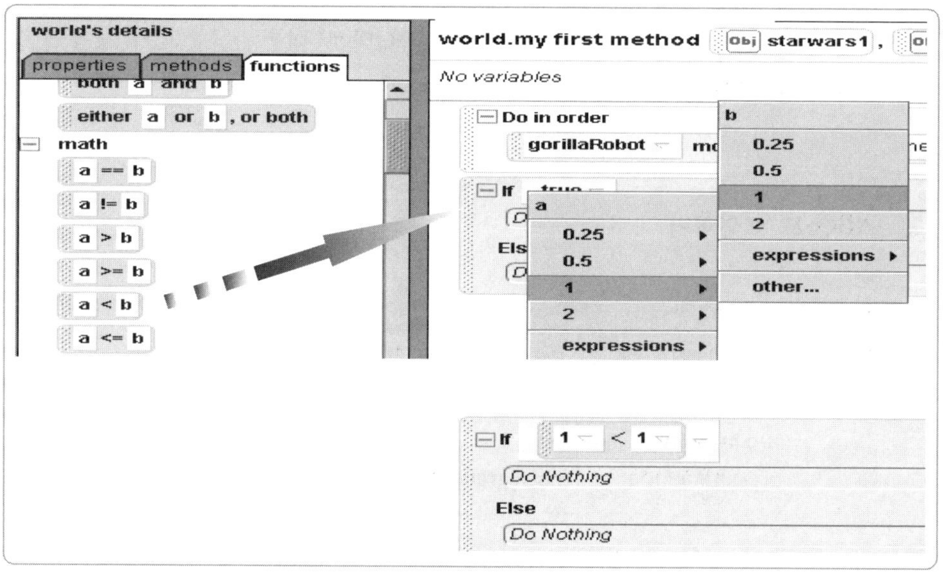

5. if 창의 앞의 1자리에 world level-function- absolute value of a 를 드래그 하여 if의 앞 1부분에 갖다 놓는다.

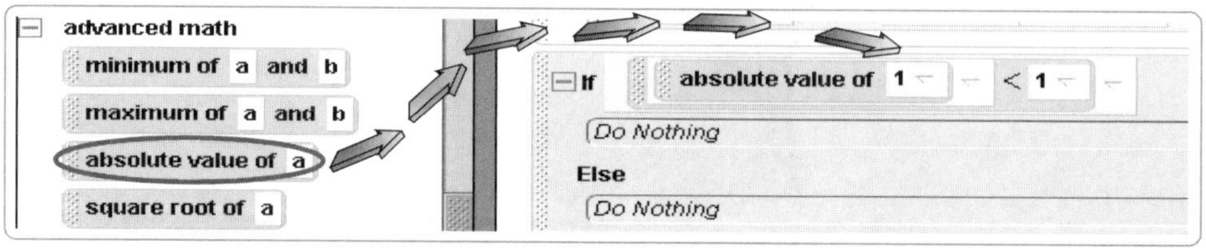

II. 알고리즘 (실전편)

6. if 창 absolute value of 앞 1의 자리에 class level(gorillaRobot)-function- gorillaRobot distance to 를 드래그하여 absolute value of 앞의 1의 자리에 갖다 놓는다. (astronaut과의 거리이므로 the entire astronaut을 선택한다.)

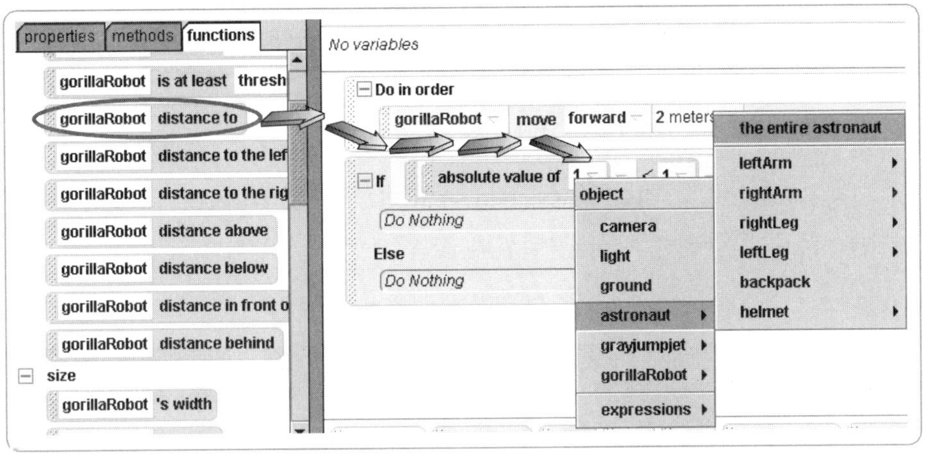

7. 부등호 < 오른쪽 숫자 1 부분에 이전에 만들었던 숫자 파라미터 123 minimumdistance 를 드래그하여 갖다 놓는다.

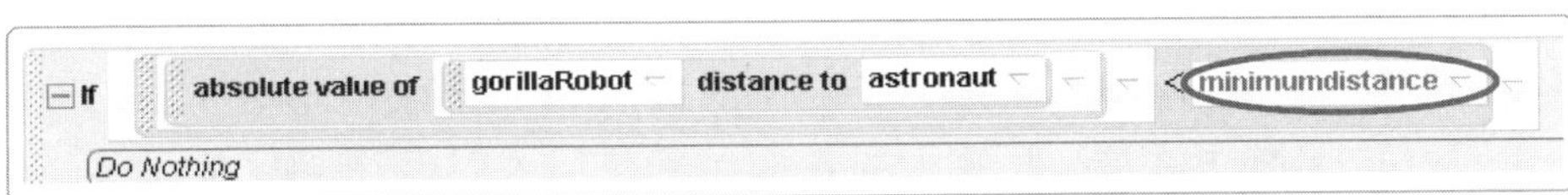

8. minimumdistance 에 임의의 숫자를 선택한다.

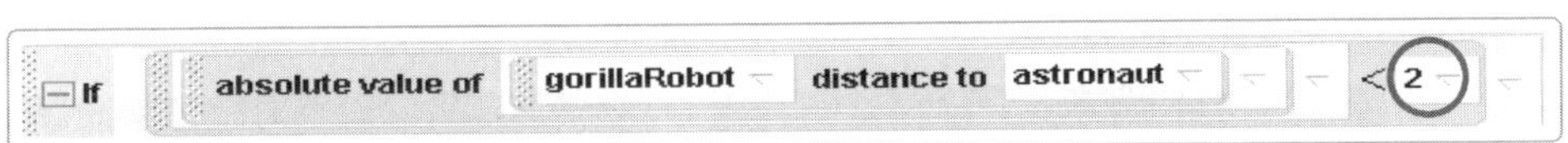

9. if의 조건이 만족하였을 때와 만족하지 않을 때의 astronaut의 행동을 표현한다.

만족할 때

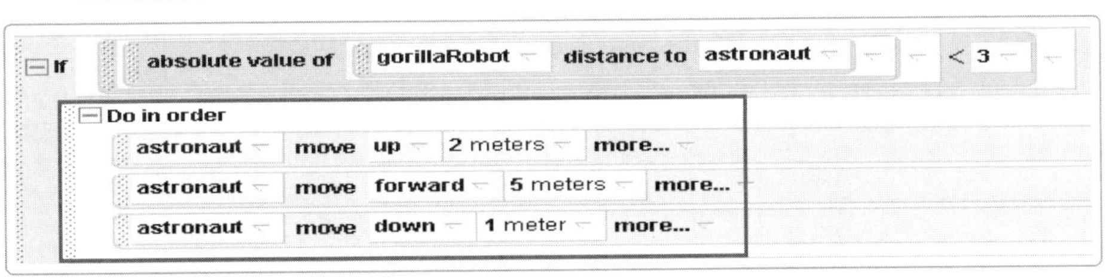

만족하지 않을 때

```
Else
  Do together
    astronaut  resize 0.5  more...
    astronaut  set color to  more...
    astronaut  roll left  0.25 revolutions  more...
```

10. 실행을 해보면 gorillaRobot과 astronaut과의 최소절대거리가 3보다 작아 조건에 만족하므로 다음과 같이 실행된다.

11. 만약에 gorillaRobot이 다가오는 거리를 조정하거나 astronaut과의 거리를 조정하여 조건에 맞지 않게 되면 다음과 같이 Else부분이 실행되게 된다.

```
If  absolute value of  gorillaRobot  distance to  astronaut  < 2
```

5.4 분기형 순서도 예제 2

▶ 원숭이 이야기

1 생각열기

다음 글을 읽고, 문제를 어떻게 해결할 수 있을 지 생각해 보세요.

버팔로가 원숭이를 잡기 위해 빠르게 쫓아오고 있다. 원숭이는 이 위기를 어떻게 모면할 수 있을까?
주위에 있는 물체를 이용하여 피할 수 있는 방법을 생각해 보자.

결과를 예상해 보고 그림형식의 스토리보드로 표현해 봅시다.

[장면번호]	[장면번호]
[장면그림] 버팔로가 2m 안에 있을 때	[장면그림] 버팔로가 2m 밖에 있을 때
[설명]	[설명]

2 순서도로 작성하기

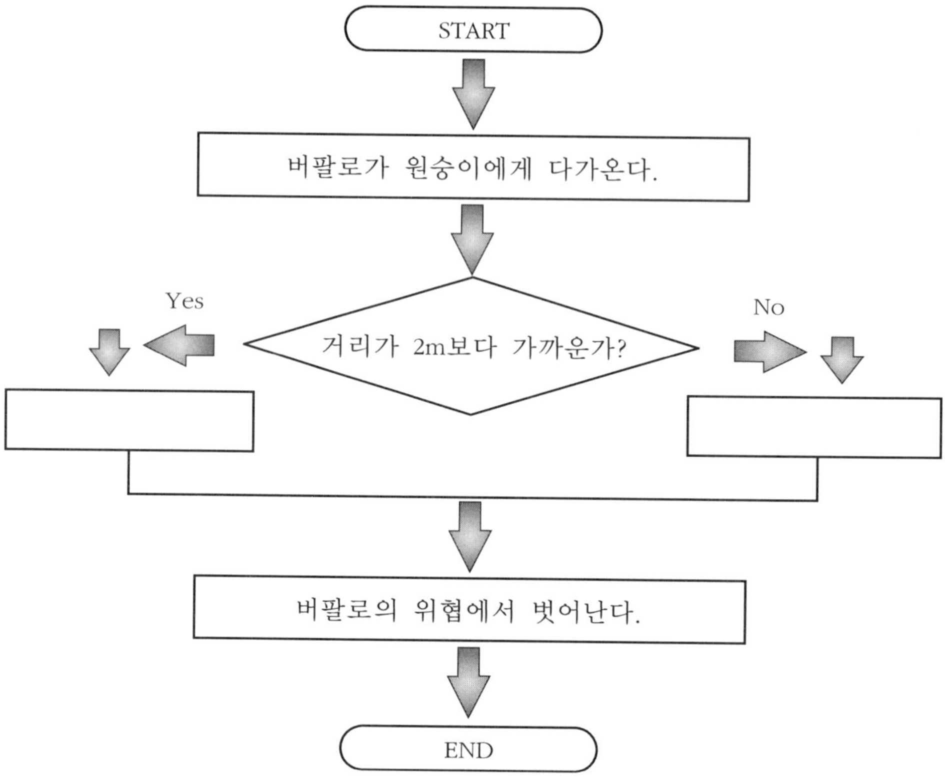

낱말 꾸러미를 순서에 맞게 사용하여 예상결과별 행동을 문장으로 나타내기

– 행동문장표 작성시 주의사항 –

① 위의 글에서 나오는 각 캐릭터를 모두 나타내야 한다.
② 버팔로와 원숭이와의 거리가 2m 이내에 있을 때를 생각하여 나타낸다.
③ 버팔로와 원숭이와의 거리가 2m 밖에 있을 때를 생각하여 나타낸다.
④ ②,③을 조건에 따라 같이 나타낼 수 있는 방법을 생각해 보자.

3 Alice로 표현하기

1. template에서 위의 grass 배경을 선택한다.

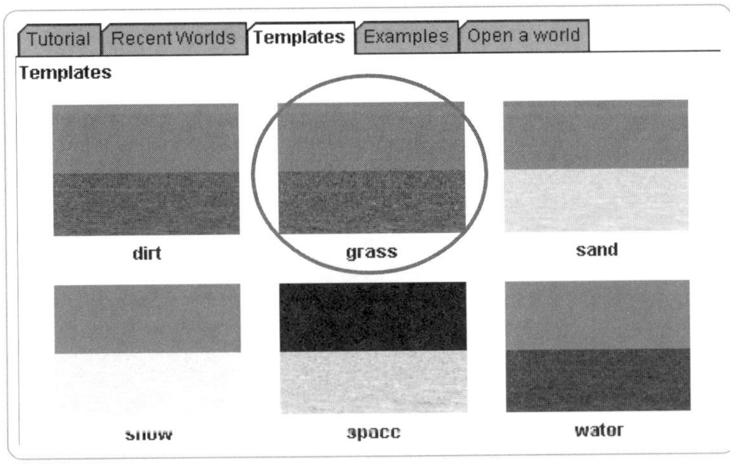

2. 등장하는 object들을 web gallary에서 모두 선택해서 world 안에 삽입시킨다.

▶ 앞의 이야기에서 조건 작성 시 주의할 점은 버팔로가 원숭이에게로 접근하여 멈춘 그 시점에서의 거리를 가지고 판별해야 한다는 점이다.

[장면번호]________(버팔로와 원숭이의 거리가 2m 이내일 경우)

[프로그래밍 할 내용]

①____________________

②____________________

③____________________

④____________________

[행동문장]

①					
②					
③					
④					

[장면번호]________(버팔로와 원숭이의 거리가 2m보다 더 멀리 떨어져 있을 때)

[프로그래밍 할 내용]

①____________________

②____________________

③____________________

④____________________

[행동문장]

①					
②					
③					
④					

3. 편집창에 if/else 타일을 끌어다 놓는다.

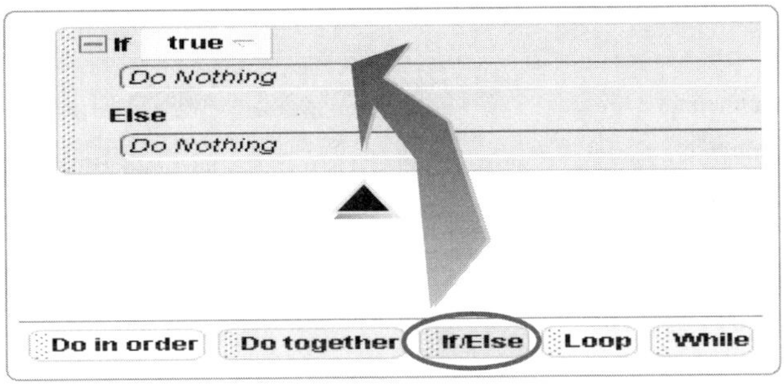

4. world level 클래스의 function－math 목록에서 a < b 를 드래그 하여 If true 에 가져다 놓으면 나타나는 하위메뉴에서 임의의 a, b 숫자를 선택하다.

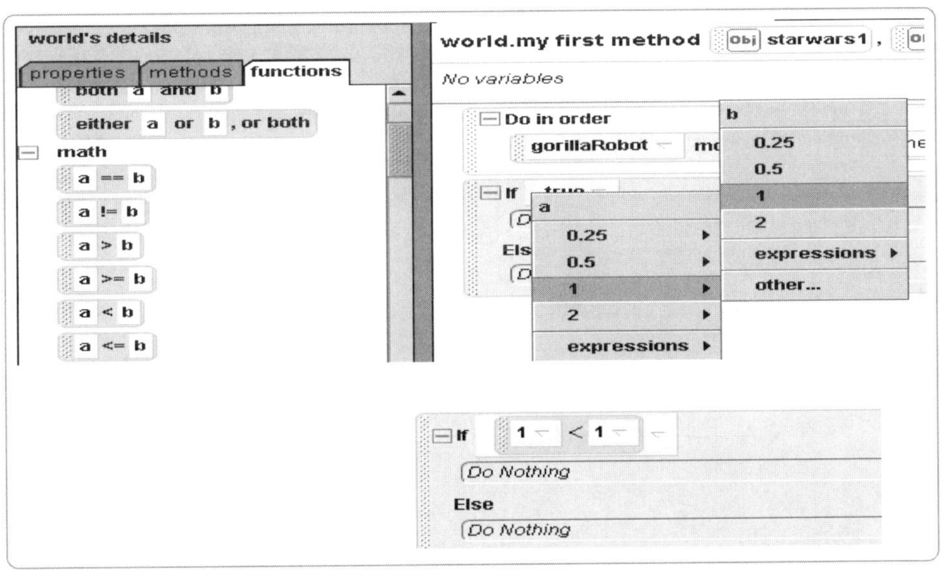

5. if 창의 앞의 1자리에 world level-function- absolute value of a 를 드래그 하여 if의 앞 1부분에 갖다 놓는다.

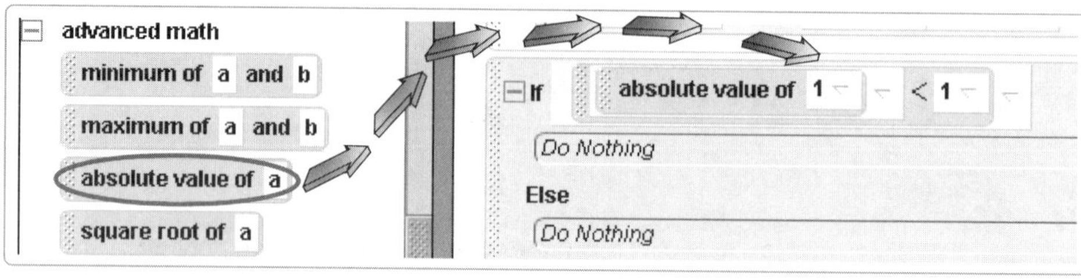

6. if 창 absolute value of 앞 1의 자리에 class level(buffalo)-function- gorillaRobot distance to 를 드래그하여 absolute value of 앞의 1의 자리에 갖다 놓는다. (monkey와의 거리이므로 the entire monkey을 선택한다.)

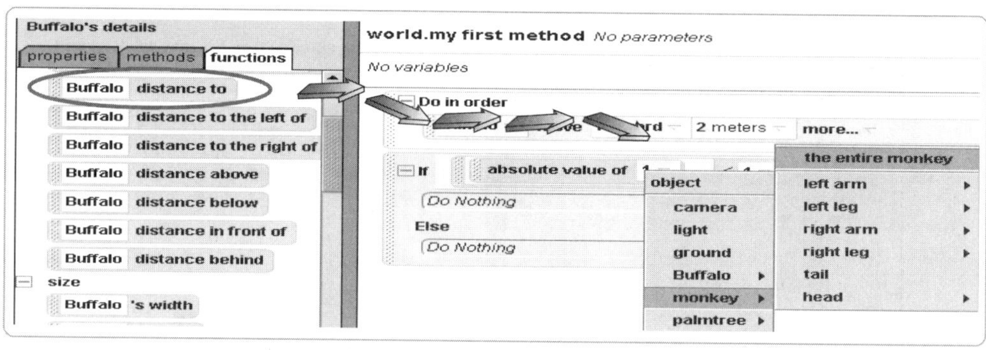

7. 오른쪽 숫자 1의 란에 임의의 숫자를 넣는다.

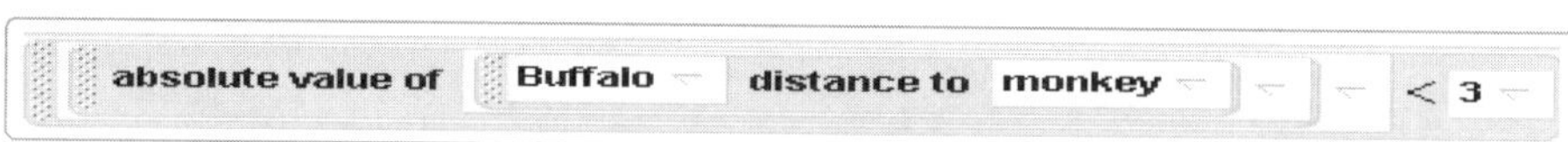

8. if의 조건이 만족하였을 때와 만족하지 않을 때의 monkey의 행동을 표현한다.

만족할 때

```
Do in order
    monkey  move  up  3 meters  more...
    monkey  turn  backward  0.5 revolutions  more...
    monkey  move  forward  4 meters  more...
```

만족하지 않을 때

```
Do in order
    monkey  move  forward  2 meters  more...
    monkey  move  up  3 meters  more...
```

9. 실행을 해보면 buffalo과 monkey와의 최소절대거리가 3보다 작아 조건에 만족하므로 다음과 같이 실행된다.

10. 만약에 buffalo가 다가오는 거리를 조정하거나 monkey와의 거리를 조정하여 조건에 맞지 않게 되면 다음과 같이 Else 부분이 실행되게 된다.

11. 전체 코딩 부분은 아래와 같다. 여기에서 수치 및 object들의 행동을 변환시키면 다른 각양각색의 행동을 표현할 수 있다.

```
If absolute value of Buffalo distance to monkey < 2
  Do in order
    monkey move up 3 meters more...
    monkey turn backward 0.5 revolutions more...
    monkey move forward 4 meters more...
Else
  Do in order
    monkey move forward 2 meters more...
    monkey move up 3 meters more...
```

4 새로운 상황에 적용 및 평가

▶ 스스로 해 보아요.

1. 분기적인 알고리즘이 적용되는 사례를 일상생활에서 찾아보자.

(예) 선택을 해야 할 상황 등...

2. 앞의 사례를 그림과 설명으로 자세하게 묘사해 보자.

(그림)	(이야기 설명)

3. 이야기에서 중심이 되는 인물과 배경을 파악해 보자.

중심 인물	중심 배경

4. 3에서 정한 중심 인물과 배경을 Alice에 있는 gallary에서 선택하자.

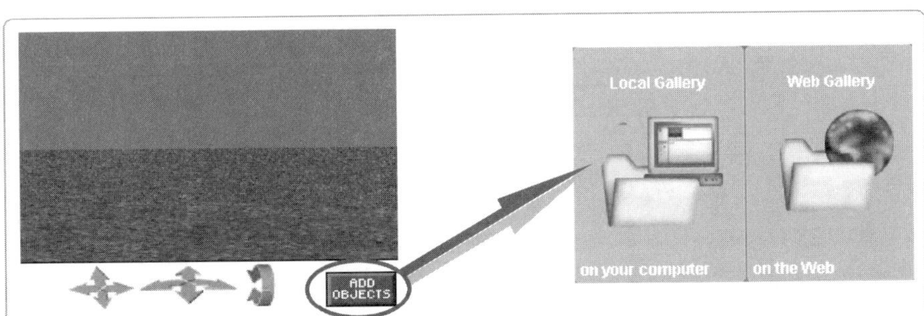

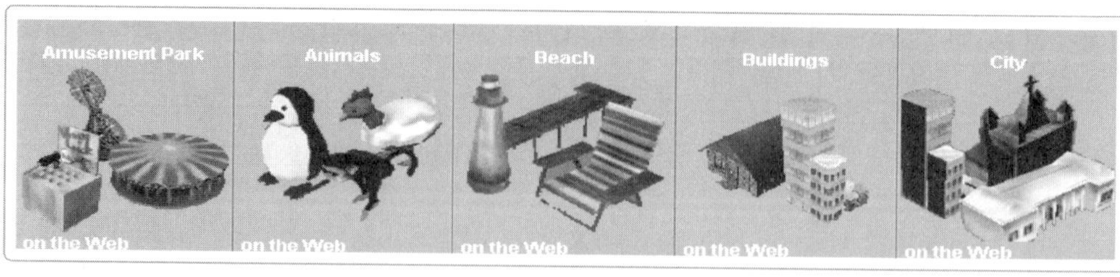

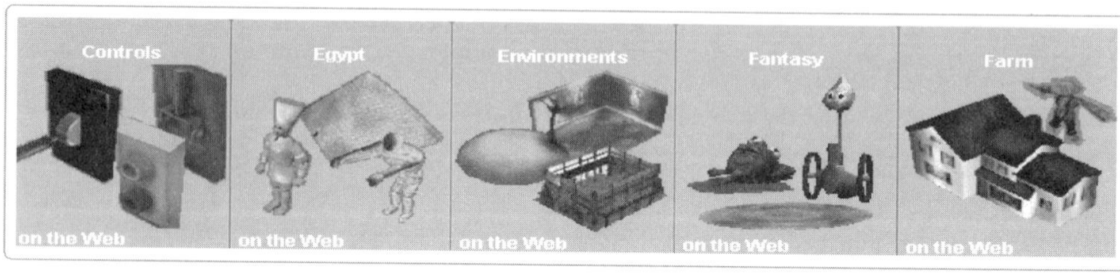

5. 위의 이야기를 순서도로 표현해 보자.

(예시)	순서도 만들기
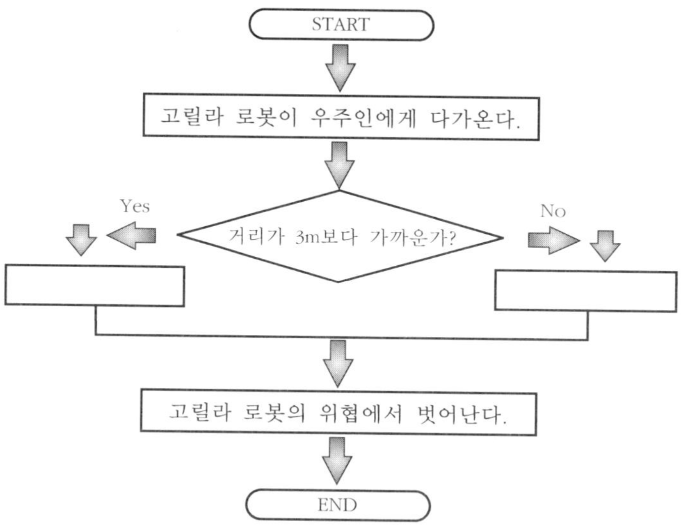	

6. Alice 프로그래밍 낱말 구성표를 참고하여 아래에 행동문장표를 작성한 후 Alice로 프로그램 해 보자.

[장면번호]__________

[순서도 상의 차례]

①____

②____

③____

④____

[행동문장]

①					
②					
③					
④					

[장면번호]__________

[순서도 상의 차례]

①____

②____

③____

④____

[행동문장]

①					
②					
③					
④					

7. 평가하기

다음 내용을 중심으로 공부한 내용을 스스로 평가해 봅시다.

▶ 평가기준

평가내용	자기 평가		
	잘함	보통	부족
1. 이야기의 내용을 쉽게 이해하는가?			
2. 주어진 이야기를 프로그래밍하기 위한 스토리 보드를 작성할 수 있는가?			
3. 반복문 IF ~ else 를 사용할 수 있는가?			
4. recursion의 뜻을 이해하는가?			
5. 메서드가 자기 자신을 호출하는 방법을 알고 있는가?			
6. 수학에서의 A=B와 프로그래밍에서 A=B의 차이점을 알고 있다.			
7. recursion 메서드를 적용하여 간단한 프로그래밍을 할 수 있는가?			
8. recursion 메서드 호출을 친구에게 설명할 수 있는가?			

▶ 프로그래밍 하면서 좋았던 점

▶ 선생님 평가 및 조언

5.5 반복형 순서도

▶ '링 통과하기' 이야기

1 생각열기

다음 글을 읽고, 문제를 어떻게 해결할 수 있을 지 생각해 봅시다.

말 한 마리가 며칠 앞으로 다가온 서커스를 대비해서 링 넘기 연습을 하려고 한다. 연속해서 링을 넘는 연습이다. 단, 말이 링으로 달려와서 첫 번째 링과의 거리가 2m보다 작을 때만 링을 넘을 수 있도록 하고 더 떨어졌을 때에는 부상을 방지하기 위해 멈추도록 하려고 한다. 어떻게 해야 할까?

결과를 예상해 보고 그림형식의 스토리보드로 표현해 봅시다.

[장면번호] [장면그림] 2m 안에 말이 접근할 때 [설명]	[장면번호] [장면그림] 2m 밖에 말이 접근할 때 [설명]

2 순서도로 작성하기

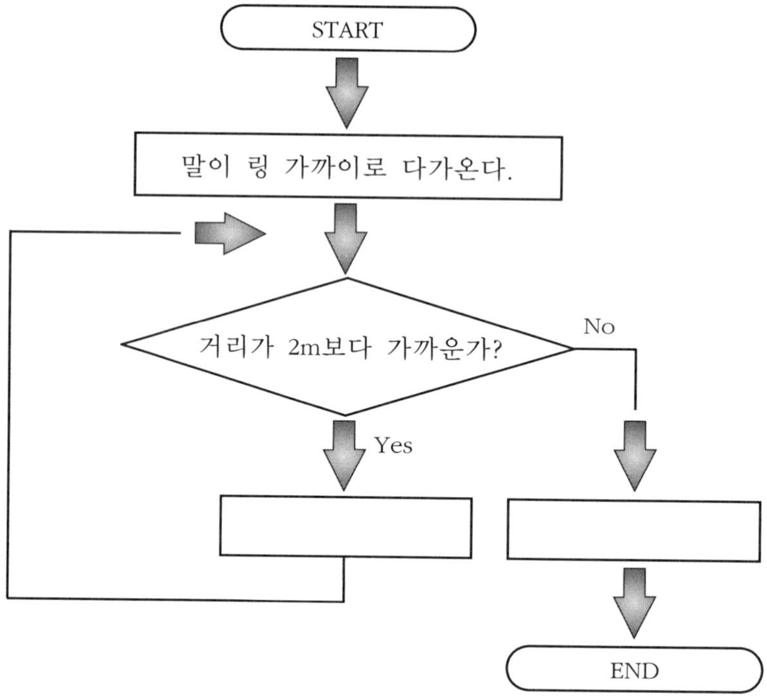

While 문에 대해 알아봅시다.

▶ *While 진술문 구조*

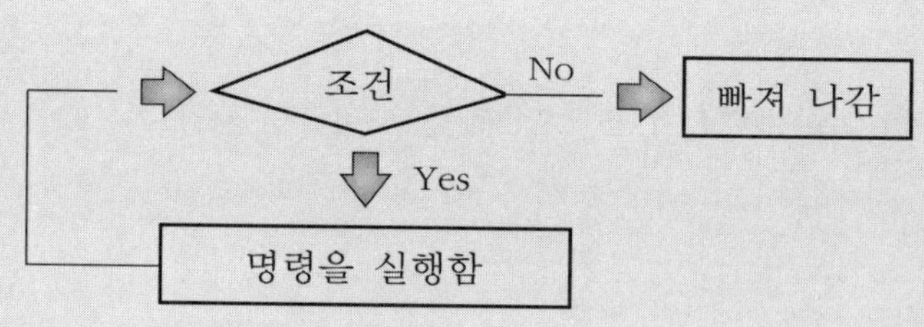

위와 같이 while 문에서는 조건에 만족이 될 때에는 계속해서 지정된 명령을 반복해서 실행하게 되고, 조건에 맞지 않을 때에는 반복문을 빠져 나가게 된다.

3 Alice로 표현하기

1. 먼저 말이 링 쪽으로 임의의 거리만큼 오도록 한다.

2. 아래의 While 타일을 드래그하여 작업창에 끌어다 놓는다.

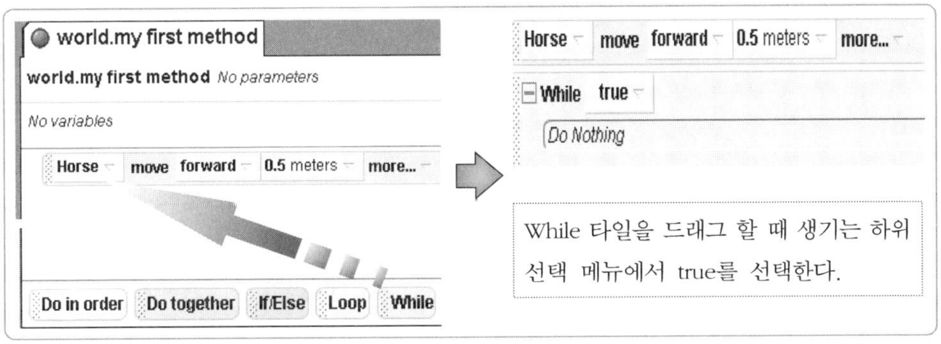

3. World 레벨의 function에서 차례대로 선택해 준다.

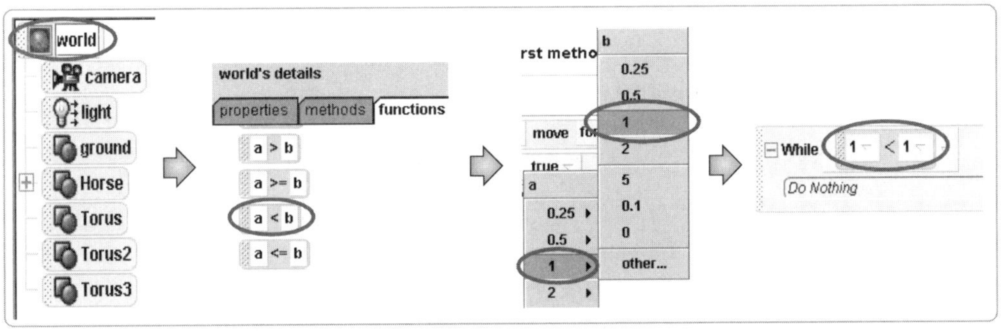

4. Class level Horse의 function에서 아래와 같이 선택한다.

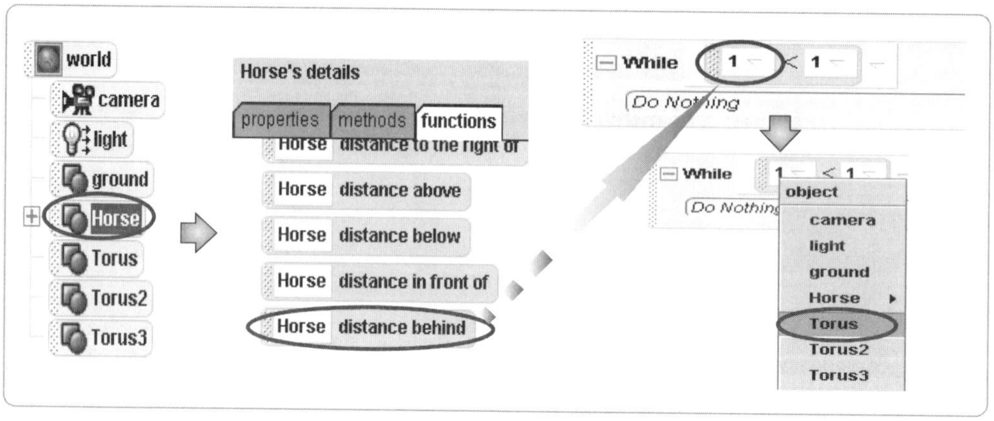

5. 임의의 숫자(여기에선 2)를 지정한다.

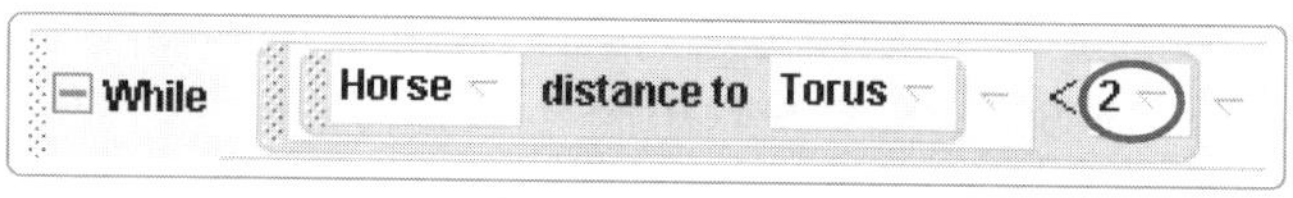

6. While의 조건이 성립할 때 수행할 명령을 아래와 같이 지정한다.

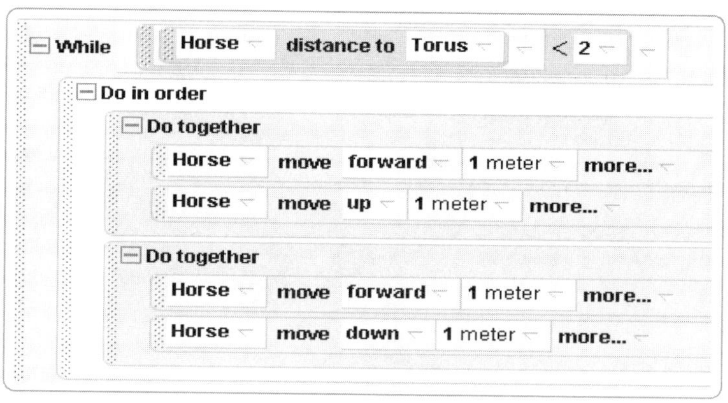

※ 여기서 주의해야 할 점은 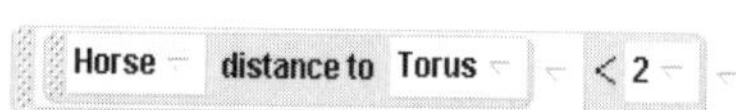 에서 Horse와 첫 번째 링(Torus)과의 거리를 뜻한다는 것이다. 지정 대상은 화살표로 다르게 지정할 수 있다.

7. 따라서 앞의 행동 문장표와 같이 프로그램을 실행해 보면 아래와 같이 진행된다.

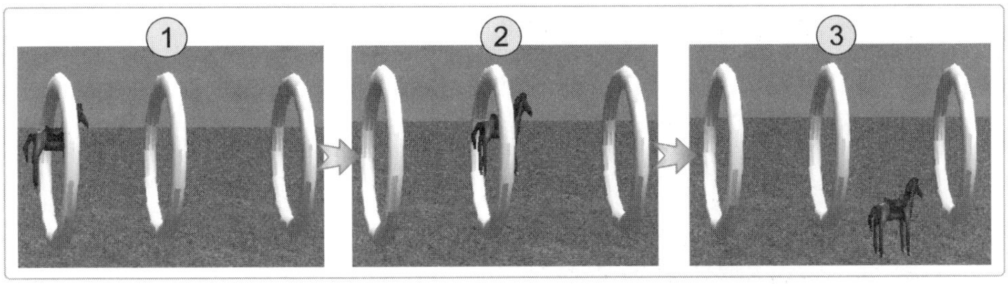

위 그림에서 ①과 ②의 장면에서는 말과 첫 번째 링 사이의 거리가 2m보다 작아야 한다는 조건을 만족하였기 때문에 링을 넘었지만 ③에서는 거리가 2m보다 크므로 더 이상 링을 넘는 동작을 하지 않고 멈추게 된다.

Loop문에 대해서 알아봅시다.

Loop문

Loop 문 안에 위치한 수행할 명령을 주어진 회수만큼 반복 실행하도록 하는 반복문

Loop [반복할 회수] times
    [움직임을 나타내는 행동문장]

▶ Alice 예시("선풍기 돌리기")

선풍기가 탁자위에 있다. 이 선풍기 날개를 원하는 횟수만큼, 또는 여러 번 돌릴 수 있을까? 있다면 어떻게 하면 될까?

▶ Loop문을 쓰지 않고 코딩하였을 때

1. 아래의 명령 타일에서 Do in order를 선택한다.

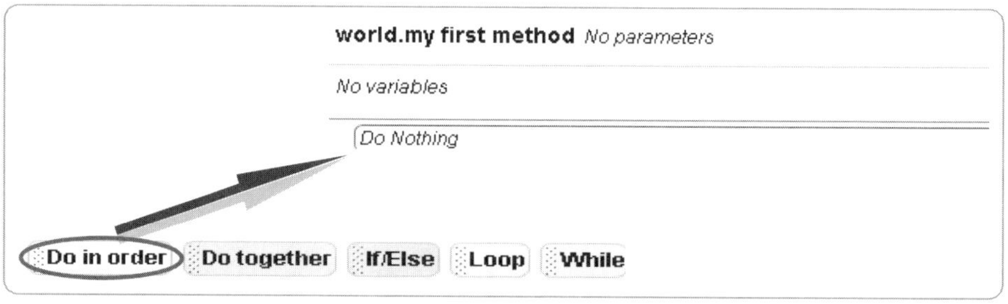

2. fan-blades를 선택해서 코딩 창에 드래그 앤 드롭한다.

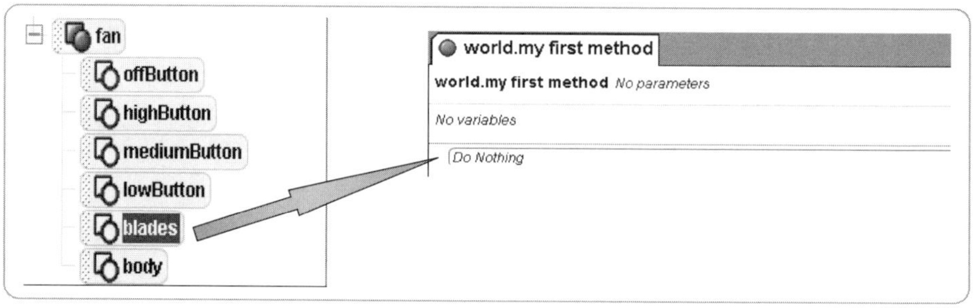

3. 드래그 앤 드롭하여 나타나는 펼침 메뉴 중에 roll-right-1 revolution(all the way around)를 선택한다.

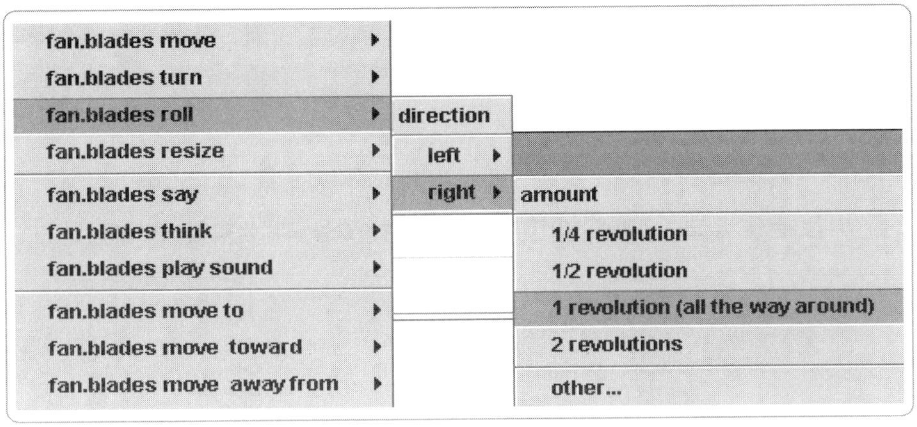

4. 선풍기 날개를 돌리려는 횟수만큼 반복하여 드래그 앤 드롭한다.

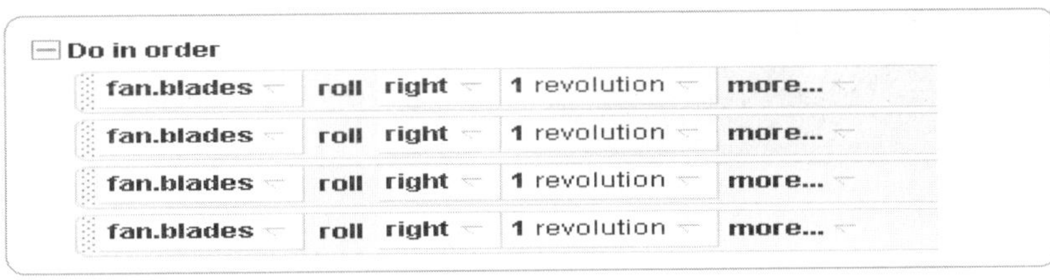

5. revolution의 수를 변경하여 선풍기 날개의 회전 횟수를 조절한다.

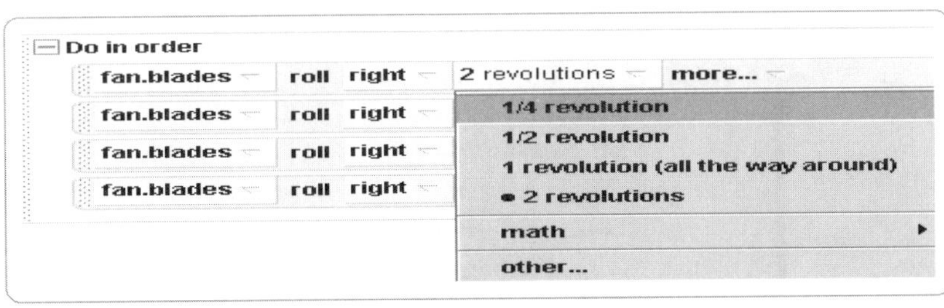

5.6 반복형 순서도 예제 2

▶ 관람차 이야기

1 생각열기

다음 글을 읽고, 문제를 어떻게 해결할 수 있을 지 생각해 보세요.

앨리스는 오늘 놀이공원에 놀러갔다. 앨리스는 오늘은 타보지 않는 관람차(Ferris Wheel)를 한번 타 볼려고 한다. 그런데 이상한 것을 발견했다. 두 개의 작은 바퀴는 그것이 고정되어 있는 축과 서로 반대방향으로 다른 속도로 회전하고 있었다. 2초에 축이 시계방향(오른쪽)으로 1회전 할 때 작은 바퀴는 시계반대방향(왼쪽)으로 2회전 한다. 정말 신기했다.

결과를 예상해 보고 텍스트형식의 스토리보드로 표현해 봅시다.

```
Do together
큰 축이 2초 동안 오른쪽으로 1회전
  Do together
    작은 바퀴 A가 1초에 한 번씩 왼쪽으로 2회전
    작은 바퀴 B가 1초에 한 번씩 왼쪽으로 2회전
```

```
Do together
  Big wheel rolls right 1 revolution
  Do in order
    Do together
      Small wheel A rolls left 1 revolution
      Small wheel B rolls left 1 revolution
    Do together
      Small wheel A rolls left 1 revolution
      Small wheel B rolls left 1 revolution
```

2 Loop 문을 사용하여 표현하기

큰 축과 작은 바퀴는 동시에 회전한다. 또 작은 바퀴 2개도 동시에 회전한다.

작은 바퀴는 1회전 한 후 다시 한 번 1회전 한다. 같은 동작을 두 번 한다.

Do together
Big wheel rolls right 1 revolution(회전)

Do in order

(가)
Do together
Small wheel A rolls left 1 revolution
Small wheel B rolls left 1 revolution

(나)
Do together
Small wheel A rolls left 1 revolution
Small wheel B rolls left 1 revolution

(가)와 (나)를 loop문으로 표현한다.

Do together
Big wheel rolls right 1 revolution

Loop 2 times(2회 반복)
Do together
Small wheel A rolls left 1 revolution
Small wheel B rolls left 1 revolution

〈큰 바퀴 1회전할 때 작은 바퀴 A와 B는 2회전〉

Loop 5 times (5회 반복)
Big wheel rolls right 1 revolution

Loop 2 times(2회 반복)
Do together
Small wheel A rolls left 1 revolution
Small wheel B rolls left 1 revolution

3 Alice로 표현하기

1. FerrisWheel의 구성요소를 알아본다.

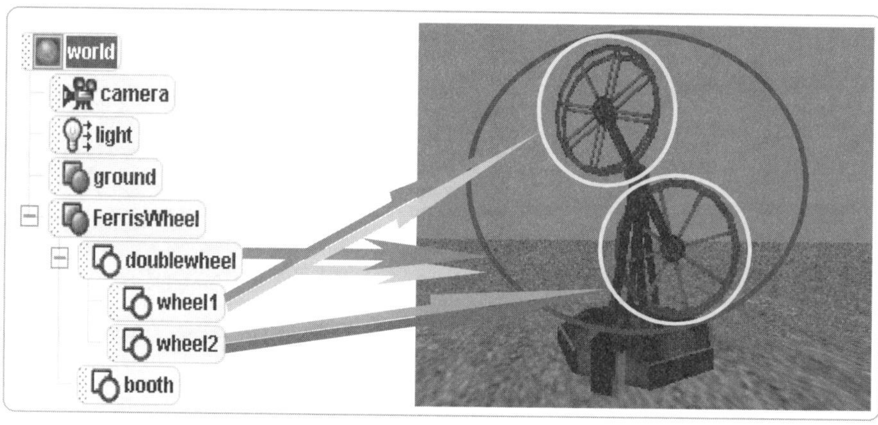

2. 큰 바퀴(doubleWheel)가 오른쪽으로 1회전 하도록 한다.

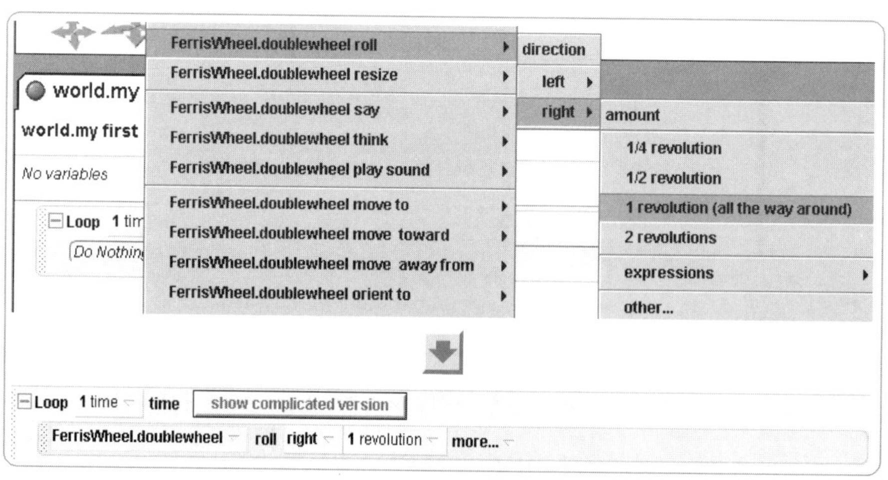

3. 다시 Loop문을 사용하여 큰 바퀴가 1회전할 때 작은 바퀴가 2회전 하도록 한다.

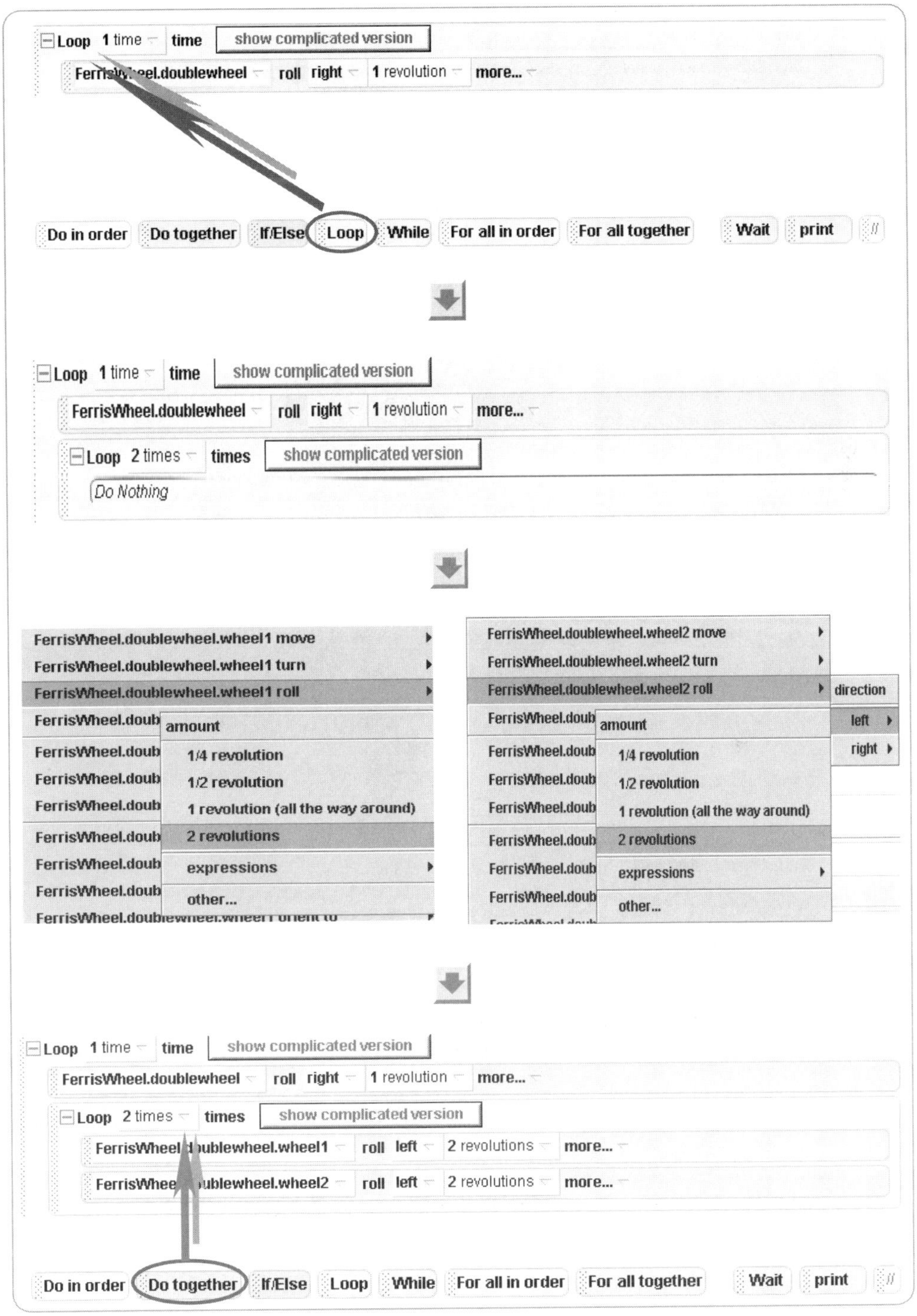

4. Loop문의 반복 횟수를 조절해가면서 변화된 모습을 관찰한다.

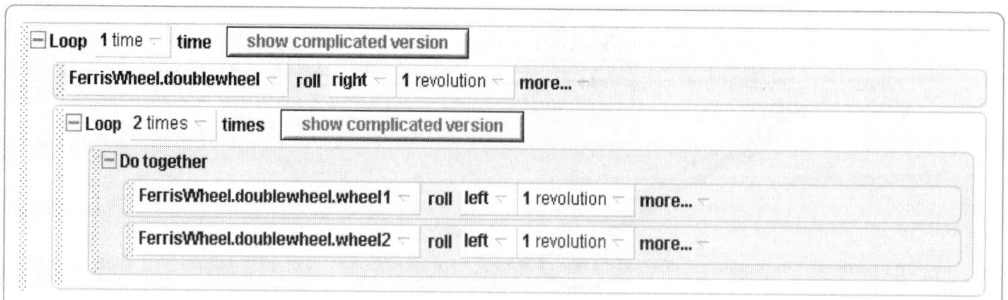

먼저 큰 바퀴(doubleWheel)가 오른쪽으로 한 바퀴 돌고 나서 작은 바퀴들(Wheel1, Wheel2)가 동시에 2바퀴 왼쪽으로 돈다.

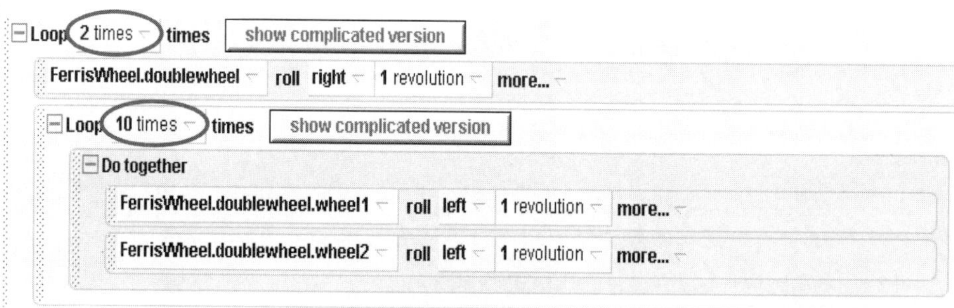

doublewheel과 (wheel1, wheel2)의 반복횟수를 늘려가면서 변화되는 모습을 확인한다.

4 새로운 상황에 적용 및 평가

▶ 스스로 해 보아요.

1. 분기적인 알고리즘이 적용되는 사례를 일상생활에서 찾아보자.

(예) 선택을 해야 할 상황 등…

2. 위의 사례를 그림과 설명으로 자세하게 묘사해 보자.

(그림)	(이야기 설명)

3. 이야기에서 중심이 되는 인물과 배경을 파악해 보자.

중심 인물	중심 배경

4. 3에서 정한 중심 인물과 배경을 Alice에 있는 gallary에서 선택하자.

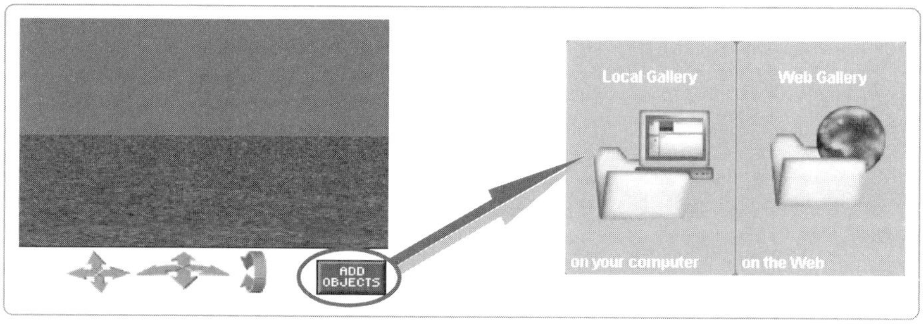

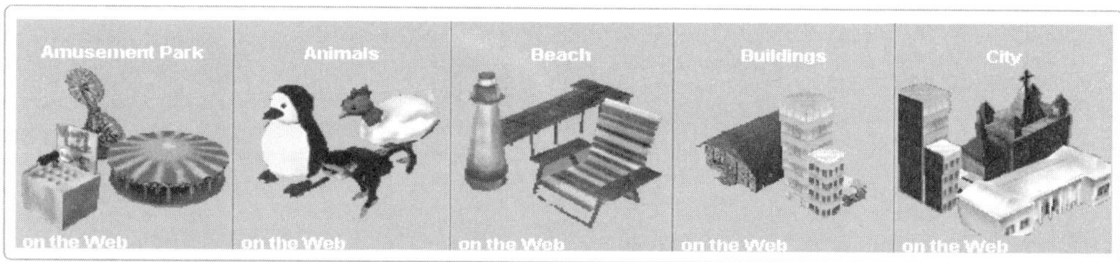

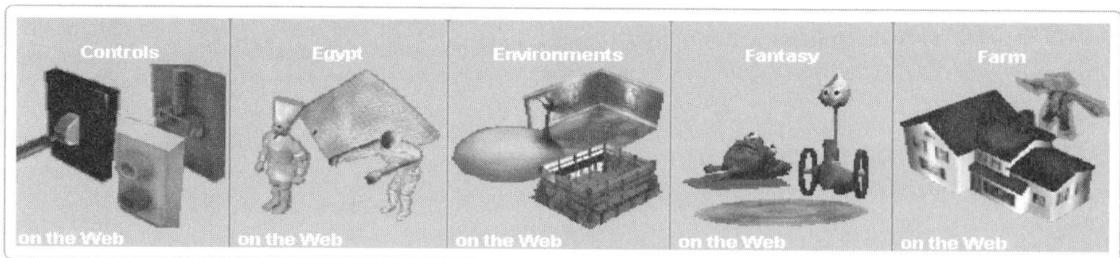

5. 앞의 이야기를 순서도로 표현해 보자.

(예시)	순서도 만들기
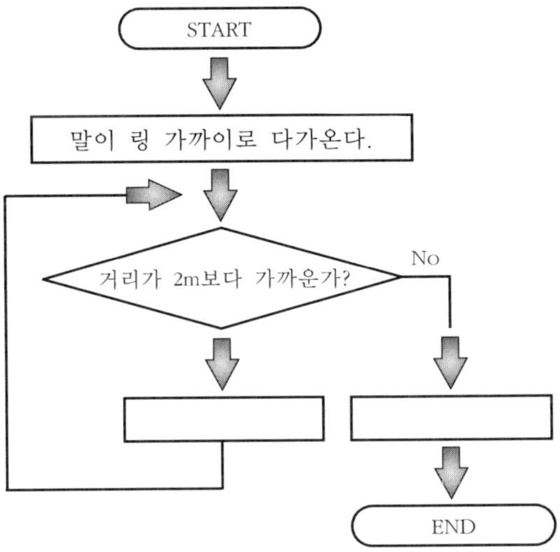	

6. Alice 프로그래밍 낱말 구성표를 참고하여 아래에 행동문장표를 작성한 후 Alice로 프로그램 해 보자.

①					

⊟ While

⊟ Do in order

[행동문장]

②					
③					
④					
⑤					

①					

⊟ While [ ]

⊟ Do in order

[행동문장]

②					
③					
④					
⑤					

7. 평가하기

다음 내용을 중심으로 공부한 내용을 스스로 평가해 봅시다.

▶ 평가기준

평가내용	자기 평가		
	잘함	보통	부족
1. 이야기의 내용을 쉽게 이해하는가?			
2. 주어진 이야기를 프로그래밍하기 위한 스토리 보드를 작성할 수 있는가?			
3. 반복문 IF ~ else 를 사용할 수 있는가?			
4. recursion의 뜻을 이해하는가?			
5. 메서드가 자기 자신을 호출하는 방법을 알고 있는가?			
6. 수학에서의 A=B와 프로그래밍에서 A=B의 차이점을 알고 있다.			
7. recursion 메서드를 적용하여 간단한 프로그래밍을 할 수 있는가?			
8. recursion 메서드 호출을 친구에게 설명할 수 있는가?			

▶ 프로그래밍 하면서 좋았던 점

▶ 선생님 평가 및 조언

찾아보기

ㄱ

ㄴ

ㄷ

ㅂ

ㅅ

ㅇ

ㅈ

ㅋ

ㅌ

ㅎ

2

3

A

C

D

E

F

I

L

M

O

P

R

S

U

W

이태욱 李泰旭

서울대학교를 졸업한 후 미국 플로리다 공대 대학원에서 컴퓨터 과학, 컴퓨터 교육학으로 석사 및 박사를 취득하였고, 미국 플로리다 공대에서 연구 교수를 역임하였다. 귀국 후 1985년부터 한국교원대학교 컴퓨터 교육과 교수로 재직하면서 한국 컴퓨터 교육학 회장과 교육정책 심의회 위원, 한국교원대학교 교육연구원장을 역임하였고 ICCE(세계 컴퓨터교육협의회) 수석위원으로 활동 중이다.

컴퓨터 교육학 분야의 국내 제 1호 박사이며 정보처리기술사로서 재미과학기술자협회와 미국 National Science Foundation에서 최우수 논문상 등을 수상하였고 약 150여 편의 국내외 학술, 기술 관련 논문과 40여 편의 책과 교과서를 집필하였다.

송정범 宋正範

공주교육대학교를 졸업하고, 同 대학원에서 초등컴퓨터교육 전공으로 석사 학위를 받았으며, 충남 갈산초등학교에서 초등교사로 근무 중이며, 현재 한국교원대학교 컴퓨터교육 박사과정에 있다.

전국교육자료전 푸른 기장 수상 및 ICT 활용 관련 연구대회 입상 경험이 있으며 현재 한국교원대학교에서 컴퓨터 관련 과목이 강사로 재직 중이다.

김종한 金鍾韓

청주교육대학교를 졸업하고, 경기도 오산성호초등학교에서 초등교사로 근무 중이며, 현재 한국교원대학교 초등컴퓨터교육 석사과정에 있다.

ICT 활용연구대회 및 컴퓨터 관련 연구대회에서 다수의 참가 경험이 있으며, 컴퓨터 관련 강의 경력이 풍부하다.

앨리스(Alice)로 배우는 예비교사 알고리즘

2008년 9월 16일 초판 인쇄
2008년 9월 20일 초판 발행

저 자 / 이태욱 · 송정범 · 김종한
발행자 / 오판근
발행처 / 교우사

주 소 / 서울 동대문구 제기2동 148-19
전 화 / 925-2861(代), 편집부 / 925-2825
팩 스 / 925-2860
E-mail / kw2861 @ empal.com
http: // www. kyowoo. co. kr
등록 / 1994. 3. 24 제6-0256호

ISBN 978-89-8172-763-5 (93000)

값 **14,000**원